# 投融资道德风险论

李国义/著

中国财富出版社

**图书在版编目（CIP）数据**

投融资道德风险论／李国义著．—北京：中国财富出版社，2015.6

ISBN 978－7－5047－5688－6

Ⅰ．①投…　Ⅱ．①李…　Ⅲ．①投资—道德—研究 ②融资—道德—研究
Ⅳ．①F830.59 ②F830.45

中国版本图书馆 CIP 数据核字（2015）第 086621 号

**策划编辑**　寇俊玲　　**责任印制**　何崇杭

**责任编辑**　苏佳斌　辛倩倩　　**责任校对**　饶莉莉

---

**出版发行**　中国财富出版社

**社　　址**　北京市丰台区南四环西路 188 号 5 区 20 楼　　**邮政编码**　100070

**电　　话**　010－52227568（发行部）　010－52227588 转 307（总编室）

010－68589540（读者服务部）　010－52227588 转 305（质检部）

**网　　址**　http：//www.cfpress.com.cn

**经　　销**　新华书店

**印　　刷**　北京京都六环印刷厂

**书　　号**　ISBN 978－7－5047－5688－6/F・2380

**开　　本**　710mm×1000mm　1/16　　**版　　次**　2015 年 6 月第 1 版

**印　　张**　19.25　　**印　　次**　2015 年 6 月第 1 次印刷

**字　　数**　335 千字　　**定　　价**　78.00 元

---

# 前　言

本专著是在2010年完成的黑龙江省教育厅人文社会科学研究项目“投融资中的道德风险控制机制研究”（项目编号：10552039）研究报告基础上，根据5年来投融资领域道德风险状况进行后续研究而成。著者从2005年1月开始研究投融资道德风险，至专著成稿，历时10年整，因工作忙、进行其他项目研究及撰写其他书稿，本专著写作经常间断，时至今日终于完成。

投融资风险种类繁多，本专著为何专门针对道德风险？一是其他风险的研究成果已经十分丰富，而道德风险的研究成果相对较少，对投融资道德风险进行全面、系统研究的专著就更少。二是随着我国投资品种和融资工具的不断增加，投融资领域的道德风险也呈现多样化和复杂化趋势，学术研究应该跟上实践的脚步。三是我国自改革开放以来，社会上拜金主义思潮泛滥，中共十八大之后，加大了反腐力度和社会主义核心价值观宣传力度，本专著正是适应了这一新的形势，力图在反腐败和宣传社会主义核心价值观方面做一点贡献。四是对于投融资者而言，危险最大、识别与防范难度最大的风险是道德风险，所以本专著对各类投融资道德风险及其来源进行了较全面的揭示，并提出控制道德风险的措施建议。

本专著所研究的投融资道德风险是投融资活动中相关主体的不道德行为给其他主体带来损失的可能性。这里涉及4个问题：第一个问题是道德标准，即如何做是道德的，如何做是不道德的。本专著根据我国法律法规、行政规章、行业规则、社会文化、公众共识等进行了较全面的梳理和归纳。第二个问题，不道德行为主体的范围如何界定。本专著将不道德行为主体的范围扩展至对投融资活动当事人利益有影响并且行为指向投融资活动的所有主体，不仅限于投融资活动当事人。例如，社会上的人员，既不是投资者也不是融资者或投融资中介服务机构或投融资监管者，毁坏投资工程，本专著将这些人员也列入不道德行为主体。因此，本专著揭示的投融资道德风险来源范围比较宽。第三个问题，投融资道德风险事故损失的受害者范围如何界定。本专著将所有因发生投融资道德风险事故而利益受损害的主体全部纳入研究范围，这个范围也超出了投融资主体范围。例如，实业投资者投资的项目严重污染环境，周边所有人均受到伤害，那么这些受害人均应列入投融资道德风险中受害者的行列。第四个问题是研究角度，即站在谁的立场研究投融资道德风险。本专著站在中立立场，从全局视角研究投融资道德风险，因而在探讨投融资道德风险控制措施时，没有单纯站在投资者立场或者融资者立场，而是把投资者、融资者、政府机构等所有主体全部纳入，只有所有主体都采取措施，才能有效防范投融资道德风险。

本专著将投资道德风险与融资道德风险合并研究，因为许多投融资活动是相关联的。例如股票发行是融资，申购股票是投资，没有购买股票的投资行为，就不能实现发行股票的融资目标；反过来，没有股票发行的融资行为，就没有购买股票的投资行为，即无股票可买，所以股票融资与股票投资二者相辅相成。既然如此，将股票融资道德风险与股票投资道德风险合并进行研究比较方便。

本专著涉及的投融资种类比较齐全，包括了存款与贷款、股票投融资、债券投融资、可转换公司债券投融资、证券投资基金投资、信托投融资、风险投资、私募股权投资、实业投资等。限于篇幅，外汇交易、金融衍生品交易、贵金属投资、收藏品投资等参与者较少的投资未纳入研究范围。未来视需要另行研究。

本专著分为两大部分：第一部分包括第一章至第五章，是整体研究；第二部分包括第六章至第十二章，是专题研究。

本专著既有理论的梳理、观点的阐述，又有对风险的揭示、对风险存在原因的分析，同时也提出了风险控制措施建议，因此，这是一部发挥正能量的专著，期望为投融资风险理论作出一点学术贡献，同时也为政府加强风险监管、投融资主体防范风险、减少投融资主体损失提供参考。

李国义

2015 年 3 月 2 日

# 目　录

# 第一章　绪　论

［开章语］在金融业越来越发达的现代市场经济条件下，投资活动和融资活动往往相互伴随，因此，将投资道德风险与融资道德风险合并研究有其必要性与可行性。投融资风险种类有很多，其中道德风险越来越引起学术界和实业界的重视。随着投资业务和融资业务规模的扩大与结构的复杂，其中的道德风险也呈现多样性趋势。因此，为了防范投融资道德风险，减少投融资活动中的损失，提高投融资效率，有必要对投融资道德风险进行全面系统的研究。

## 第一节　研究背景

### 一、国外背景

从国外背景看，由美国次贷危机引发的全球性金融危机迫使各国政府和经济学家深入思考金融危机产生的根源。美国的次贷危机有一个演化过程。2007 年 4 月 2 日，美国第二大次级住房抵押贷款公司——美国新世纪公司申请破产保护，拉开了美国次贷危机的序幕。之后，便产生多米诺骨牌效应。2007 年 8 月 6 日，美国房地产投资信托公司申请破产保护，法国最大银行巴黎银行宣布卷入美国次级债风暴。2008 年 3 月，成立于 1923 年的美国第五大投资银行贝尔斯登公司被摩根大通收购。2008 年 7 月 11 日，美国第二大独立抵押贷款银行因迪美倒闭。2008 年 9 月 7 日，美国政府宣布，从即日起接管陷入困境的美国两大住房抵押贷款融资机构房利美和房地美。2008 年 9 月 15 日，雷曼兄弟公司宣布申请破产，成为美国次贷危机演变成为国际金融危机的标志性事件，同时，美国最大保险公司 AIG（美国国际集团）前三个季度因次贷危机而亏损 180 亿美元。2008 年 9 月 25 日，美国最大的商业银行之

一、拥有120年历史和5410家分行的华盛顿互惠银行（WaMu）宣布倒闭，摩根大通随后以19亿美元的价格收购了华盛顿互惠银行的存款业务，华盛顿互惠银行的崩溃成为美国历史上最大的银行倒闭案。2008年，美国有26家银行倒闭。2009年，美国有140家银行倒闭，破产银行资产总额为1697亿美元。2010年，美国有157家银行倒闭，破产银行资产总额为921亿美元。2011年，有92家银行倒闭。2012年，倒闭银行有51家。2013年，倒闭银行有24家。

2008年9月29日，美国国会否决了史无前例的7000亿拯救计划，全球金融领域陷入高度的恐慌，所有股市当日暴跌，其中，道琼斯工业平均指数下跌778点，跌幅达8.8%，多伦多综合指数下跌840.93点，跌幅6.9%，其单日点跌幅创历史最高纪录；2008年10月7日，冰岛总理哈德宣布，冰岛国家濒临破产，10月14日，该国股市恢复交易之后，当天狂跌76.2%；2009年11月25日，阿拉伯联合酋长国的7个酋长国之一的迪拜，其属下的国有企业迪拜世界，向全世界传递出了债务危机的信号，这被专家视为“后金融危机”时期的开始，这一时期的主要特征是主权债务危机，由此，主权债务危机引起全世界公众的密切关注。2009年12月8日，全球3大评级机构之一的惠誉国际信用评级有限公司宣布将希腊主权债务信用评级由A-降到BBB+，同时下调了5家希腊银行的信用评级，这成为主权债务危机向全世界明显蔓延的开始。俄罗斯、墨西哥、葡萄牙、西班牙、爱尔兰等国也出现债务危机的迹象，英国、法国、德国、美国、奥地利、卢森堡、新西兰和瑞士等国已陷入财政危机而难以自拔。截至2010年2月，全球各国负债总额突破36万亿美元。2010年6月27日，第四次20国集团领导人峰会在多伦多闭幕。会议主要讨论了世界经济形势、欧洲主权债务危机、“强劲、可持续和平衡增长框架”、国际金融机构改革、国际贸易和金融监管等问题，并通过了《20国集团多伦多峰会宣言》（以下简称《宣言》），认为世界经济恢复了增长，但严峻的挑战依然存在，发达国家的主权债务危机对世界经济复苏造成威胁。《宣言》强调，20国集团的首要任务是确保和加强复苏，为强劲、可持续和平衡的增长奠定基础，加强抗风险的金融体系。会议要求，G20绝大多数发达经济体成员在2013年年底前，将自身公共财政赤字水平减半，各经济体依照自身情况灵活掌握“达标”步骤的权利；峰会同意各成员根据国内环境和税务制度的不同针对银行业征税，并实施严格的资本规则，迫使银行保持足够缓冲以防范未来的危机。

导致美国次贷危机和国际金融危机的原因有多种，其中道德风险起了一定的作用，包括金融监管部门不作为、评级机构故意误导、贷款机构和借款人及投资者放任风险等。如何防范投融资中的道德风险，这是一个急需研究的问题。

## 二、国内背景

从国内来看，自新中国成立以来，在投融资活动中，道德风险一直客观存在。在贷款中，道德风险主要表现在银行盲目贷款或借款人拖欠贷款不还。中国东方资产管理公司、中国信达资产管理公司、中国华融资产管理公司和中国长城资产管理公司四大资产管理公司成立的最初目的，就是为了分别处理中国银行、中国建设银行和国家开发银行、中国工商银行和中国农业银行的不良资产。道德风险表现在实业投资过程中，主要是投资决策不认真、为了争项目、争投资而编造投资效益、多计工程造价、降低工程质量、拖欠工程款。2009 年各地方以应对国际金融危机为名，以争国家拨款、增加 GDP（国内生产总值）政绩为实而大上投资项目，也是一种道德风险的表现。在股票融资中，道德风险主要表现为股票发行人和代理发行人隐瞒真实信息，恶意圈钱并挥霍资金，不考虑给投资者合理回报。在债券融资中，道德风险表现为信用评级失真，筹资决策者很少考虑未来还本付息的可能性。表现在资金信托业务中，是从事资金信托事业的受托人（信托投资公司）在设计与运作信托资金时，尽最大限度避免自身的风险，或增进自身的效益，做出可能导致增加投资者风险或失去投资利益的行为；表现在利用外资中，是套取资金、挪用资金、不讲投资效益、拖欠债务、办假外资企业，等等。道德风险事故的发生，导致有关当事人利益受损，破坏了正常的经济、生活秩序，阻碍经济的发展，严重者，会造成金融危机，进而导致经济危机。因此，如何建立和完善投融资道德风险控制机制，成为投融资领域关注的一个重要问题。

2013 年 11 月 12 日，中国共产党第十八届中央委员会第三次全体会议通过了《中共中央关于全面深化改革若干重大问题的决定》（以下简称《决定》），要求“扩大金融业对内对外开放，在加强监管前提下，允许具备条件的民间资本依法发起设立中小型银行等金融机构”。“落实金融监管改革措施和稳健标准，完善监管协调机制，界定中央和地方金融监管职责和风险处置责任。建立存款保险制度，完善金融机构市场化退出机制。加强金融基础设施建设，保障金融市场安全高效运行和整体稳定。”从《决定》来看，有必要研究和防范投融资道德风险。

## 第二节 研究目的和意义

### 一、研究目的

研究目的主要在于对投融资道德风险进行界定，全面理清投融资道德标准，创建投融资道德评价原则，探索出投融资道德评价体系基本框架，在此基础上对投融资道德培育机制有比较深入的认识；归纳出投融资道德风险基本理论，并在理论上有所创新；明确投融资道德风险管理内容与程序；探寻各类投融资道德风险的来源，判断投融资道德风险事故发生的危害，揭示投融资道德风险存在的原因；探究科学有效的投融资道德风险控制措施，提高投融资道德风险防范水平，最大限度地降低投融资道德风险事故损失程度，建立健全良好的投融资秩序，加强投融资信用建设，化解投融资道德风险导致的金融危机，正常发挥投融资对经济的促进作用。

### 二、研究意义

研究的理论意义在于加深投融资相关管理部门和经营部门对投融资道德风险的认识，丰富投融资理论。投融资道德风险管理的研究著作和文章比较少，尚无全面、系统、专门的研究成果。投融资道德风险的分析和管理很难通过量化模型进行，需要从制度经济学的角度进行研究。对投融资道德风险的来源、存在原因、管理思路进行全面深入的研究，弥补金融风险管理理论的不足。

研究的实践意义在于进一步明晰投融资风险管理的思路，指导投融资道德风险管理的实践，提高我国投融资风险管理水平，避免发生金融危机。投融资道德风险控制是银行业、证券业、保险业、信托业、金融租赁业、基金业等投融资领域共同关心的问题，也是各类非金融企业共同关心的问题，因为非金融企业的投融资业务范围越来越广，例如：发行股票、发行企业债券、银行借款、进行证券投资和固定资产投资等，都涉及投融资问题，都要进行道德风险的管理。不但商业性经营机构需要金融道德风险管理，而且政策性金融机构和监管机构均需要进行投融资道德风险管理。随着对外开放程度的加大，投融资道德风险管理日显重要。

## 第三节 国内外研究现状

### 一、国外研究现状

在国外，有关投融资道德风险的研究主要集中在以下 6 个方面。

#### （一）关于道德风险含义的研究

在现代金融理论中，风险是指各种预期盈亏分布相对于这些盈亏的加权均值（预期收益水平）的离散程度。一般用标准差来度量。这里的风险是可以测量的，是纯经济学的一个概念，与伦理学没有直接关系。而道德风险（Moral Hazard）是与伦理学相关的一个概念，其含义是指发生这种情况的可能性：从事经济活动的人在最大限度地增进自身效用的同时做出不利于他人的行动，使他人获得的效用低于其预期；或者说签约一方因不完全承担风险后果而采取自身效用最大化的自私行为，使他人获得的效用低于其预期。

西方经济学家揭示的道德风险有两种情况。一种是当损失后果不完全由自己承担时，就放任该结果的发生。获 2001 年度诺贝尔经济学奖的美国经济学家约瑟夫·尤金·斯蒂格里茨（Joseph Eugene Stiglitz）在 1976 年研究保险市场时，发现美国一所大学的学生自行车平时被盗比率约为 10%，有几个学生组织起来，开展了以本校学生为客户的自行车保险，保费为保险标的 15%。但是，提供了保险保障以后，自行车的被盗比率反而迅速提高到 15% 以上。这种现象出现的主要原因是学生们投保自行车以后，觉得反正有人赔，所以就不再谨慎防范自行车被盗，而是放任自行车被盗案件的发生。由于保险费是按照被盗比率 10% 计算的，所以在被盗比率提高到 15% 以后，保险赔款额大大增加，使得开办保险业务的学生亏本经营，保险业务难以为继[1]。还有一种情况就是所谓的搭便车。美国经济学家曼柯·奥尔逊（Mancur Olson）于 1965 年发表的《集体行动的逻辑：公共利益和团体理论》一书中提出了搭便车理论，其基本含义是不付成本而坐享他人之利[2]。

## （二）关于道德风险产生原因的研究

有的从信息经济学角度、从委托—代理关系入手进行分析。在委托—代理关系中，由于不确定性或其他原因，当事人双方所掌握的信息具有不对称性，在这种情况下就容易出现“道德风险”问题。这时，代理人在契约达成后可能采取一些行动损害委托人利益。委托—代理关系的形成过程实际上是双方（或多方）参加的博弈过程。一般而言，均衡契约的形成必须满足 3 个条件：第一，代理人以使自己效用最大化的方式选择他所采取的行为，即激励相容；第二，代理人所获得的效用不能小于保留效用值，否则代理人会拒绝接受这一契约，这称为“参与约束”；第三，按照这一契约，委托人在付给了代理人补偿以后所获得的效用最大化，采用任何其他契约都不会使委托人的效用提高。但是实际生活中更多的是不均衡契约。为什么会产生不均衡契约呢？首先是信息的不对称。从事经济活动的主体（如代理人）可能拥有独家信息，肯尼斯·约瑟夫·阿罗（Kenneth Arrow，1951）把这类信息优势划分为“隐蔽行动”和“隐蔽信息”。前者包括不能为他人准确观察到的行动，对这类行动订立契约是不可能的；后者则指经济主体对事态的性质有某些但可能不全面的信息，这些信息足以决定他们的行动是恰当的，但他人则不能完全观察到。其次是订立与实施契约的成本，过高的交易成本不得不容忍订立和实施契约中的“道德风险”，例如在股份公司中，经理们如果不依赖外部资金就不足以满足独资经营的需要，因此他们会利用信息优势，让股票持有人和债权人承担一部分风险，这种“道德风险”在现代公司制下是常见的[3]。

有的从经济伦理学的角度分析，认为道德风险属于“经济人”伦理道德沦丧的问题。人类活动具有正式约束条件和非正式约束条件两种约束要素。正式约束条件是由制度、体制、成文法、规定、规则等因素构成的整体；非正式约束条件则是由意识形态、道德规范、价值取向、审美情趣、思维方式、风俗习惯等因素构成的整体。市场经济的伦理道德作为市场经济运行的一种非正式制度安排，在维护经济正常运转、减少社会成本、规范“经济人”道德行为、提高社会效率方面发挥了重要作用。美国经济学家道格拉斯·诺斯（Douglass C. North）认为，制度的功能是通过一系列的规则来界定人们的选择空间，约束人们之间的相互关系，从而减少环境中的不确定性和交易费用，进而保护产权，促进生产性活动。但这些作用的体现必须以正式规则和非正式规则的一致性作为前提，因此从制度的可移植性上来讲，不管是扩散过程，还是通过社会、经济、政治秩序所进行的制度转化，制度变迁都必须保证正式规则和非正式规则的一定程度的相容性[4]。1993 年，道格拉斯·诺斯在获诺贝尔经济学奖时又指出，离开了非正式规则，即使“将成功的市场经济制度和正式政治经济规则搬到第三世界和东欧，也不再是取得良好的经济实绩的充分条件”。

有的从新制度经济学角度分析，认为道德风险属于人类的机会主义行为倾向问题。在新制度经济学看来，人具有双重特性：一是人的有限理性。人的有限理性是由 K. 阿罗引入的一个原理，用他的话说有限理性就是人的行为，即“有意识的理性的，但这种理性又是有限的”。人总是想把事情做得最好，但人的智力是一种有限的稀缺性资源，由此我们可以推论，所有复杂的协议、契约或合同都不可避免地具有不完全性。二是人的机会主义行为倾向，即人在追求自身利益的过程中会采用非常微妙而且隐蔽的手段，会要弄狡黠的伎俩，由这个假设我们可以得出一个基本推论：如果交易协约双方建立在承诺的基础上，那么未来的风险是很大的。奥利弗·伊顿·威廉姆森（Oliver Eaton Williamson，1985）指出：“如果没有有限理性和机会主义的同时存在，则经济契约问题就无关紧要，而对制度的研究也无关宏旨。”从人的有限理性和机会主义行为倾向可以看出制度约束的重要性。传统经济学强调了经济当事人之间的竞争，而忽略了合作[5]。亚当·斯密在强调分工能给人们带来效率的时候，忽略了分工的协调成本问题。制度的功能就是为实现合作创造条件，保证合作的顺利进行，尤其是在复杂的非个人交换形式中，制度更加重要。制度的基本作用之一就是规范人们之间的相互关系，减少信息成本和不确定性，把阻碍合作得以进行的因素减少到最低限度。所以，通过制度创新来规范人们之间的相互关系，增进合作，减少个人的机会主义行为，可以降低道德风险。

### （三）关于道德风险对金融危机影响的研究

以美国著名经济学家保罗·罗宾·克鲁格曼（Paul R. Krugman，1998）为主的一批学者在着手寻求 1997 年亚洲金融危机的根源时，一致认为金融机构的道德风险是造成这次危机的主要原因，其中克鲁格曼提出解释金融危机的第三代模型，分析了道德风险对金融危机的影响。

美国经济学家弗雷德里克·S. 米什金（Fredcric S. Mishkin，1999）把金融危机与道德风险联系起来，认为人们有逆向选择的倾向，加之信息严重不对称，从而导致道德风险的产生，引发金融危机。他认为，道德风险使金融市场无法有效地将资金导向那些拥有最佳生产性投资机会的人，增加了金融的不稳定。他认为资本流动是造成危机的因素之一，但不是危机发生的深层原因。

（四）关于风险度量的研究

例如，美国的安东尼·桑德斯所著的《信用风险度量：风险估值的新方法与其他范式》[6]、英国的考马克·巴特勒所著的《风险值概论》[7]、法国简·菲利普·鲍查德与比利时的马克·伯特合著的《金融风险理论》[8]。这些研究文献共同的特点是以金融资产价格波动率为主要数据，运用概率论和数学模型，对金融资产价格波动的风险进行度量。

（五）关于风险监管和风险管理的研究

英国的理查德·德尔所著的《金融市场风险及监管》[9]、英国皇家银行学会布莱恩·科伊尔编著的《信用风险管理》[10]和《利率风险管理》[11]、美国的小哈罗德·斯凯博等著的《国际风险与保险：环境—管理分析》[12]、罗伯特·J. 希勒所著的《金融新秩序》[13]等，均从企业内部和外部环境等方面论述了风险管理的一般方法。

（六）关于风险从形成到暴露至最后结束的过程的研究

弗兰克·帕特诺伊所著的《诚信的背后：摩根士丹利圈钱游戏黑幕》[14]、罗伯特·布伦纳所著的《繁荣与泡沫》[15]、野口悠纪雄所著的《泡沫经济学》[16]，均对风险过程进行了揭示。

国外对投融资道德风险的研究，极少专门针对投融资，而较多的是针对更一般意义的宏观金融。从研究内容看，主要集中于金融风险的影响、金融风险的成因和金融资产价格风险的度量、金融风险的监管。在微观金融风险管理方面，主要成果是投资组合管理方法。专门对投融资道德风险进行系统研究的文献则较少[17]。

## 二、国内研究现状

国内与本课题内容有关系的研究主要集中在对国外风险案例的研究[18]，从金融市场风险预警机制[19]和风险管理[20]角度研究金融风险（含道德风险）防范、金融道德风险含义、金融道德风险形成和控制、银行道德风险、证券道德风险、贷款及贷款经纪商道德风险、金融监管道德风险、私募股权投资道德风险、风险投资道德风险等方面。

### （一）关于商业银行道德风险的研究

在商业银行道德风险研究方面的文献较多。俞栋发表在《金融论坛》2005 年第 12 期的论文《道德风险：国有商业银行转型的困扰与挑战》中指出：在金融业中，与其他风险相比道德风险最难控制。从披露的典型案例看，四大商业银行道德风险呈“长期交易、权力寻租、上下皆为、内外勾结、损失惊人”5 大特征，其成因除了产权制度缺陷、结构失衡、激励机制扭曲、约束体系软弱、考核制度异化之外，由银行改制转型引起的文化缺失、心理恐慌、财务重组等进一步加剧了道德风险。为此，必须遵循“由易到难、由表及里、由下而上、由形入神、由内向外、由近至远”6 大原则，从完善治理机制、创新激励手段、培育治理文化、注重外部治理和重构股权结构等方面入手，积极探索抑制四大商业银行道德风险的有效方法与路径[21]。范方志、毛晋生发表在《社会科学辑刊》2004 年第 6 期的论文《国有独资商业银行注资股改与道德风险评价》中提醒追求金融稳定的同时要注意防范道德风险，对因外部冲击一时陷入困境或可能引发系统风险的金融机构实施救助，以维持社会稳定，这是世界各国的普遍做法，但这种做法的弊端是容易引起道德风险，削弱市场约束[22]。章泽武发表在《经营管理者》2002 年第 5 期的论文《国有商业银行的道德风险》中指出，在金融领域里，道德风险指金融中介机构为了自身的利益最大化而与其所有者的“利益非对称”，从而产生自利动机，导致金融中介机构总体收益下降和委托人利益损失的风险。它表现为政府与金融机构、金融机构与企业两个方面[23]。张强、乔煜峰、张宝（2013）研究了商业银行不良贷款与货币政策的关系，认为二者相关[24]。周亚玲和佘斌（2010）研究了中小企业应收账款融资道德风险[25]。此外，李延喜、迟国泰在《中国管理科学》发表论文《贷款风险管理中道德风险的防范模型》(1999)[26]，陈华在《济南金融》发表论文《基于制度视角的国有银行道德风险问题研究》(2007)[27]，曹元芳、吴超在《南方金融》发表论文《基于道德风险防范的金融企业治理结构研究》(2007)[28]，穆争社在《财贸研究》发表论文《道德风险引起的信贷配给及其治理》(2002)[29]对此问题也都有一定研究。

### (二) 关于金融道德风险博弈的研究

代表作有吴美华、朱应皋发表在《当代经济研究》2001 年第 9 期的论文《金融道德风险博弈定价模型及其分析》，作者通过对金融道德风险博弈定价模型分析得出结论：严厉的处罚能够减少道德风险的发生。因此，他们建议防范和控制金融道德风险的关键在于针对不同程度的道德风险制定相应的制度规范[30]。

### (三) 关于金融监管与道德风险的研究

慕刘伟、曾志耕和张勤发表在《金融研究》2001 年第 11 期的论文《金融监管中的道德风险问题》中指出：道德风险是指从事经济活动的人在最大限度地增进自身效用时做出不利于他人的行动。金融监管产生的一个重要原因就是为了消除双方的信息不对称，矫正金融交易中的道德风险。但金融监管并未完全消除道德风险[31]。王华庆 (2010) 对我国银行业金融创新审慎监管问题进行了探讨，认为金融创新创造了更多的表外项目和复杂的特殊实体，降低了透明度，提高了风险评估的难度，也形成了监管空白[32]。

### (四) 关于金融道德风险特征的研究

欧阳润平在《求索》1998 年第 6 期发表的论文《关于金融道德风险的一般分析》中认为，金融道德风险作为金融风险的一个种类，除了存在其他类金融风险所具有的不确定性、普遍性、扩散性、隐蔽性与突发性因素之外，与其他金融风险相比，金融道德风险还有以下 3 个特征：本能性、互联性和长期性[33]。

### (五) 关于投融资道德风险中的契约理论研究

张雄、万迪昉、谢刚、张雅慧 (2010) 则从金融契约理论出发研究了投融资中的道德风险。金融契约理论认为不同的金融契约代表不同的索取权和控制权，体现对融资者和投资者的激励和约束作用。实验研究发现，当融资者追求私人收益较低时，投融资者之间签订偏股性的契约有利，反之签订偏债性的契约。从社会福利而言，融资的优先顺序为可转换公司债券契约、股债组合契约、标准的债务契约和标准的权益契约。原因是具有内嵌转换期权的可转换公司债券契约能够抑制双边道德风险的作用，即融资者侵占行为较少和投资者更愿意投入协助或监督[34]。

### （六）关于特定贷款道德风险的研究

有些研究成果专门针对特定贷款业务中的道德风险，研究其存在的原因和控制对策。例如孙从海、李慧（2014）对互联网金融下网络借贷中的逆向选择与道德风险进行了分析[35]；古小刚（2014）研究了最终贷款人制度所隐含的道德风险原因及治理[36]；盛光华、庞英、张志远（2014）对农户小额信用贷款道德风险的随机监管进行了博弈分析[37]；郑国军、孙友（2011）[38]和焦守伟（2010）[39]研究了助学贷款道德风险成因和控制措施；魏玮（2007）研究了反抵押贷款中的道德风险问题[40]。

### （七）关于政府投资中道德风险的研究

郭志达和姚尧（2014）对政府投资代建制项目双边道德风险进行了研究，运用博弈论的方法建立政府投资代建制项目委托方和代理方之间的博弈模型，并分别从显性激励机制、隐性激励机制及锦标制度约束双方的视角进行风险防范分析[41]。

### （八）关于私募股权投资和风险投资中道德风险的研究

李元华（2015）在《风险投资中“双重道德风险”及其控制》一文中分析了风险投资中双重道德风险控制的必要性和可行性，设计了控制道德风险的机制模型[42]。汪波、谢萍萍、陈梓彤、王其康等学者（2013）从私募股权投资家和私募股权企业家的角度，分析道德风险的形成原因，对我国私募股权投资的道德风险防范给出一些建议[43]。李雪松、刘毅杰（2009）[44]、钱水土（2002）[45]分析了风险投资中道德风险产生的原因及表现形式，提出了解决我国风险投资道德问题的一些相关措施。张新立、郑亚丽、杨玲（2012）

研究了知识产权保护条件下风险投资分段投资道德风险模型[46]。熊一坚、郭四代（2010）在《基于退出博弈矩阵的创业投资道德风险分析》一文中构建了一个退出博弈矩阵，描述了创业资本退出时道德风险存在的内在机理，提出避免道德风险发生的对策[47]。

（九）关于道德风险与法律关系的研究

盛学军、杨贵桥（2015）在《道德维度与法律思维的错位——对金融法学中“金融道德风险论”的批判》一文中认为，将金融道德风险引入金融法学理论体系，在道德维度与法律思维之间存在错位[48]。龙科宇（2013）[49]和卓武扬（2011）[50]则主张采用法律手段来抑制金融道德风险。

（十）关于证券投资道德风险的研究

江山（2008）[51]、王君勇（2007）[52]分别研究了证券投资基金道德风险和证券市场道德风险的成因和控制对策。曾欣（2003）则在《中国证券市场道德风险研究》专著中对证券市场道德风险进行了比较系统的分析[53]。

国内文献对投融资道德风险进行系统研究者很少，大多是针对某一领域的道德风险表现和形成原因进行简要的分析，然后提出防范风险一般性对策。在研究方法上，采用博弈分析法的研究偏多，进行案例分析、规范分析者很少。本书将对投融资道德风险进行全面系统深入的研究，在研究方法上注重规范分析和案例分析。

## 第四节　主要研究内容、研究方法和创新点

### 一、研究内容

研究内容大体上分为两部分：第一部分是综合研究，主要研究投融资道德风险的界定，投融资道德风险的基本理论，投融资道德标准、评价与培育机制，投融资道德风险管理等；第二部分是专题研究，主要研究存贷款道德风险，股票投融资道德风险，债券与可转换公司债券投融资道德风险，证券投资基金投融资道德风险，信托投融资道德风险，风险投资道德风险，私募股权投资道德风险，实业投资道德风险等。在每一个专题研究中，重点研究

道德风险的来源、形成原因和控制思路。在有的章中最后一节，对一些存在争议的问题进行探讨，阐明作者自己的观点；有的章中最后一节阐述了作者的新理论、新观点。

## 二、研究方法

近几年，我国学术界高度重视采用数学模型分析和统计软件分析的方法来研究现实问题，这些方法可以统称为“计量模型分析”。但是采用计量模型分析存在两大问题：一是有的论文用了一大堆模型之后，所得出的分析结论就是常识，没有什么新观点；二是有的论文分析来分析去，最后得出类似于“太阳是被公鸡叫上来的”结论，因为太阳升起的时间与公鸡叫的时间高度吻合，呈现正相关关系。这种分析方法的弊端就是把复杂因素变简单了，没有考虑其他影响因素，极易把真正的因果关系排除在外，对因果关系判断失误。很多期刊拒绝发表无数学模型分析或者无统计分析的论文。学术界流行一句笑话：“我就是让你看不懂，才显得高深。”这种过度迷信计量分析而轻视逻辑分析、规范分析的倾向，导致我国经济学理论中充满了荒谬。本书虽然为学术专著，但是面向社会大众。作者主张学术论著通俗化，用大众易懂的语言，表达研究者的思想观点。

本书主要采用以下研究方法：

一是案例分析法。特别是在专题研究中，收集相关真实案例以作为观点支撑。本书所采用案例均为网络上或者报纸上公开发表的案例，但为了避免给涉案人员造成影响，本书隐去了真实姓名和单位真实名称，对有的案例进行了简化处理和适度改编。凡是引用作者原文较多的案例，本书在案例后面标注了作者名称，以示尊重。

二是在专题研究中先用精炼但比较丰富的权威数据展示投融资发展现状，并适度列示历史发展轨迹，在此基础上研究相关的道德风险。如果对发展现状不了解，那么研究道德风险就是空谈。本书采用的数据基本来源于官方网站，可靠性强。例如，研究股票投融资道德风险，先展示沪深两市近年来的股票发行规模、流通规模和交易规模，在此基础上研究股票投融资道德风险的来源和风险控制思路。

三是收集并熟悉现行的道德准则作为参照，在此基础上研究违背道德的行为。如果对道德准则不了解，那么就无法研究何种行为是不道德的。本书在界定道德含义时已经阐释清楚，本书所研究的道德是广义的道德，也就是包含了转化为法律法规条款的道德和未纳入法律法规的道德。从是否有文字记载的角度看，本书所称的道德包含了成文道德和不成文道德。成文道德包括法律法规、行政规章、行业自律规则、机构规章制度等所包含的道德规范。因此，本书在研究方法上是将有效的法律法规、行政规章、行业自律规则、国家相关政策等所包含的投融资道德规范择其精要加以引用，作为研究道德风险的基础。

四是在现有理论基础上进行理论创新，将作者本人 30 多年来的实践经验和理论研究成果、逐渐形成的思想观点进行总结归纳，使本研究具有一定的理论深度。

五是理论联系实际进行研究。投融资道德风险研究本身就属于应用性研究，因此要切记空谈，应理论联系实际，研究现实中公众关心的客观存在的道德风险。

六是先进行总体研究，再进行专题研究，既研究共性问题，又研究特定问题，一般论述与具体分析相结合，使本研究的范围基本涵盖投融资活动的全貌。

七是先研究各类投融资道德风险的来源，定性分析与定量分析相结合，逻辑推理与论据证明相结合，在此基础上探讨控制风险的对策，注重对策的可操作性。

## 三、创新点

本书的创新体现在以下 5 个方面：

一是提出比较完整的投融资道德风险理论体系，包括基本理论和各类投融资道德风险具体理论，提出新观点、新思想。

二是对投融资道德标准、评价与培育机制进行了梳理。

三是构建了投融资道德风险管理流程。

四是对投融资领域各类道德风险的来源、形成原因提出了个人见解。

五是对投融资领域各类道德风险的控制对策进行了比较全面的探索。

# 第二章 投融资道德风险的界定

**[开章语]** 界定投融资道德风险需要分别界定投资、融资、道德、风险、投融资道德风险。本章对以上概念的内涵进行了明确的界定，为以后的论述奠定基础。例如投资这个概念，理论界对其界定多有分歧，西方著作和我国台湾的著作一般将投资限定在证券投资范围之内，原因是西方和我国台湾的经济已经比较发达，经济基础已经建立起来，一般社会公众的投资方式主要是证券投资，作者著书的服务对象主要是社会公众。但我国属于发展中国家，工程建设成为常态，从政府、企业到个人，直接的固定资产投资成为投资的主要方式，因此本书研究的投资范围比较宽泛，既包括证券投资，也包括直接的固定资产投资及其他投资。

## 第一节 投资的界定

### 一、投资的含义

投资（Investment）作为经济学中的动词，是指经济活动主体将经济要素资本化的行为；作为经济学中的名词，是指经济活动主体在实施投资行为中投入的资金。

经济活动主体包括政府机构、非政府机构、家庭和个人。其中非政府机构以企业为主，也包括事业单位、社会团体、基金管理机构等。

经济要素以货币为主，也包括有形实物资产、无形资产、智力、体力等。

资本的含义，按照马克思的阐述，是指能够带来剩余价值的价值。本书则将资本阐释为：资本是指能够带来收益的本金。

资本化是指将经济要素转化为具备收益功能的本金。规范的资本化，应该将经济要素用货币计量，并将其投入到获取收益的领域中。

收益包括投资项目本身给投资者带来的货币增值和项目给相关利益主体带来的经济条件的长期改善。例如，某企业投资者投资建造食品加工车间，购置和安装加工设备，其收益形式是用货币计量的利润，即货币增值；某市政府投资修建一条市内道路，道路属于公共产品，本身可能不产生收益，但是从全市经济角度看，改善了所有需要通行此路的企业、个人及其他主体的交通条件，增加了他们的“交通福利”，提高了他们的经济活动效率或生活效率，也可能降低了他们的经营成本或者生活成本。因此，可以将政府的公共产品投资视同广义的、宏观的资本化行为。

在盈利性实业投资中，投资活动与日常经营活动是分开的，二者既有联系又有区别。

二者的联系是：投资活动为日常经营活动创造条件，奠定基础；日常经营活动为投资活动提供收益来源，反映投资成果。

二者的区别是：投资活动的直接目标是形成固定资产、初始流动资产，与固定资产、流动资产组合的无形资产。当资产被验收投入使用时，投资活动即告结束，进入日常经营阶段。日常经营活动的直接目标是利用投资活动所提供的条件创造利润。在经营活动中，固定资产价值和无形资产价值分次转移到经营成果（例如产成品）中去，流动资产价值则主要是一次性转移到经营成果中去，然后通过营业收入一次性收回，完成一次资金周转，再进入经营活动，再收回，周而复始，循环不断，除非该经营实体资不抵债破产倒闭。因此，从资金的视角看，就一笔资金而言，投资是一次性投入，收回期比较长，而日常经营是呈现周转状态的，资金回收期比较短。

在公益性非营利固定资产投资中，投资活动表现在固定资产的形成过程中，该固定资产本身不反映资金回收过程，其效益是社会性的，其资金回收是间接的、宏观的。该固定资产的日常维护性投入不作为投资看待，如果是大修则可视同投资。

金融投资与实业投资及公益性固定资产投资又不同。股票投资、债券投资、可转换公司债券投资、基金投资、权证投资、股指期货投资、外汇投资、商品期货投资、黄金投资等，都属于金融投资的范畴。金融投资的特点有3点：一是以交易或称买卖为主要表现形式；二是某些交易比较频繁，从投资到本金收回的周期很短；三是投资者以赚取买卖差价为主要获利手段。金融投资之所以被称为投资，主要是因为金融投资的主要对象是股票和中长期债券，公司发行股票和中长期债券的目的是为了筹集资本，股票和中长期债券被称为“资本证券”，购买股票和中长期债券被称为“资本投资”。投资者一般不能退回股票，对中长期债券的持有时间也较长。因此，从发行公司那里购买股票和中长期债券的行为就被视为投资。为了调动投资者的积极性，那些允许发行股票和债券的国家就建立了股票市场和债券市场，为投资者出售股票和债券提供条件。购买新发行的股票和债券的行为是“一级市场”或称“发行市场”的投资，购买已经发行过的股票和债券的行为是“二级市场”或称“流通市场”的投资。同一投资者可能既是在一级市场从公司购买股票和债券的投资者，又是在二级市场从其他投资者手里购买股票和债券的投资者。二级市场投资的特点是交易频繁，买卖周期短，具有“商业经营”的特点，但是由于其与一级市场投资业务联系紧密且类似，所以出于研究的方便，将这种“商业经营行为”与一级市场行为一起视为投资。既然股票和债券的二级市场交易行为被称为投资，那么，与这种行为相似的炒外汇、炒期货、炒黄金等行为均可称为投资，且被归类为金融投资。

**【扩展阅读】投资的界定**

1. 投资指投资者当期投入一定数额的资金而期望在未来获得回报，所得回报应该能够补偿：①投资资金被占用的时间；②预期的通货膨胀率；③未来收益的不确定性。

（资料来源：美国弗兰克·K. 赖利（Frank K. Reilly）、基思·C. 布朗（Keith C. Brown）. 投资分析与组合管理，第六版，中信出版社，2004 年 7 月，第 4 页。）

2. 企业或个人以获得未来收益为目的，投放一定量的货币或实物，以经营某项事业的行为。有直接投资和间接投资。将货币或实物直接投于企业生产经营活动的，称为直接投资；将货币用于购买股票、债券等金融资产的，称为间接投资。

（资料来源：夏征农. 辞海，上海辞书出版社，1999 年，第 1915 页。）

3. 投资指企业为通过分配来增加财富，或为谋求其他利益，而将资产让渡给其他单位所获得的另一项资产。

（资料来源：企业会计准则——投资，2001 年修订。）

## 二、投资的类型

对投资进行类型划分，应贯彻“有必要”的原则，以便于科学研究或者投资者的决策，或者便于政府的经济管理。

### （一）按照投资方式和投资对象分类

#### 1. 直接投资与间接投资

直接投资又称为实业投资，是指投资者以获得实业经营收入为目的，直接将资本投入到实体经济中，通过资产运营赚取实体经济利润的投资。实业投资者一般在平时直接参与实体经济的管理或者经营活动。间接投资又称为证券投资，是指以资本增值为目的，通过低买高卖证券获取差价收益或赚取利润分红或利息的投资。证券投资者通过中介机构在金融市场（虚拟经济）购买证券，平时不直接参与实体经济管理和经营，而更关注证券市场价格的变化。

在实业投资中，如果投资者在现有企业之外另行对外投资，则这种对外投资包含了绿地投资与并购重组。绿地投资是指在被投资地新创办企业，而并购重组是对异地他人的企业进行购并，使之变成自己的企业。

在证券投资中，常见的是股票投资、债券投资、可转换公司债券投资、证券投资基金投资、权证投资，以及证券衍生品投资（如股指期货投资、股票期权投资、股票期货投资、债券期货投资）等。

#### 2. 实物资产投资与金融资产投资

实物资产投资是指投资对象是实物资产的投资，例如投资构建建筑物、购买机器设备、收藏品投资中的购买古董字画等。

金融资产投资是指投资对象是金融资产的投资，例如股票投资、债券投资、基金投资、权证投资、外汇投资、期权期货投资、黄金白银投资、各类金融衍生品投资，等等。居民为了追求利息收益而将货币存入金融机构储蓄存款账户，金融机构为追求利息收益而将货币贷放给资金需求者，也可视为金融投资。个人总是将储蓄存款利息率与其他投资收益率相比较，以决定将货币投向银行储蓄存款账户还是投向其他项目。收藏钱币、证券的行为也可以划进金融资产投资类别。

3. **固定资产投资、流动资产投资、无形资产投资与金融资产投资**

如果固定资产投资、流动资产投资和无形资产投资在同一个投资周期内进行，并且投资于同一建设项目，则流动资产投资和无形资产投资并入固定资产投资进行统计。

中华人民共和国国家统计局在每年编写出版的《中国统计年鉴》中，仅将固定资产投资作为投资看待，并且在统计投资数据时，规定一个金额起点，对未达起点的投资不予统计。1995—1996 年，除了房地产投资、农村集体投资、个人投资以外，投资统计起点为 5 万元；从 1997 年开始，除了房地产投资、农村集体投资、个人投资以外，投资统计起点由 5 万元提高到 50 万元；从 2011 年开始，除了房地产投资、农村个人投资以外，投资统计起点由 50 万元提高到 500 万元。国家统计年鉴将股票投资放在“金融业”中，以“股票成交金额”指标进行统计。

统计年鉴对国内固定资产投资的具体分类有以下几种：

一是按照涵盖的空间范围，从大到小统计全社会固定资产投资、城镇固定资产投资、房地产开发投资 3 类数据。自 2011 年起，城镇固定资产投资数据发布口径改为“固定资产投资（不含农户）”，其金额等于原口径城镇固定资产投资加上农村企事业组织的项目投资。与行政区划相对应，统计年鉴分别按照全国、分省（直辖市）进行投资统计。

**【相关链接 2－1】全社会固定资产投资**

全社会固定资产投资是以货币形式表现的在一定时期内全社会建造和购置固定资产的工作量及与此有关的费用的总称。该指标既是反映固定资产投资规模、结构和发展速度的综合性指标，又是观察工程进度和考核投资效果的重要依据。全社会固定资产投资按登记注册类型分为国有、集体、联营、股份制（含有限责任公司和股份有限公司）、私营和个体、港澳台商、外商、其他等。

（资料来源：2012 中国统计年鉴，中国统计出版社，2012 年 9 月，第 222 页。）

**【相关链接 2－2】城镇固定资产投资**

城镇固定资产投资是指城镇各种登记注册类型的企事业、行政单位及个体户进行的计划总投资 50 万元及 50 万元以上的建设项目投资和房地产开发投资。县城及以上区域内发生的投资，县及县以上各级政府及主管部门直接领导、管理的建设项目和企事业单位的投资均为城镇固定资产投资。

（资料来源：2012 中国统计年鉴，中国统计出版社，2012 年 9 月，第 222 页。）

**【相关链接 2－3】房地产开发投资**

房地产开发投资指各种登记注册类型的房地产开发法人单位统一开发的包括统代建、拆建还建的住宅、厂房、仓库、饭店、宾馆、度假村、写字楼、办公楼等房屋建筑物和配套的服务设施，土地开发工程（如道路、给水、排水、供电、供热、通信、平整场地等基础设施工程）和土地购置的投资，不包括单纯的土地开发和交易活动。

（资料来源：2012 中国统计年鉴，中国统计出版社，2012 年 9 月，第 222 页。）

需要说明的是，国家统计中的房地产开发投资与机构、个人的房产投资不是一个概念。房地产开发投资是房地产开发法人单位开发房地产的投资，而机构、个人的房产投资是“炒房子”的行为和为了租赁经营而购建住房的行为。

二是按照登记注册类型，分别以全国和各省市的全社会固定资产投资为范围，统计国内投资中的国有投资、集体投资、股份合作投资、联营投资、有限责任公司投资、股份有限公司投资、私营投资、个体投资、其他投资，还统计港澳台商投资、外商投资。

三是按照投资资金来源，分别统计国家预算资金、国内贷款、利用外资、自筹和其他资金。

四是按照构成分，分为建筑工程、安装工程、设备工具器具购置、其他费用。

五是按照产业和主要行业分，按照产业将固定资产投资分为第一产业投资、第二产业投资和第三产业投资。按照主要行业将固定资产投资分为农林牧渔业，采矿业，制造业，电力、燃气及水的供应业，建筑业，交通运输、仓储和邮政业，信息传输、计算机服务和软件业，批发和零售业，住宿和餐饮业，金融业，房地产业，租赁和商务服务业，科学研究、技术服务和地质勘查业，水利、环境和公共设施管理业，居民服务和其他服务业，教育，卫生、社会保障和社会福利业，文化、体育和娱乐业，公共管理和社会组织，国际组织。

六是按照隶属关系分，分为中央投资和地方投资。

七是按照建设性质分，按照建设性质将固定资产投资分为新建、扩建、改建和技术改造，单纯建造生活设施、迁建、恢复、单纯购置。房地产开发单位、农户投资不划分建设性质。

政府、工商企业和银行偏重于研究固定资产投资，证券业机构偏重于研究证券投资，个人则偏重于研究证券投资、房地产投资、黄金投资、外汇投资、收藏品投资。

### （二）按照投资资金的形式分类

按照投资资金的形式分类，投资可以分为货币投资、实物投资、权利投资、劳务投资、智力投资等。货币投资即用货币进行的投资；实物投资即指用机器设备、厂房、原材料等进行的投资；权利投资是指用土地使用权、专利权、商标权、著作权、技术使用权、商誉等进行的投资；劳务投资是指用出劳务的方式进行的投资，即老百姓平时所说的“有力出力”；智力投资是指用投资者的智慧、能力等进行的投资。本书主要分析货币投资。

### （三）按照是否跨国分类

按照是否跨国，投资可分为对内投资（国内投资）与对外投资（国际投资）。

### （四）按照投资主体分类

学术界为了研究的方便，在按照投资主体对投资进行分类时，常采用两种方法：一是把国内大陆的投资分为政府投资与民间投资，目的是研究政府投资与民间投资的关系；二是把国内大陆投资分为政府投资（财政直接出资或者直接以政府名义贷款）、企业投资、个人投资，目的是研究投资决策体制机制改革。在统计上，把全社会固定资产投资按照投资主体的所有制形式分为国有及国有控股投资、外商及港澳台商投资和民间固定资产投资。国家统计局从 2012 年 5 月开始，按月发布民间固定资产投资统计数据。

**【相关链接2-4】民间固定资产投资的界定**

国家统计局于2012年年初制定的《关于民间固定资产投资定义和统计范围的规定》，将民间固定资产投资界定为：民间固定资产投资是指具有集体、私营、个人性质的内资企事业单位及由其控股（包括绝对控股和相对控股）的企业单位在中华人民共和国境内建造或购置固定资产的投资。民间固定资产投资的统计范围根据固定资产投资项目单位的工商登记注册类型和控股情况来确定，包括：①工商登记注册的集体、股份合作、私营独资、私营合伙、私营有限责任公司、个体户、个人合伙等纯民间主体的固定资产投资；②工商登记注册的混合经济成分中由集体、私营、个人控股的投资主体单位的全部固定资产投资。

（五）按照投资期限长短分类

按照投资期限长短分，投资可分为长期投资与短期投资。

按照《企业会计准则——投资》（2001年修订）的界定，短期投资是指能够随时变现并且持有时间不准超过一年的投资；短期投资以外的投资即为长期投资。长期投资分为长期债权投资和长期股权投资。长期债权投资又可分为债券投资和其他债权投资。长期股权投资依据对被投资单位产生的影响，分为以下4种类型：①控制，是指有权决定一个企业的财务和经营政策，并能据以从该企业的经营活动中获取利益；②共同控制，是指按合同约定对某项经济活动所共有的控制；③重大影响，是指对一个企业的财务和经营政策有参与决策的权力，但并不决定这些政策；④无控制、无共同控制且无重大影响。

（六）按照资本运作方式和盈利模式分类

按照资本运作方式和盈利模式有两种分类法：一是把投资分为价值型投资和投机型投资；二是把投资分为直接经营实体经济的投资、买卖金融工具的投资、风险投资、私募股权投资。

价值型投资与投机型投资既有共性又有差别。

此处所称的投机（Speculation）仅指投资领域的投机，不包括政治投机，也不包括生产经营和商业活动中的投机。投资领域的投机是指经济活动主体基于对投资对象因市场供求变化所产生价差收益的机会分析而采取行动，以赚取该价差收益。从广义上说，投机也是投资，因为投机目标需要借助于投资形式来实现；投资也是投机，因为投资成功与否在很大程度上取决于对机会的把握程度。

价值型投资与投机型投资的共同点是均需要投入资金（不管资金来源于何处），并追求投资回报（微观收益或社会效益）。从形式上看，价值型投资与投机型投资难以区别。

从理论上看，价值型投资与投机型投资主要有3点差别：

第一，追求的收益形式有差别。如果投资者为了获得投资项目利润而进行投资，这种投资就被视为价值型投资；如果投资者为了追求买卖投资项目的差价而进行投资，则这种投资就被视为投机型投资。

第二，投资的频率和周期长短有差别。如果投资频率低，投资者长期持有投资项目，则该种投资就被视为价值型投资；如果投资频率高，从投入到收回的周期短，投资者经常性地买入卖出投资对象，则该投资带有较强的投机性质。

第三，理念与思维方式有差别。价值型投资的理念是“长期投资”和“价值投资”；投机型投资的理念是“短期投资”和“机会投资”。价值型投资的思维方式是考虑投资项目本身的盈利能力和投资项目所创造的产品的市场需求趋势；投机型投资的思维方式是考虑投资对象本身的市场价格波动趋势和投机者对投资对象的兴趣变化。

风险投资（Venture Capital Investment，AC）有广义与狭义之分。广义的风险投资泛指一切具有高风险但具有高收益可能的投资。此处所说的风险投资是狭义的概念，是指风险投资者（企业或个人）将资本以一定形式（入股或贷款）投向具有高风险但具有高收益可能的科技创新研发项目或者创业项目，在项目研发成功或者创业成功后，择机以一定形式（如目标企业上市后高价卖出股份或者收回贷款本金并收取高额利息）收回本金并收取高额回报的投资。

私募股权投资（Private Equity，PE）是指以非公开方式募集资金投资于较成熟企业非公开发行股权的行为。

### （七）按照投资运作的自主性分类

按照投资运作的自主性分类，可以将投资分为自营投资和信托投资。

自营投资（Principal Investment）是指投资者自行支配投资资金、自主进行投资决策的投资。

信托投资（Trust Investment）是指投资者将投资资金委托给他人运作的投资，其形式是委托人购买受托人发行的信托计划。有的投资者将资金委托给证券公司运作，有的投资者将资金委托给投资咨询公司或者投资管理公司运作。最典型的信托投资是投资者将资金委托给信托投资公司运作，其形式一般是投资者购买信托投资公司发行的“信托计划”。

作为委托人的投资者与作为受托人的信托投资公司之间的合作可以采取以下两种形式：①信托投资公司按照委托人的意愿将资金投向委托人指定的项目，通常称此种投资为“委托投资”；②信托投资公司按照自己的决定将资金投向信托公司自主选择的项目，此种方式的投资被称为狭义的信托投资。委托人和受托人之间的利益分配一般有 3 种形式：①受托人只收取手续费，投资收益归委托人；②委托人获得固定收益，剩余收益归受托人；③由委托人和受托人协议收益分成。

商业银行对客户推出理财产品，客户购买理财产品的行为也可视为广义的信托投资。

需要说明的是，学术界往往把信托投资解释为信托投资公司将资金投向投资对象的行为。百度对信托投资的界定是：“信托投资是金融信托投资机构用自有资金及组织的资金进行的投资。以投资者身份直接参与对企业的投资是目前我国信托投资公司的一项主要业务，这种信托投资与委托投资业务有两点不同：①信托投资的资金来源是信托投资公司的自有资金及稳定的长期信托资金，而委托投资的资金来源是与之相对应的委托人提供的投资保证金；②信托投资过程中，信托投资公司直接参与投资企业经营成果的分配，并承担相应的风险，而对委托投资，信托公司则不参与投资企业的收益分配，只收取手续费，对投资效益也不承担经济责任。”这样的定义不完整，把真正的投资者漏掉了。

本书站在委托人的立场来界定信托投资：投资者购买信托投资公司发行的信托计划的行为，属于信托投资的范畴。至于信托投资公司运用资金进行投资的行为本身，不单独划分投资类别，而是将其作为信托投资的一个环节来研究。

# 第二节　融资的界定

## 一、融资的含义

融资（Financing）是指资金在持有者与需求者之间流动以余补缺的一种经济行为。在外源融资中，资金持有者与资金需求者是不同的主体；在内源融资中，资金持有者与资金需求者是同一主体。

投资与融资有时表现于同一经济活动项目中，有时则表现于不同的经济活动项目中。例如，某股份有限公司向社会公众首次公开发行股票，站在发行公司角度看，是融入资金的行为，而站在购买股票的社会公众角度看，是融出资金的行为，同时也是证券投资行为，融资与投资表现于同一经济活动即股票买卖活动中。再如，股票发行公司在完成发行任务后，将融入的资金投入新车间建设中，则该公司的融资行为表现在股票发行活动中，而其投资行为表现于固定资产投资活动中。

投资与融资有时密不可分，有时可以分离。如果投资者自己有足够的资金满足投资需要，则可以省略从外部融资这一环节。如果投资者资金短缺，则从外部融资成为投资顺利进行的一个必备条件。例如，一个用自有资金炒股票的人，是不需要从外部融资的。

## 二、融资的渠道

### （一）内源融资

内源融资（Endogenous Financing，Internal Financing）与外源融资均是站在资金融入方的角度进行的融资渠道划分。

内源融资又称为内部融资，是指投资者将自身积累的资金作为投资资金来源而形成的融资渠道。作为企业，其内源融资主要来自企业的留存收益和折旧。作为个人，其内源融资主要来自历年积累的未消费收入或称消费剩余。内源融资的最大优点是融资成本低。

### （二）外源融资

外源融资（External Financing）又称为外部融资，是指投资者从其他主体融入资金而形成的融资渠道。具体分为直接融资和间接融资。

直接融资（Direct Financing）是资金供求双方直接建立融资关系的融资方式。具体包括发行股票、发行债券、发行可转换公司债券、发行基金、发行集合票据、商品赊销、分期付款、预收定金、预收货款、民间直接借贷、通过典当行进行的融资等。另外，发行信托计划、融资租赁、收取保险费等融资方式兼有直接融资与间接融资的双重特点。

间接融资（Indirect Financing）是指资金供求双方分别独立地直接与中介建立融资关系，资金供求双方互相间接建立融资关系的融资方式。

站在资金融入者的角度看，按照中介来划分，间接融资具体包括通过银行中介进行的融资，通过贷款公司进行的融资，通过信托公司进行的融资，通过保险公司进行的融资。

站在资金融入者的角度看，按照融资工具来划分，间接融资具体包括申请银行贷款、申请贷款公司贷款、申请保险公司贷款、申请票据贴现、银行信用卡透支、委托信托公司发行信托产品，等等。

直接融资与间接融资的划分标准不是绝对的，只能是大体的划分。例如，小额贷款公司用自有资本发放贷款，贷款公司是资金提供者，借款人是资金需求者，资金供求双方直接建立了融资关系，具有直接融资的特征。银行发放贷款的资金来源中也有自有资本。但是考虑到银行可以吸收存款，小额贷款公司可以从银行取得贷款再转贷给借款人，而且人们也习惯于将金融机构发放贷款的融资方式看作是间接融资，所以，把通过银行、贷款公司贷款的融资方式划归间接融资方式。但是不通过中介机构进行的民间直接借贷方式宜划入直接融资方式。

## 三、融资的目的

### （一）为投资而融资

中小证券投资者可以用自有资金进行股票投资，因为拥有少量资金就可以买股票。例如在股票二级市场上，可以购买 100 股及其整数倍的股票，如果投资者按照 10 元每股的价格购买 100 股股票，则有 1000 元多一点就可以操作。在股票一级市场上，上海证券交易所规定最低申购量为 1000 股，深圳证券交易所规定最低申购量为 500 股。投资者拥有最低申购量与申购价格的乘积的资金量就可以申购新股。

金融期货交易的资金门槛较高，但能够迈入门槛的大有人在。根据《金融期货投资者适当性制度实施办法》的规定，期货公司会员为符合下列标准的自然人投资者申请开立交易编码：①申请开户时保证金账户可用资金余额不低于人民币 50 万元；②具备金融期货基础知识，通过相关测试；③具有累计 10 个交易日、20 笔以上（含）的金融期货仿真交易成交记录，或者最近三年内具有 10 笔以上（含）的期货交易成交记录；④不存在严重不良诚信记录；不存在法律、行政法规、规章和交易所业务规则禁止或者限制从事金融期货交易的情形。期货公司会员除按上述标准对投资者进行审核外，还应当按照交易所制定的投资者适当性制度操作指引，对投资者的基本情况、相关投资经历、财务状况和诚信状况等进行综合评估，不得为综合评估得分低于规定标准的投资者申请开立交易编码。

期货公司会员为符合下列标准的一般单位客户申请开立交易编码：①申请开户时保证金账户可用资金余额不低于人民币 50 万元；②相关业务人员具备金融期货基础知识，通过相关测试；③具有累计 10 个交易日、20 笔以上（含）的金融期货仿真交易成交记录，或者最近三年内具有 10 笔以上（含）的期货交易成交记录；④不存在严重不良诚信记录；不存在法律、行政法规、规章和交易所业务规则禁止或者限制从事金融期货交易的情形；⑤具有参与金融期货交易的内部控制、风险管理等相关制度。所以，中小证券投资者一般不进行融资。大型机构可以通过融资融券业务融入资金卖空股票。根据 2014 年 2 月 21 日修改后的《上海证券交易所融资融券交易实施细则》的规定，投资者通过会员在证券交易所进行融资融券交易，应当按照有关规定选定一家会员为其开立一个信用证券账户。融资买入、融券卖出的申报数量应当为 100 股（份）或其整数倍。客户融资买入证券后，可通过卖券还款或直接还款的方式向会员偿还融入资金。卖券还款是指客户通过其信用证券账户申报卖券，结算时卖出证券所得资金直接划转至会员融资专用资金账户的一种还款方式。以直接还款方式偿还融入资金的，具体操作按照会员与客户之间的约定办理。投资者卖出信用证券账户内融资买入尚未了结合约的证券所得价款，须先偿还该投资者的融资欠款。会员向客户融资、融券，应当向客户收取一定比例的保证金。保证金可以标的证券及本所认可的其他证券充抵。投资者融资买入证券时，融资保证金比例不得低于 50%。融资保证金比例是指投资者融资买入时交付的保证金与融资交易金额的比例，计算公式为：

融资保证金比例＝保证金/（融资买入证券数量×买入价格）×100%

投资者融资买入或融券卖出时所使用的保证金不得超过其保证金可用余额。保证金可用余额是指投资者用于充抵保证金的现金、证券市值及融资融券交易产生的浮盈经折算后形成的保证金总额，减去投资者未了结融资融券交易已占用保证金和相关利息、费用的余额。其计算公式为：

保证金可用余额＝现金＋$\sum$（可充抵保证金的证券市值×折算率）＋$\sum$［（融资买入证券市值－融资买入金额）×折算率］＋$\sum$［（融券卖出金额－融券卖出证券市值）×折算率］－$\sum$（融券卖出金额）－$\sum$（融资买入证券金额×融资保证金比例）－$\sum$（融券卖出证券市值×融券保证金比例）－利息及费用。

实业投资特别是大项目投资，离不开从外部融入资金。因为大项目所需要的资金量大，动辄数亿、数十亿、数百亿甚至数千亿元人民币，自有资金远远满足不了投资需求，必须通过多种方式融资。

## （二）为持续经营而融资

企业有时没有投资事项，但是正常经营也需要大量的资金，以便购买原材料、支付水电费、支付工资等，而自有资金不足以保障这些项目支出，也需要融资，例如，从银行申请流动资金贷款，实现了营业收入、收到销售款之后，归还贷款。农户购买种子、化肥等生产资料需要资金，但是没有足够的自有资金，需要银行给予贷款支持。

## （三）为生活而融资

有一部分人在生活方面也会产生融资需求。例如，年轻人刚参加工作不久，积蓄不多，但想购房，由父母资助首付款，余款需要银行提供贷款来解决。还有的人患有较严重疾病，需要手术、住院，除了医保之外，个人也需要负担一部分医疗支出，自有资金不足，就要举债。一般而言，住房融资靠银行，医疗融资靠亲戚朋友。为买车而贷款也是属于为生活而融资，或称“为消费而融资”。

### （四）为学习而融资

为学习而融资，常见的就是“助学贷款”。家境比较贫困者，需要依靠助学贷款完成学业。

**【相关链接2－5】国家开发银行助学贷款**

2012年7月19日，教育部办公厅和国家开发银行办公厅以教资助厅〔2012〕1号文公布了《关于加强国家开发银行生源地信用助学贷款管理工作的通知》（以下简称《通知》）。《通知》称：申请办理生源地信用助学贷款的学生，应符合家庭经济困难的条件，即所获得的收入不足以支付在校期间完成学业所需的基本费用。当年考入普通高校的普通高中应届毕业生，享受普通高中国家助学金情况作为申请生源地信用助学贷款资格的重要参考；普通高校在校学生，原则要求当年享受高校国家助学金。高校在校学生申请再次续贷的，可以适度简化贷款资格认定手续。为减轻贷款办理期间县级学生资助管理机构认定申请贷款学生资格的工作压力，提高资格认定的准确性，各地应积极推进贷款学生资格预认定工作方式，于办理工作启动前确定当年考入普通高校的普通高中应届毕业生、就读本省普通高校的在校学生中，符合资助政策且有贷款需求的学生名单。实行资格预认定工作中，要做好助学贷款政策讲解和资格预认定宣传工作，确保每一位有贷款需求的学生都能及时了解资格预认定的受理期限和办理流程。同时，妥善做好资格预认定范围以外、因遭灾等突发性事件导致家庭经济困难的学生的助学贷款受理工作。

### （五）为还旧债而融资

企业和个人由于种种原因到期不能偿还债务，为了维护信用，只好采用“借新债还旧债”的办法。

**【相关链接2－6】部分地方借新债还旧债**

审计署继2011年普查公布全国地方政府性债务后，2012年11月至2013年2月又对36个地方政府本级2011年以来政府性债务情况进行了抽查。根据2013年6月10日公布的审计结果，36个地方政府债务余额38475.81亿元，2年来增长了12.94%。此次审计的范围包括：15个省、3个直辖市本级及其所属的15个省会城市本级、3个市辖区。审计结果显示，截至2012年年底，36个地方政府本级政府性债务余额38475.81亿元，比2010年增加4409.81亿元，增长12.94%。11个省本级和13个省会城市本级2012年债务规模比2010年有所增长，其中4个省本级和8个省会城市本级债务增长率超过20%。一些省会城市本级债务率和偿债率指标偏高。由于偿债能力不足，一些省会城市本级只能通过举借新债偿还旧债，5个省会城市本级2012年政府负有偿还责任债务的借新还旧率超过20%，最高的达38.01%。14个省会城市本级政府负有偿还责任的债务已逾期181.70亿元，其中2个省会城市本级逾期债务率超过10%，最高的为16.36%。

（资料来源：新京报记者王姝。）

## 四、融资顺序的选择

### （一）啄食顺序理论

啄食顺序理论（The Pecking Order Theory）是美国经济学家梅耶（Mayer）提出来的。他研究的结论是：内源融资和外源融资二者比较，首选内源融资，后选外源融资；在外源融资中，直接融资和间接融资二者比较，首选间接融资，后选直接融资；在直接融资中，债券融资和股票融资二者比较，首选债券融资，后选股票融资。

### （二）我国常见的融资顺序

在我国，有些企业对融资顺序的选择与梅耶的研究结论不完全一致。在内源融资与外源融资的选择上，如果企业有机会获得外源资金，就会宁可将自己资金闲置，也要从外部融资。在直接融资中，如果能获得股票融资的机会，就会首选股票融资，因为在新股发行核准制和新股发行价格市场化的条件下，股市中同期发行股票的数量较少，而资金供应量巨大，巨额的资金追逐少量的股票，必然导致新股发行价格奇高，从而使发行人获得巨量的超募资金。企业发行股票募集的资金扣除发行成本后，尚有巨额结余。因此，股票融资实际上是低成本，加之股票融资所得资金不必归还，公司利润分配缺乏硬约束，很多公司多年不对股东分配利润，或者只是象征性地分一点微利，而债券融资面临还本付息的压力。所以相比之下，企业更偏爱股票融资。

## 第三节　道德的界定

### 一、道德的含义

《新华字典》和百度词典对道德（Moral，Morals，Morality）的解释是：道德是人们共同生活及其行为的准则和规范。这里所称的生活应该是广义的，既包括吃穿住行娱乐等消费活动，也包括商品生产、经营、交换等经济活动，还包括军事活动、其他社会活动。但是这个定义还存有两个局限：一是把个人独处时的行为排除在外；二是无法解释“不道德”“缺乏道德”的含义。

道德不仅包括人们共同生活及其行为的准则与规范，也包括个人独处时应该遵循的准则和规范。当然，前者是主要的。道德是用于处理个人之间、个人与家庭之间、不同家庭之间（特别是邻居之间、亲属之间）、不同群体之间（如不同企事业、机关部队社会团体之间）、个人与群体之间、个人与国家之间、群体与国家之间、人与自然之间、人与动物之间关系的准则、规范，也是约束个人独处行为的准则与规范。当然，这里的独处，也是在共同生活的前提下的短期独处，其行动最终会涉及其他人的利益，如果是永久性地独处于孤岛、森林中与世隔绝，则研究其道德也就失去了意义。

“道德”其实在不同的场合有不同的含义。第一个含义是名词，着眼于人的行为准则、规范。比较严密的表述应该是：道德是人类个体和群体用于自我约束和外部约束及自我评价和外部评价的言行准则、规范。第二个含义还是名词，着眼于人的品行、素质、修养，是对一个人内心、灵魂的评价。例如“缺乏道德”，其实就是“缺乏道德修养”。第三个含义是形容词，着眼于对一个人行为性质的判断，意思是“该行为是否符合道德规范”，例如“这种行为是不道德的”，这里的道德一词是对行为性质的判断。本书所称的道德涵盖了以上 3 个含义。

### 二、道德与法律的关系

道德与法律虽然属于两个范畴，但是这并不意味着两者截然分开、互不相关。一般而言，道德与法律的精神、价值取向是一致的。

从道德与法律的关系看，广义的道德包括两大部分：一部分转化为法律，与法律重合，其规范体现于法律条款之中；另一部分是狭义的道德，也可称为纯道德，没有纳入法律体系，而是独立于法律之外，包含在文化意识、思想观念、价值观念、内心信念、民风民俗习惯、为人处世之道、家规、行规等载体中，与法律并列。在日常用语中，道德一词因不同的语境有不同的含义，有时是广义的，有时是狭义的。

有一种观点认为，道德是道德，法律是法律，道德问题不能用法律手段解决，法律问题不能用道德手段解决，而道德手段就是说服教育、鼓励引导、舆论谴责等。

从客观效果来看，将一部分道德规范转为法律法规、行政规章、行业自律规则、单位内部制度等，有利于道德规范明晰化、具体化，从而有利于人们明辨是非，自我约束。但是，有一些道德规范，一定不能转为法律。不能对法律形成依赖，推行泛法主义。例如，通奸行为，只能对当事人给予谴责，而不应该由法律来解决。再如，在实行存款保险制度的条件下，存款人自恃有保险保障，贪图高利息率而把钱存到经营管理不善的银行，这是不道德的，但是这种不道德不能纳入法律体系中设置惩罚条款，而只能给以舆论引导、谴责，通过设定最高赔偿额或赔偿比例来引导存款人在选择银行时“择善而存”。再如，投资者购买证券投资基金，证券投资基金管理人责任心较差，不尽职尽责，导致基金亏损，对此只能通过媒体舆论谴责该基金管理人，提醒投资者要慎重选择证券投资基金，但是不宜将基金管理公司的不尽责行为纳入法律责任中追究，甚或纳入刑法设置罪名。

凡是适合于纳入法律法规、行规的，就纳入法律法规、行规；凡是不适合纳入法律法规、行规的，就不纳入法律法规、行规。立法机构应该有能力分清楚哪些道德规范应该转化为法律，哪些道德规范一定不能列入法律条款。凡是纳入法律条款的，按照法律程序办事，同时，违法之人也会受到一定的道德审判；未纳入法律条款的，完全按照道德程序处理。

民间道德与国家法律也有冲突的情况。例如，父亲触犯了法律，为了逃避牢狱之苦而躲藏起来，儿子知道父亲藏身之处。儿子如果举报父亲，使父亲受到法律制裁，那么在民众看来，儿子是不道德的。但是如果儿子知情不报，在法律看来，则是违法的。如果法律尊重亲情，允许父母与子女之间、配偶之间、祖父母与孙子孙女之间、曾祖父母与曾孙子曾孙女之间免于举报，则法律与道德就统一起来了。

**【相关链接2－7】窝藏、包庇罪**

《中华人民共和国刑法》第三百一十条 【窝藏、包庇罪】明知是犯罪的人而为其提供隐藏处所、财物，帮助其逃匿或者作假证明包庇的，处三年以下有期徒刑、拘役或者管制；情节严重的，处三年以上十年以下有期徒刑。

犯前款罪，事前通谋的，以共同犯罪论处。

本书将广义道德纳入研究范围，因为从投融资领域看，给人们造成损失的行为主要是在法律法规、行规、机构规则中明确被禁止的行为，而未在法律法规、行规、机构规则中体现的纯道德行为所占比例不大。所以，从有利于防范投融资道德风险的愿望出发，本书所研究的不道德行为涵盖了犯罪行为、违法但不犯罪的行为、违背道德但不违法的行为。

## 三、狭义道德的特点

### （一）以“真善美还是假恶丑”“正义与非正义”为主要评价标准

人们判断一个人、一个企业的道德水平，大多用善与恶作为评价标准。如果一个人心地善良，喜欢做善事，就认为该人是一位道德高尚的人；如果一个人、一个企业缺乏善心，总是做恶事，则认为该人是不道德的。道德涉及的范围比较宽，道德准则的内容比较多，而所有的道德准则都会体现出引导人们向善弃恶的意图。

不过，对于善与恶、正义与非正义的标准，不同时代、不同地域、不同群体存在差异。这就使得道德评价标准十分复杂，难以完全统一。

### （二）以软约束为主要驱动力

道德靠什么来驱动人们去遵守呢？主要靠宣传劝导、社会舆论、传统风俗及内心信念。

宣传劝导在道德建设中的作用不容忽视。有人对道德宣传劝导表示反感。例如，有一种观点认为文艺不可成为道德宣传的工具。此观点有失偏颇。有些文艺作品不含道德教育的内容，例如花卉画作；但是反映人类社会活动内容的文艺作品无法摆脱道德内涵，因此作者、导演、演员、出版社等相关人员必须考虑作品中所包含的道德倾向。道德宣传劝导的主体首先是政府，政府采取的手段主要有颁布行为规则，宣传与奖励道德模范。其次是学校，学校负有对学生进行道德教育的义务。再次是家长，家长要承担对子女进行道德教育的责任。最后是文艺工作者，文艺工作者主要是通过文艺作品进行道德宣传，承担道德教育的责任。

社会舆论的作用是形成心理压力和引导力，迫使人们去做“应该做的”，不做“不应该做的”。社会舆论的载体主要有互联网、电视电台、报刊杂志、街头公告、众人之口等。在信息化社会之前，周围人的口头议论具有极大的杀伤力，故称“唾沫能淹死人”。在信息化社会，互联网的威力可以排名第一。社会舆论之所以能够发挥道德驱动力的作用，根本原因还是人具有羞耻感，害怕孤独感，具有恋群心理，对“面子”“名声”看得很重。如果一个人没有了羞耻感，又喜欢独处，不合群，把“面子”“名声”等看成是“浮云”，感到一切都无所谓，那么社会舆论就不能对他产生什么大作用，所幸此类人只是少数。

传统风俗是经过长期的“代代相传”的习惯累积而形成的，具有 4 大特点：一是被多数人自觉遵守；二是要改变很难；三是站在现在的角度看，道德推行的成本与难度极低；四是其反映的道德规范内容复杂，有一些与现代道德观念吻合，有一些则是被现代人视为落后的东西。传统风俗之所以具有第 4 个特点，是因为道德标准具有时代特征，而时代是处在变化之中的。

内心信念是驱动道德规范实施的最根本动力，宣传劝导、社会舆论、传统风俗等都需要借助内心信念发挥作用。内心信念是后天形成的，其影响因素主要有家庭生活环境、社会环境、接受的教育、人生阅历等。内心信念的生理基础是身体构造，而身体构造是基因遗传的结果，由此引发人之初“性本善”还是“性本恶”的争论。人作为一种高级动物，先天就具有“同情弱者”或者“欺负弱者”“自私自利”或者“利他偏好”的基因。

民间也有借助暴力来推行某些道德规范的野蛮情况。这些暴力主要来源于“族规”和“家法”。新中国成立后，族规消亡，但是隐形家法还在延续。例如，有的父母充当了“狼爸”或者“虎妈”的角色，对子女施加暴力，强迫子女遵循父母强加给他们的某些道德规范。

正因为道德具有软约束的特征，所以，一个国家如果没有政府的有效管理，就会出现道德败坏、世风日下的局面。

### （三）主要以“应当怎样”为尺度，并且存在不成文的规则

道德一般用“应当怎样”作为尺度来衡量人们的道德水平。如果一个人完全按照“应当怎样”去做或者去说，就表明这个人道德高尚；如果一个人完全没有按照“应当怎样”去做或者去说，那此人就被认为是“缺乏道德”的人。多数人属于在一定程度上按照“应当怎样”去做或者去说的，因而是具有一定程度的道德修养的人。

有些内容的道德用“不得怎样”作为尺度。例如：不得随地吐痰；不得打人骂人；不得大声喧哗等。

“应当怎样”有的表现为“明文规定”，有的则表现为“不成文规则”或称为“潜规则”。不成文道德规则的存在，使得人们对某些道德标准难以达成共识。

### （四）具有时代特性、区域特性和利益特性

道德评价标准具有时代特性。同一种言行，在某一时代被视为大逆不道，而在另一时代可能是正常言行。例如对“同性恋”，人们曾经认为同性恋是不道德的，尽管现在已经有越来越多的人对同性恋抱着容忍的态度，但是依然有很多人视同性恋为不道德行为，在网络上用恶毒语言对同性恋者进行人身攻击，这种攻击本身就是不道德的。有的人就是有这个特点，喜欢站在道德制高点指责甚至谩骂别人，更有甚者对其厌恶的人施加暴力，这种人自身更加龌龊。其实，同性恋与道德毫无关系，本来就是人的生理构造所导致的一种正常需求，只不过是因为其人数占的比例低而被视为异类。从发展趋势看，同性恋终将被视为一种免受歧视的行为。

道德评价标准具有区域特性。在某一区域被认为是不道德的行为，在另一区域可能被认为是正常行为。例如，在新中国，如果一个男人已经娶了一个妻子，那么他在离婚之前再娶一个妻子就是不道德的，也是违法的；而在塞内加尔、乌干达、斯威士兰、埃及、苏丹、埃塞俄比亚、也门、阿联酋、卡塔尔、巴林、约旦、伊拉克、沙特阿拉伯、阿曼、摩洛哥、索马里、喀麦隆等国家，一夫多妻是正常的，也是法律允许的。

道德评价标准具有利益特性。对同一种行为，有人认为是正常行为，有人认为是不道德行为。关键看谁的话语权大。道德评价标准最终是由掌握最

大话语权的群体来定的。

## 四、道德的功能

### （一）认识与教育功能

道德的认识功能是通过道德意识和道德判断来实现的。道德能够帮助人们认识到什么是真善美，什么是假丑恶，什么是正义之举，什么是非正义之举，懂得应该怎样做人，怎样处理自己与他人的关系、自己与国家、社会、工作单位的关系、自己与自然环境和动植物的关系。道德也能够帮助人们去认识周围的人，从而在交友、恋爱等方面做出正确的选择。

道德的教育功能是指通过道德规范的学习、道德模范人物的示范、道德意识的灌输等途径，使人们受到良好的教育，逐渐理解道德规范，明白如何为人处世。

### （二）调节与稳定功能

人是社会关系的总和。人离不开群体。群体表现为全人类、国家、政府、企事业单位或社会团体、行业协会、生活圈子或者业务圈子、家庭等。有群体就有矛盾，有利益冲突，就需要调节，否则社会就会一片混乱，谁也无法生存，甚至会自相残杀，种族灭亡。道德正是发挥调节功能的稳定器，有了道德并且被普遍遵守，就可促进家庭稳定、单位稳定、社会稳定、国际局势稳定，人类社会就显得秩序井然。

### （三）评价功能

道德的评价功能主要是指人们通过被评价对象的言行与道德规范之间的一致程度，来测定一个国家、一个团体、一个人的真善美水平。在选拔政府领导干部或者企业内部高级管理人员时，一般从“德、能、勤、绩”几个方面进行考察，而“德”被放在第一位。

### （四）服务与平衡功能

道德的服务功能是指统治者将自己对被统治者的要求纳入道德规范，通过人们对道德规范的遵守来达到统治者的管理目标。换句话说，道德具有为统治者稳定政权提供服务的功能。

道德的平衡功能是指借助于道德来平衡人与人之间的利益关系，平衡人与其他动物及自然界之间的关系。例如，人与人之间所分配得到的社会财富量是有差异的，得到少的人心理会产生不平衡感。道德会促使富人向穷人捐赠，引导穷人对合法致富者羡慕而不嫉妒，保持一颗平常心。

## 五、道德的主要分类

### （一）按照是否纳入法律条款分为与法重合的道德和纯道德

与法重合的道德是指被纳入法律法规条款的道德。并非一切法律法规条款都涉及道德问题。与道德有关的条款是那些直接牵涉他人利益的行为条款，表现为“禁止以下行为”“不得有以下行为”等禁止性条款，以及“应当”如何行为的条款，这些“应当”做的行为条款如果当事人不遵循，就会损害他人的利益。

纯道德是指未纳入法律法规条款的道德，其约束是软性的，依赖于人们的自觉性。

### （二）按照适用领域分为社会公德、职业道德和家庭道德

社会公德（Social Ethics；Eocial Morals），简称公德。2001 年 9 月 20 日，中共中央印发了《公民道德建设实施纲要》（以下简称《纲要》）。《纲要》对社会公德的解释是：“社会公德是全体公民在社会交往和公共生活中应该遵循的行为准则，涵盖了人与人、人与社会、人与自然之间的关系。”该《纲要》概括的社会公德的主要内容是“文明礼貌、助人为乐、爱护公物、保护环境、遵纪守法”。

《公民道德建设实施纲要》对职业道德（Professional Ethics）的解释是：“职业道德是所有从业人员在职业活动中应该遵循的行为准则，涵盖了从业人员与服务对象、职业与职工、职业与职业之间的关系。”职业道德的具体内容因职业不同而异，《纲要》概括的职业道德的主要内容是“爱岗敬业、诚实守信、办事公道、服务群众、奉献社会”。

《公民道德建设实施纲要》对家庭道德（Family Morality）的解释是：“家庭美德是每个公民在家庭生活中应该遵循的行为准则，涵盖了夫妻、长幼、

邻里之间的关系。”《纲要》把家庭道德的主要内容概括为“尊老爱幼、男女平等、夫妻和睦、勤俭持家、邻里团结”。

### 六、投融资道德的含义

投融资道德是指包含在投融资活动中的道德，包括道德准则标准、投融资参与各方的道德文化意识、道德思想观念、道德品质素质和道德言行表现。投融资道德基本属于职业道德范畴，也有部分内容属于社会公德的范畴。

本书所研究的投融资道德包括纳入刑法、经济法、民法、行政法规、行业自律规则、机构内部规章制度的规范性条款，同时包括不成文的、约定俗成的道德规范。

## 第四节　风险的界定

### 一、风险的含义

风险的含义比较丰富，语境不同，具体含义也有所差别。风险有时针对结果而言，即“风险是指实际结果与事先判断不一致的可能性”。风险有时针对收益目标而言，即“风险是指不能实现预期收益目标的可能性”。风险有时针对损失而言，即“风险是指发生损失的可能性”。

道德风险中的风险针对人的行为而言，即“风险是行为主体实施不道德行为而给其他相关主体甚至自己造成损失的可能性”。

在英语中，具有风险含义的词有四个：Risk，Hazard，Danger，Venture。其中，“Risk”用于保险领域，它本身也有保险额、被保险人或者被保险物的含义。保险是风险管理方式之一，没有风险就没有保险。保险中的风险一般为纯粹风险，即风险事故发生后，对于当事人自己来说，只有损失，不会有收益。至于别人因此而发财，那是另一回事，这里所说的纯粹风险是站在某一特定主体的立场而言的。例如火灾风险、洪水风险等只能给受灾者带来损失，不会给受灾者带来利益。因此，保险中的风险可以定义为可能发生的会导致人的财富和生命健康遭受一定程度损害的自然现象、生理现象和社会现象。“Hazard”也是站在受损害一方的角度而言的，用于因甲的私利行为给乙带来的风险，甲可能从所实施的行为中单方获利，乙受损。行为主体可能给他人造成损失，也有可能给自己带来损失，即“害人又害己”“损人不利己”。道德风险中的风险适合于用 Hazard，道德风险用“Moral Hazard”表示。“Danger”有危险的意思，是指某种事物所呈现出来的可能使人遭受财富损失或生命健康损失的客观状态。“Venture”则常用于营利性活动中，指经济活动主体以营利为目的而从事具有成功与失败两种可能的经济行为时所面临的风险。风险投资中的风险就是这样一种风险，所以风险投资用英文表示就是“Venture Capital Investment”，简称“Venture Capital”，简写为 VC。

在汉语中，风险与危险、冒险有一定区别。危险只有损失的可能性，没有收益的可能性，而一些风险具有损失与收益两种可能性；危险的损失可能性大于风险损失的可能性。冒险是人的行为；风险是一种客观存在，有些风险与人的行为无关。但是道德中的风险与人的行为具有密切关系。

## 二、风险的种类

### （一）按照风险产生的原因分类

按照风险产生的原因分，可以将风险分为客观因素导致的风险和主观因素导致的风险。例如，自然风险是一种客观因素导致的风险。自然风险是指因自然力的不规则变化所产生的风险，如地震风险、冰雹风险、洪水风险、雷击引起的火灾风险等，是客观因素导致的风险。道德风险是一种主观因素导致的风险。市场风险表面上看是一种客观风险，但是市场变化的背后是人的行为。

### （二）按照风险的性质分类

按照风险的性质分，可以将风险分为纯粹风险与投机风险。纯粹风险是指只有损失可能机会而无获利的风险，如冰雹风险、交通事故风险等。投机风险是指既有损失可能也有获利可能的风险。例如，购买黄金的风险就是投机风险，如果黄金价格暴跌，则购买黄金者会遭受损失；但如果黄金价格上涨，则购买黄金者会获利。

### （三）按照风险损失波及范围分类

按照风险损失波及范围划分，可以将风险分为系统性风险与非系统性风险。系统性风险是指风险事故发生后，某一领域所有的同质标的均会受到影响，从而使范围较广的主体遭受损失的风险。例如，股市上调证券交易印花税率，会提高投资者的成本，降低收益水平，无论投资者投资于哪一只股票，均不能幸免，因而上调证券交易印花税率属于系统性风险。非系统性风险是指风险事故发生后，只能导致某一特定标的受到冲击，给较小范围的主体造成损失的风险。例如，某一股票发行公司经营不善，每股税后利润大大减小，信息披露后，其股价连续暴跌，给持有该股票的投资者带来损失，因而某一公司经营不善应属于非系统性风险。非系统性风险可以通过证券投资组合来分散。例如，按照一定比例将资金分散投资于甲、乙、丙、丁四种股票，如果甲股票发行公司出现了导致股价下跌的结果，可能乙、丙、丁股票出现盈利结果，部分抵消了甲股票投资的损失。

#### （四）按照风险是否可控分类

按照是否可控分类，可以将风险分为可控风险与不可控风险。是否可控，是针对特定主体而言的。人对风险的控制能力，随着人类科技发展水平和风险管理能力的提高而发生变化。有些风险难以控制，例如地震风险，由于人们对地震难以预测，因而地震属于不可控风险。银行对贷款坏账的风险有时可以控制，有时不可控制，当该风险处于可以控制的状态时，就是属于可控风险。

#### （五）按照风险的严重程度分类

按照风险的严重程度分类，可以将风险分为高度风险、中度风险与低度风险。三种风险之间没有明确的界限，人们只是根据风险的发生领域、发生的可能性、风险事故发生后产生损失的程度和人们的主观感觉来进行判断。例如，大风天被认为是高度火灾风险天；在水库下游离水库很近的区域居住，被认为是高度水灾风险区域。

## 第五节　投融资道德风险的含义与分类

### 一、道德风险的含义

道德风险可以从两个角度进行表述。一是站在利益受损方的角度看，道德风险是指在某特定环境中由于他方的自私行为而给己方带来损失的可能性。二是站在第三方的角度来看，道德风险是指在某特定环境中一方为了图谋私利而做出不利于他人的行为的可能性。

## 二、投融资道德风险的含义

投融资道德风险是指在投融资活动中，由于某主体的自私行为而给其他主体甚至自身造成经济损失的可能性。

当属于投融资道德风险的行为发生后，会导致相关主体的经济利益发生损失，称之为投融资道德风险事故损失。例如，在投资活动中，经济损失主要包括固定资产投资项目的投资资金流失，该部分资金未发挥其应有的作用，并增加了工程造价，加重了投资者的经济负担，或者导致投资资金短缺，工程不能按计划竣工投产使用；投资项目虽然竣工投产，但是所生产的产品没有销路，投资效益不佳；投资工程质量低劣，导致人身伤亡和财产损失；有的投资企业会破产倒闭；有时会延缓经济发展的速度；社会风气往往会被败坏；投资贷款本息不能按期偿还，成为银行的不良资产；企业发生证券投资亏损；企业的风险投资资金难以收回等。

## 三、投融资道德风险的种类

### （一）投资中的道德风险

**1. 国内实业投资中的道德风险**

实业投资中的道德风险主要包括企事业单位投资中的道德风险、政府投资中的道德风险和个人实业投资中的道德风险。

**2. 国内证券投资中的道德风险**

证券投资中的道德风险主要包括股票投资中的道德风险、债券与可转换公司债券投资中的道德风险、证券投资基金投资中的道德风险、股票价格指数期货、债券期货和股票期权投资中的道德风险等。

**3. 国内信托投资中的道德风险**

国内信托投资中的道德风险可以从投资与融资两个角度，委托人、受托人两个立场进行研究。

**4. 国内风险投资中的道德风险**

风险投资中的道德风险可以从资金提供者、风险投资企业、投资目标企业等多个角度进行探讨，从研发阶段、成果转化阶段、风险资本退出三个重要环节进行观察。

**5. 国内私募股权投资中的道德风险**

国内私募股权投资中的道德风险可以从资金提供者、私募股权投资管理者、被投资企业等角度去观察。

**6. 居民个人投资理财中的道德风险**

居民个人投资理财中的道德风险主要包括居民购买银行理财产品的道德风险、居民委托资产管理中的道德风险、居民收藏品投资的道德风险、居民住房投资的道德风险、居民储蓄存款中的道德风险、居民外汇投资中的道德风险、居民贵金属投资中的道德风险。

**7. 对外投资中的道德风险**

对外投资中的道德风险可以从国际实业投资、国际证券投资两个方面进行观察。对外实业投资的道德风险主要是接受投资国政府和当地居民故意采取敌对行动，使投资者遭受损失的可能性。对外证券投资的道德风险主要是经纪人的不道德行为给投资者造成损失的可能性，也包括所投资股票因股票发行的不道德行为或者投机者操纵市场给投资者带来损失的可能性。

### （二）融资中的道德风险

**1. 国内直接融资中的道德风险**

国内直接融资中的道德风险主要包括股票发行中的道德风险、债券发行中的道德风险、民间直接借贷中的道德风险等。股票发行中的道德风险主要是发行人提供虚假信息、保荐人不尽职尽责、会计师事务所等中介机构不认真履职，从而使投资者遭受损失的可能性。债券发行中的道德风险主要是债券发行人隐瞒真实信息、债券评级机构弄虚作假，导致投资者误判、投资决策失误，造成经济损失的可能性。

**2. 国内间接融资中的道德风险**

国内间接融资中的道德风险主要包括存款中的道德风险、贷款（含贴现）中的道德风险。站在银行角度看，贷款中的道德风险是指借款人故意拖欠贷款本息、担保人故意对逾期贷款不提供担保、本行信贷管理人员故意对信用不佳或者不符合规定条件的借款人提供贷款的可能性。站在借款人的角度看，贷款中的道德风险是指银行提前收回贷款或者中止提供贷款的可能性。贴现是一种变相贷款，是指因债务人的道德问题而银行持有的已经贴现并且到期的票据难以兑现的可能性。

# 第三章　投融资道德风险的基本理论

［开章语］投融资道德风险的基本理论是适合于各类投资与融资活动中道德风险的理论，如果是专门针对某一类投融资活动的理论，则可称之为特殊理论或者专用理论。这里所探讨的投融资道德风险的基本理论包括两大类：一是解释投融资道德风险产生原因的理论；二是用于研究如何建立和完善投融资道德风险控制机制的理论。在解释投融资道德风险产生原因的理论中，有已经被学术界用于解释风险原因的主流理论，包括信息不对称理论和委托代理理论，其他如博弈理论、成本收益理论、示范效应理论、破窗理论、心理暗示理论、因果关系失灵理论则是本书将其他学科的理论引入后加以阐释的理论。投融资道德风险控制理论是本书综合运用哲学、管理学、经济学的思想宝库，将这些思想与投融资道德风险知识相结合而构建的理论，主要包括市场机制理论、政府职能理论、激励约束理论与成本代价理论等。

## 第一节　投融资道德风险产生原因的理论

### 一、信息不对称理论

信息不对称理论（Asymmetric Information Theory）是由美国经济学家约瑟夫·斯蒂格利茨、乔治·阿克尔洛夫和迈克尔·斯彭斯等人提出来的理论。该理论的核心思想是：交易对手之间存在着信息数量差异和信息质量差异，某种真实的信息被一方所掌握而另一方不知情或者不完全知情，甚至掌握的是虚假信息，具有信息优势的一方会因此而获得更多的利益，而在信息上处于劣势地位的一方会因此而遭受损失；劣势方为了减少损失会采取一定的行动以抵消信息不对称所造成的损失，这会导致优势方采取对策，结果是市场状况恶化，交易质量下降。

[名人小记]

2001 年 10 月 10 日，因“利用非对称信息理论对市场经济进行的研究”，瑞典皇家学院把2001 年诺贝尔经济学奖颁给了约瑟夫·斯蒂格利茨、乔治·阿克尔洛夫和迈克尔·斯彭斯。

约瑟夫·斯蒂格利茨（Joseph Eugene Stiglitz），1943 年2 月9 日生于美国印第安那州，24 岁获麻省理工学院博士学位，26 岁被耶鲁大学聘为经济学教授，1988 年（45 岁）成为美国国家科学院院士，同年起在斯坦福大学任经济学教授，1993 年（50 岁）成为克林顿政府的总统经济顾问委员会成员，1995 年6 月起任该委员会主席，1997 年（54 岁）起担任世界银行高级副行长兼首席经济学家，2000 年开始执教于哥伦比亚大学，他倡导了逆向选择和道德风险等前沿理论。

乔治·阿克尔洛夫（George A. Akerlof），1940 年生于美国的纽黑文，1966 年获美国麻省理工学院博士头衔，1980 年始在美国加利福尼亚州大学伯克利分校任经济学首席教授，被称为“信号理论之父”。代表作为《资本、工资与结构失业》和《一位经济理论家讲述的故事》。他对市场的不对称信息研究具有里程碑意义。他引入信息经济学研究中的一个著名模型是“柠檬市场”（the“Lemons” Market）。“柠檬”一词在美国俚语中表示“次品”或“不中用的东西”。主要用来描述当产品的卖方对产品质量比买方有更多的信息时，低质量产品将会驱逐高质量商品，从而使市场上的产品质量持续下降的情形。他借鉴社会学、心理学、人类学及其他学科研究宏观经济学、贫困问题、家庭问题、犯罪、歧视、货币政策和德国统一问题。他经研究发现，在一个市场中如果卖方掌握了比买方更有利的信息，他就可以掩盖产品的真相，以次充好。比如二手车市场，卖方对车况肯定比买方清楚得多，买方则只能从车的表面情况来判断。这样卖方与买方处于信息非对称的状况，卖方具有信息优势，而买方则处于“劣势选择”地位。阿克尔洛夫的妻子自 2010 年起担任美联储副主席，2014 年 2 月 3 日宣誓就职美联储主席，正式接替本·伯南克成为美联储历史上第一位女主席。

迈克尔·斯彭斯（Michael Spence），1943 年出生于美国新泽西州的蒙特卡莱。他 1962—1966 年就读于普林斯顿大学并获哲学学士学位；1968 年在牛津大学获数学硕士学位，并获得该校罗氏奖学金；1972 年在哈佛大学获经济学博士学位。斯彭斯历任哈佛大学经济学教授、经济系主任、斯坦福大学商学院研究生院院长、名誉院长，1983 年当选美国社会科学院院士。1984—1990 年担任哈佛大学文理学院院长，1990—1999 年担任斯坦福大学商学院院长。斯彭斯首先提出了“市场信号”概念，用于说明信息在市场中的传递方式、效用及对市场行为的影响，从而为“逆向选择”“道德风险”和“委托代理模型”的建立打下了坚实基础。此外，斯彭斯提出的信号发送模型将预期、决策信息集、信息条件等概念引入博弈论，从而对博弈论的发展和应用产生了深远的影响。

信息不对称理论可以用于解释投融资道德风险产生的原因。在投融资活动中，各行为主体所获得的信息数量和质量存在差异。各行为主体所获得的信息数量和质量之所以不同，主要有 4 个原因。

一是参与投资活动的主体所处的位置不同，其所获得的信息数量和质量及获得时机必有差异。当一方独家掌握了他人不知晓的信息时，就会产生利用该信息资源牟利的冲动，其冲动力的大小受获利预期值大小的影响。当道德的闸门被冲开时，也就意味着不道德的行为被实施。例如，在参与投融资活动的主体中，上市公司的股东与经理人之间、大股东与中小股东之间、上市公司与投资者之间、机构投资者与中小投资者之间、证券公司与其他投资者之间、证券投资咨询者与投资者之间、证券相关机构与投资者之间，以及各市场主体与监管者之间等，其掌握的信息是不对称的。这种信息不对称的状态是客观的，难以消除，我们只能使信息不对称的程度降低，而不能完全消除这种状态。

二是各主体获取信息的能力不同，以银行对企业发放固定资产投资贷款为例。在银行与借款人之间，信息严重不对称，银行很难全面掌握借款人真实的信息。银行需要掌握的借款人信息包括：投资项目需要多少资金才能建成投产，建设期和投产期有多长时间，投资项目建成投产后所生产的产品的市场销售前景如何，产品成本水平如何，利润空间多大，借款人的还款诚信如何，等等。借款人向银行提交的信息可能不完全真实，例如夸大了投资项目的盈利能力。银行如果根据借款人提供的信息进行贷款决策，可能产生不良贷款。借款人提供虚假信息的胆量来自对银行信息劣势的判断，即借款人认为银行处于劣势地位，银行不可能掌握借款人的所有真实信息。

三是各主体的道德素质不同，其发布的信息数量和质量及发布信息的时间不同。道德高尚、看重信誉者，发布的信息数量多、质量好（真实）、信息发布及时；道德低下、无视信誉者，发布的信息数量少、质量低劣（虚假）、信息发布迟缓。例如，固定资产投资者和投资工程施工者之间，假如施工者道德低下，隐瞒施工质量低劣的真实信息，欺骗投资方，声称施工质量优异，而投资方道德高尚，不拖欠工程款，及时通报施工方投资款结算拨付情况，则显然投资方与施工方的信息是不对称的，投资方处于劣势地位，极易遭受损失。

四是各主体均有独立的利益，有时这些利益此消彼长，互不相容，他们必然按照对自己有利而对他人不利的原则来处理有关信息。例如，股票发行人为了维持本公司股票的高价格，会选择那些有利于维持股价的信息，甚至编造虚假信息，而隐瞒那些不利于维持股价的信息，加之股票投资者处在股票发行人大门之外，甚至远离股票发行人，因此，股票投资者只能掌握股票发行人的一部分真实信息。

在各行为主体所获得的信息数量和质量有差异的情况下，如果掌握较多信息的主体违背道德准则，则其他主体往往难以察觉，因而违背道德准则的一方有可能达到自己谋取不当利益的目的，这就会刺激行为主体进一步违背道德准则，道德风险得以形成。由于信息不对称是经济活动中存在的一种常态，因而道德风险普遍存在。假如不存在信息非对称性，投资活动中的相关主体彼此完全知悉对方所处的环境及与投资运作有关的一切信息，并可以观测到对方的行动及行动结果，则由信息不对称而引致的道德风险就不存在了。

## 二、委托代理理论

委托代理理论（Principal－agent Theory）的内容可以分为三部分。第一部分是委托代理关系产生和存在的原因。20 世纪 30 年代，美国经济学家伯利和米恩斯提出，由于社会化大生产的发展，企业经营规模和经营范围的扩大，企业所有者的时间、能力、精力远远不够用，所以，企业所有权与经营权应该分离，由企业所有者把企业经营权让渡给经营者，自己保留企业经营成果的索取权（称为“剩余索取权”），在所有者与经营者之间建立委托关系，所有者是委托人，又称为授权人，经营者是受托人，经营者代理所有者行使企业经营权，实际是为所有者服务，因而经营者是代理人，所有者是被代理人，委托人根据代理人提供的服务数量和质量向代理人支付报酬。专业化分工的发展，产生了职业经理人，为委托代理关系的建立与发展提供了客观条件。第二部分是代理人的行为选择及其原因。20 世纪 60 年代末 70 年代初，威尔逊、斯宾塞、泽克豪森、罗斯等经济学家深入研究企业内部信息不对称和激励问题而发展了委托代理理论。委托人和代理人之间的信息如果是对称的，即委托人完全了解代理人的信息，那么，代理人会积极努力地按照委托人的意图经营企业，委托人会根据代理人的表现支付相应的报酬；但是委托人与代理人之间的信息是非对称的，委托人难以了解代理人的全部信息，因而代理人会利用委托人的这一弱点，按照对自己利益最大化的原则采取行动，结果是使委托人的利益受损，委托人的利益与代理人的利益发生了冲突。第三部分是委托人应该如何调动代理人的积极性，使其按照委托人的意愿行动。委托人可以采取许多措施。例如，显性激励机制（Explicit Incentive Mechanism），即委托人根据能够观测到的结果对代理人进行奖惩。再如长期合同制，委托人与代理人之间建立长久的契约关系，有利于委托人更多了解代理人，也可使代理人安心经营，做长期打算，其利益与企业利益联系更紧密。长期的关系还可以比较充分地发挥"声誉效应"，即代理人为了提高自己在人才市场上的声誉，抬升自己的人才价值，会注重提高自己的业绩。当然，在长期关系中还会产生一个不利于委托人的效应，称为"棘轮效应"，即代理人担心本年度业绩太好了，委托人会以此为基础提高代理人在下一年度的业绩目标，因而代理人在本年度内可能不会付出太大努力。

委托代理理论可以用来解释投融资道德风险产生的原因。在委托人监管不到位的情况下，代理人就会以自己利益最大化为目的，做出对委托人不利的行动，从而给委托人带来风险。例如，借款企业的所有者委托经理层进行企业经营，经理层将借款企业的经济利益输送给自己具有所有权的企业（例如低价销售借款企业的产品给经理人自己所有的企业），导致借款企业亏损，不能按期归还贷款本息。再如国有控股银行行长受国家委托经营银行，收受经济效益差的借款企业贿赂，向其发放贷款，造成不良贷款。

## 三、博弈理论

博弈理论译自英文"Game Theory"。1944 年，诺伊曼（Neuman）和摩根斯坦（Morgensten）合著的《博弈论和经济行为》一书的出版标志着系统的博弈理论的初步形成。1994 年，长期致力于博弈论的理论研究和应用研究及实践的学者那什（Nash）、海萨尼（Harsanyi）和塞尔顿（Selten）共同获得诺贝尔经济学奖。博弈论被广泛应用于各个领域。

学术界对博弈定义的表述并不统一。本书认为，可以把博弈表述为：博弈是指一些个人、队组或者其他组织，面对一定的环境，在一定的规则下，根据对他人心理和行为的判断，从各自允许选择的行为或策略中选择对自己比较有利的行为和策略加以实施，形成相应结果的过程。在博弈中存在 4 个要素：一是博弈方，即博弈的参加者；二是各博弈方各自可选择的全部策略或行为的集合；三是进行博弈的次序，即博弈各方决策的先后次序；四是各博弈方的得益，即博弈中各种可能的结果的量化数值，例如投资者的投资收益。博弈论是系统研究各种各样的博弈问题，寻求各博弈方在理性选择策略的情况下博弈的解，并对这些解进行分析的理论。

博弈论可以解释投融资道德风险产生的原因。例如，在证券投资中，根据博弈论，可以认为证券市场中的监管者与投资者、投资者与上市公司、监管者与上市公司、机构投资者与中小散户投资者、证券商与客户之间均存在博弈关系，各博弈方相互判断对方可能采取的行动，分析自己应采取何种策略才能实现利益最大化。投资者、上市公司和证券商均有可能做出不道德的行为，给他方造成损失，而其之所以会做出不道德的行为，是因为其判断他方对不道德行为难以判别。

## 四、成本收益理论

成本收益理论阐述的是成本与收益的关系。经济活动主体总是希望以尽可能低的成本获取尽可能多的收益。相对而言，如果一个项目的成本很高而收益很低，经济活动主体就会放弃这个项目；相反，如果一个项目的成本很低而收益很高，经济活动主体就会选择这个项目。

成本收益理论可以用于说明投融资道德风险产生的原因：当投融资活动主体发现损人利己的成本低、收益高时，就会大胆采取不道德的行动；当投融资活动主体发现损人利己的成本高、收益低时，就会有所收敛，不敢轻易采取不道德的行动。

## 五、示范效应理论

在企业投资过程中违背道德准则的各主体，得到的回报有所不同。有的受到了惩处，而有的则并未受到惩处，或者与其获利相比，受到的惩处较轻，因而产生“违规利润”。违规利润的存在有其客观性，因为违背道德准则的行为一般具有隐蔽性的特点，成功的概率不为零。由于违规利润具有少付出而多收益的特点，因此具有较强的诱惑力。当一部分违背道德准则的主体未受到应有的惩处，反而获得违规利润时，就会产生不良的示范效应，加之人们所具有的侥幸心理，使一些人选择违背道德准则的行动方案。

就人的天性而言，没有人天生爱劳动。劳动是人们获取舒适生活所需财富的主要途径，但是有时不劳动也能获取财富，实质是剥削他人的劳动成果。如果不劳动也能够获得财富，那么就会有越来越多的劳动者放弃劳动，转而效仿不劳动者的行为，以取得不劳而获的效果。如果不劳而获会受到严惩，并且懒惰者被社会大众瞧不起，劳动致富被认为是光荣之举，那么懒惰者会越来越少，勤劳者会越来越多。

在投融资活动中，如果某主体通过不道德的行为而获得利益，这对于遵守道德规范的主体而言是不公平的。如果不讲道德者未受到应有的惩罚，则那些遵守道德者中意志不坚定者为了求得心理平衡，会效仿不道德者的行为。反之，如果不讲道德者因其不道德行为而付出代价，无利可得，遵守道德者能够获得比不道德者多得多的利益，那么，不道德者会越来越少，遵守道德者会越来越多。

示范效应产生的基础是人的攀比心理，攀比心理体现的是平衡规律。

## 六、破窗理论

破窗理论（Broken Windows Theory），又叫破窗效应，有两种解释。

第一种解释与示范效应理论类似，指的是这样一种情形：如果一幢建筑物的一扇窗户玻璃破了，无人维修，日子久了，就会有人破坏该建筑物的其他窗户玻璃，破坏者心理无负担。该理论由詹姆士·威尔逊（James Q. Wilson）及乔治·凯林（George L. Kelling）通过刊于《The Atlantic Monthly》（《大西洋月刊》）1982年3月版的一篇题为《Broken Windows》（《破碎的窗户》）的文章提出的。这个比较容易理解，比如说一个人走进了一块场地，如果该场地遍地垃圾、痰迹，则会有更多的人肆无忌惮地、心安理得地向该场地扔垃圾、擤鼻涕；如果该场地很干净，还有环卫工打扫，则正常的人不会向该场地乱扔垃圾或擤鼻涕。

第二种解释是法国19世纪经济学家巴斯夏在《看得见的与看不见的》一文中对一种错误认识总结出来的理论，巴斯夏对这种破窗理论进行了抨击。该破窗理论的核心思想是：如果某人把一块窗户玻璃砸坏了，这是好事，因为给玻璃工提供了就业与赚钱的机会，沿着这个链条还可以看到，运玻璃的人有活儿干了，制造玻璃的人也有活儿干了，安装玻璃、运输玻璃、制造玻璃的人有了收入，用此收入购买消费品，又带动了消费品制造、运输和销售业，于是经济增长了。破窗理论是荒谬的理论，因为该理论忽略了社会资源的浪费，忽略了如果窗户玻璃不破，人们会用同样的资源创造更多的财富。

第一种解释可以用于投融资道德风险产生原因的分析。当投融资活动某主体通过不正当途径获得利益而又不受惩罚时，就会刺激其他主体从事不道德的行为，从而使得投融资道德风险事故频发。

## 七、心理暗示理论

心理暗示理论的核心思想是：人的行为受行为主体心理暗示的驱动。比较典型的是侥幸心理暗示：即当行为人自认为自己的不道德行为不会被人发现，或者即使发现了也不会有人举报，而这种不道德行为会给自己带来具有吸引力的利益，这时，该人就会放心大胆地去做不道德的事情，以追求个人利益最大化。

投融资道德风险与投融资活动主体的行为密不可分，而投融资活动主体的行为又与其心理活动密不可分，心理活动与社会风气的关系紧密相关。良好的社会风气会淡化投融资活动主体的侥幸心理，恶劣的社会风气则会强化投融资活动主体的侥幸心理。因此，可以反过来说，如果一个国家的投融资道德风险事故频发，则说明该国的社会风气比较差。

## 八、因果关系失灵理论

正常的因果关系是：种瓜得瓜，种豆得豆；善有善报，恶有恶报，不是不报，时候未到。这种因果关系有利于促使人们做善事，不做恶事。但是在现实中，有时会看到因果关系失灵，即人们常说的“好人短命，坏人长寿”。因果关系失灵会刺激那些意志薄弱者弃善从恶，因为人具有趋利避害的倾向。

长期以来，中国舆论界鼓励人们“做好事不留名”，宣扬“做好事不能求回报，否则动机不纯”的观点。“文化大革命”时“因果报应”的思想被视为唯心主义思想，于是在“文化大革命”结束之后，在许多文艺作品中好人受穷、不长寿或者被迫害，结局悲惨，而恶人过的是富日子，耀武扬威，不受惩罚。这种反因果思想极其有害，会误导人们弃善从恶。

在投融资活动中，如果因果关系失灵，道德高尚者总是吃亏，违反道德规范者总是获得超额利益，则投融资道德风险事故必然频频发生。

## 九、制度经济学理论

投融资是人的一种牟利行为，而人的利益追求是没有止境的，人的欲望一般是无限的，因此，在没有制度约束的条件下，行为主体有可能为了达到自己的目的而不惜违背道德准则，因而形成道德风险。当有制度，但是制度有缺陷时，有缺陷的部分与没有制度相比，其效果是一样的。

现实情况是有投资制度但是制度不完美。投融资制度体现在法律法规、行政规章、行业规则与企业制度之中。例如，投资项目审批制度，股票发行与上市的审核制度，投资资金审计制度，工程招投标制度等。但是投融资制度并不完美。例如，《产业投资基金法》《中华人民共和国风险投资法》等法律还没有出台，使得投资领域的一些活动没有相关的法律依据。再如投资损失赔偿制度尚在探讨过程之中，投资决策责任追究制度也不完善。制度缺陷还表现在监督制度不健全。例如，风险投资业需要行业协会在制定行业规范、培训从业人员、加强信息交流等多个方面发挥作用。但目前，我国仅在风险资本市场发达的地区才成立有风险投资行业协会，而许多地区并没有成立风险投资行业协会。

## 十、机会吸引理论

投融资道德风险的形成需要条件，机会便是这种条件之一。实施不道德行为的主体是理性者，而不是非理性者，他们是最善于分析和利用机会者。这里所说的机会主要包括法律漏洞、监督失灵、管理松懈、人性弱点等。法律漏洞主要表现为证券法律在实施中遇到罪与非罪的界限较难界定、违法证据难以采集和认定的问题，当不道德行为不受到法律追究时，就等于给不道德行为提供了机会。监督失灵主要表现为监督部门不能及时发现不道德行为，等发现时不道德行为实施者已经获利离场，风险事故已经发生。管理松懈主要表现为管理部门和管理人员责任心不强，玩忽职守，对投融资活动中不道德行为不闻不问。人性的弱点主要表现为很多投资者盲目轻信、从众思维、追涨杀跌、贪婪恐惧等。在投融资活动中，这些机会总是或多或少地存在，诱惑一些主体实施不道德行为。

## 十一、本能驱动理论

参与投融资活动的主体作为经济人天然具有趋利的本能，因此，经济主体在决定自己的行为取向时必然考虑成本、收益与风险三个要素，其原则是：在获得同样收益时选择成本最低、风险最小的行动方案；在付出同样成本、面临同样风险时选择能够获得最大收益的行动方案。大家公认的经济道德准则具有“均衡性”的特点，即社会公众付出基本等量的成本获取基本等量的收益，而获取等量的收益要承担基本等量的风险。不道德的行为与大家公认的经济道德准则必定是相冲突的，不道德行为者在本能的驱使下，选择那些成本低于其他人、收益高于其他人的行动方案，其结果必定是导致他人付出不正常的高成本或者获得不正常的低收益。

## 十二、客观影响理论

### （一）价值观的变异

市场经济是竞争的经济，也是经济主体充分展示其才能的经济，而人们衡量竞争结果和能力大小的标准往往是财富的占有量。在此大背景下，人们的价值取向往往是追求金钱的积累，而对于追求的手段却不愿意甄别正当与否，加之人们的收入差距不断扩大，社会分配不公的加剧，社会上对高消费生活有意无意的渲染，使得一些人产生心理不平衡，从而强化了人们不择手段追求货币财富的价值取向。当社会公众中持此价值取向的人数足够多时，影响所及，就会有一部分人在企业投资活动中违背道德准则，从而给利益相关者带来道德风险。

### （二）道德观的混乱

哪些行为是道德的，哪些行为是不道德的，在一些人那里是混乱的。表现在借贷行为中，就是把向有经济困难的企业讨债的行为看作是不道德的；把欠富裕者债不还看作是天经地义的行为；把如实向对方介绍自己信息并且遵守信用的经济主体看作是傻瓜；把弄虚作假、欠债多的经济主体看作是有能力者；欠债不还者不以为耻，反以为荣。

### （三）社会风气的影响

投融资中的不道德现象与整个社会风气有直接的关系。如果社会风气良好，则投融资活动中不道德现象就少；如果社会风气很糟，法律法规、规章制度形同虚设，人人自私自利，拜金主义盛行，贪污、行贿、受贿成风，舆论界笑贫不笑娼，则投融资中的贪污、行贿、受贿现象就会比较严重，不道德行为就会成为常见现象。

### （四）监管漏洞的存在

投融资中的监管，主要是证券市场中证券监管部门对证券投资的监管，货币市场中银行监管部门对银行贷款行为的监管，在政府投资中财政部门、审计部门、发展改革委员会、国有资产管理部门、建设管理部门等对投资使用、项目建设的监管，企业与个人固定资产投资中建设部门、环保部门等对项目建设的监管。监管者很难对整个投融资过程进行全程跟踪，客观上存在着监管漏洞，只是漏洞大小具有很大的弹性。只要有漏洞存在，就有不道德行为发生，而不道德行为的严重程度，取决于投融资参与者的自我约束力大小。

### （五）激励约束机制的缺欠

如果投融资中具有比较完善的激励投融资参与者选择合规行为、放弃违规念头的机制，同时存在着完善的约束投融资参与者使其不敢跨越道德边界的机制，则投融资中违反道德的事件就会很少发生；如果激励约束机制有欠缺，激励或约束力度不大，则违反道德事件的发生频率就相对提高。

激励约束机制欠缺之所以导致违规频率上升，其原理就在于“成本收益”比较对投融资参与者的暗示。当违规成本低、收益高时，投融资参与者选择违规的可能性就增大；当违规成本高、收益低时，投融资参与者选择违规的可能性就降低。

激励约束机制欠缺不仅表现为违规成本低，还表现为行为合规但不道德。例如，股票发行人与承销商互相联合，抬高发行价格，超出实际需求募集巨额资金，由于发行价格太高，导致股票一上市就跌破发行价，给投资者造成损失。由于我国对首次发行股票的定价采取了放任的态度，所以抬高发行价格不能算违规行为，但是损害投资者利益抬高发行价格，是不道德的。发行人和承销商之所以敢于任意抬高发行价格，是因为缺乏定价约束机制。

## 第二节　投融资道德风险控制理论

### 一、市场机制理论

市场机制在投融资道德风险控制方面具有正负双重作用。

从正面作用来看，市场可以通过优胜劣汰机制对投融资活动的每一个主体产生心理压力，迫使他们严格遵守道德规范，培育自己的社会声誉。对于市场主体而言，社会声誉也是具有价值的资产，它能够决定市场主体的经营成败和市场占有份额。

从负面作用来看，市场自身也存在“劣币驱逐良币”的机制。由于市场主体具有自利性的特征，在市场机制中夹杂着丛林法则的元素，一些私心过重的主体可能铤而走险，通过不道德的行为谋取利益，从而增加投融资道德风险控制的难度。

市场机制在投融资道德风险控制方面发挥正面作用大还是负面作用大，取决于5个因素。

一是有无具体、明确、完备、公平、合理与严密的市场规则体系。有了这样的规则体系，各市场主体的一切市场行为均有章法可循，规则面前人人平等，任何人都无特权，这是市场健康的重要标志。如果没有这样的市场规则体系，市场则相当于处于“原始混沌状态”，是非标准模糊不清，投融资道德风险难以控制。

二是有无公正、高效的市场监管体系。市场监管体系由监管机构、监管人员、监管规则、监管流程、监管手段等要素构成。其中，监管人员尤其重要，因为监管人员的素质、责任心和认真程度决定其他监管要素的效率。

三是有无素质较高的市场主体和良好的社会风气。如果“以金钱论英雄”“笑贫不笑娼”成为一种普遍存在的社会风气，此种社会氛围（社会环境）会诱使私心较重的市场主体变坏。

四是有无与市场经济适应并且运转正常的法制。良好的市场经济社会也是一个良好的法制社会。良好的法制社会首先需要有良好的法律。良好法律的主要标志是法律条款能够体现公平正义的社会诉求，规则合理，具体明确，给法官留下的裁量空间小，此谓“善法”。如果法律条款不合理、不公平，助恶抑善，此谓“恶法”。其次，各主体均敬畏法律，依法办事，形成“守法者顺，逆法者难”的良性机制。

五是有无正确的市场理论。理论决定思路，思路决定出路，出路决定结果。没有正确的理论作指导，就没有合理的市场规则与有效的市场监管，投融资道德风险就难以控制。

以我国沪深股市新股发行定价市场化理论为例。正确的新股发行定价市场化理论包括以下内容：政府规定新股发行条件，凡是符合发行条件的，在中国证监会注册，由证券交易所根据市场状况和发行人意愿安排发行日期，发行股数则由发行人与承销商协商决定，凡是欺诈发行者，追究相关责任者刑事责任，此谓“新股供应量市场化”；政府规定发行价格与未来预测平均三年每股税后利润之间的比例上限，在此上限内，发行价格由承销商与投资者连续竞价产生，即承销商作为卖方，投资者作为买方，逐笔申报，按照连续竞价原则成交，当日成交量作为实际发行量，次日开始不再发行新股，只允许发行日成交的新股上市交易，若未来 3 年平均每股税后利润达不到预测数，则按照实际利润数据计算退款额，将款退给股权登记日持股股东，此谓新股发行价格市场化。按此理论，不存在新股申购和摇号中签环节，不存在新股发行价格事先确定环节，也不存在新股锁定期，所有新股均于发行次日起上市交易，不存在新股解禁压力，投资者的投资风险大大降低。

但是，我国多次实行的新股发行定价市场化并不是真正的市场化，因为新股供应量实行核准制，只是新股发行价格单方面实行市场化，计划将来实行注册制，实现新股供应量市场化。这种市场化至少有 7 大缺陷：

第一个缺陷是导致新股发行价格奇高，这就会产生严重的新的历史遗留问题，也就是给股市留下后患，为以后实施新股供给市场化制造了巨大的阻力，因为实施新股发行供给市场化后，以前已经发行并上市的股票其股价必然暴跌，从而给原持股投资者带来严重损失，弄不好会产生社会动荡。可以说，在单独的新股发行定价市场化期间，发行的股票越多，为以后实施新股供给市场化制造的阻力越大。

第二个缺陷就是不公平，包括发行人之间的不公平、企业原股东与新股股东之间的不公平。发行人之间的不公平，就是在单独的新股发行定价市场化制度下，拿到新股发行权的企业超募巨量资金，而没有拿到新股发行权的企业，在股市中一分钱也拿不到。在企业原股东与新股股东之间不公平，是说企业原股东的股价超低，而新股股东的股价超高，两者相差太悬殊。在新股发行核准制的条件下，新股发行资格成为一种稀缺资源，新股供应处于一种“垄断状态”，因而不可能实施真正的发行价格市场化，而只能是“垄断化”。商品和资源的垄断，必然产生价格的垄断，而价格的垄断，必然导致财富掠夺，即垄断利润。核准制下的新股发行定价市场化，加剧了我国贫富两极分化。随着新股发行量的扩大，贫富两极分化愈益严重，财富不断地从普通大众手里集中到少数人手里。

第三个缺陷是核准制下的新股发行定价市场化，导致我国股市高价股越来越多，股票市场的投资价值日渐丧失。

第四个缺陷是核准制下的新股发行定价市场化，导致我国货币资源的严重浪费。股票是一种特殊商品，它起到社会货币资源分配的作用，而社会资源是有限的，不应集中于少数公司，对于筹资者来说，多筹集的资金并不会得到有效利用，完全是浪费，上市公司圈来的超额货币，并没有全部用来发展实体经济，而是通过各种途径落入了个人腰包。

第五个缺陷是核准制下的新股发行定价市场化，迫使投资者放弃投资理念，强化投机意识；同时激发更多人通过公司运作和资本运作投机圈钱的欲望。

第六个缺陷是核准制下的新股发行定价市场化，大大提高了“股票发行资格”这一资源的价值，也提高了“核准权”这一权力的价值。

第七个缺陷是核准制下的新股发行定价市场化，大大减轻了证券监管部门的责任，为某些人的不作为提供了合法依据，也为“老鼠”的胡作非为提供了保护伞。

总之，新股发行半市场化导致买股票的一方需求巨大，而卖股票的一方供给有限，形成供给垄断局面，定价权显然在卖方，买方只能用脚投票，而不能进行价格谈判。在这种情况下，如何实现市场化定价？另外，一般的商品，在充分竞争的条件下，需求增长了，会引起供给增长，从而使价格受到抑制，价格稳定在买卖双方都可接受的均衡点上。这才是应该推行的市场化。

而在垄断条件下，需求增长了，供给不随之而动，这必然会引起价格上涨，从而在高价下形成买卖双方的均衡点。

## 二、政府职能理论

在市场经济条件下，政府在投融资道德风险控制方面具有哪些职能，这是一个需要理论不断深化的研究课题。

在政府与市场之间的关系方面，应该避免两个极端化倾向，即政府过度干预和极端自由主义，这两者皆不可取。该政府管的必须管好，不能以市场化为名推脱责任；该市场管的由市场决定，政府不予干涉。

政府在投融资道德风险控制方面所负的责任，要具体问题具体分析。

对于政府投资项目，政府的身份可以视同业主。由于项目的所有权归国有，政府机构是国有者的一个构成部分，对项目负有直接的管理义务，因此从项目决策到项目施工建设、项目竣工投产一直到投资回收，在整个项目投资实施过程中，政府机构均负有直接的道德风险控制的职能。

对于民间投资项目而言，项目的所有权归民间投资主体享有，政府的身份仅限于社会管理者。因此，政府不宜对该类项目实施直接的管理，而应由民间投资主体进行自我管理。但是，政府应承担市场本身无力管理的那一部分责任。

一是有关民间投资的外部效应中的道德风险控制责任。包括对环境污染的干预；对假冒伪劣产品的干预；对浪费矿产资源的干预；对破坏绿色植被的干预；对集资诈骗的干预；对违约的干预；对其他侵犯他人权益的行为的干预，等等。

二是有关民间投资企业内部效应中的道德风险控制责任。包括对侵害员工合法权益行为的干预；对建筑安装工程质量的干预，等等。

对于经济主体之间的融资行为，政府所负的控制道德风险的责任主要是禁止融资诈骗和抑制违约行为。

政府对投融资道德风险控制的途径，主要是制定规则和标准，维持金融秩序，维护公平正义，创造良好的信用环境。

## 三、激励约束理论

投融资道德风险控制中的激励约束理论应该包括5个内容：

一是要明确激励约束对象，即明确对哪些主体进行激励约束。首先要锁定群体范围；其次要锁定该群体中接受激励约束的重点人群。激励约束对象明确后，要分析这些对象的特点，以便提出有效的激励约束措施。

二是要明确激励约束目的和行为指向，实际就是要求激励约束对象的行为符合管理者的意愿。这种意愿应该是旗帜鲜明、可以操作的。例如，激励约束借款人的目的，是促使其按期足额归还本息。应该具体列明哪些行为应该激励，哪些行为应该约束。

三是要明确激励约束手段。要明确物质奖励约束与精神奖励约束的具体措施。物质激励手段包括但不限于货币奖励、信用额度奖励等；物质约束手段包括但不限于罚款、停业等；精神激励包括但不限于授予荣誉称号、通报表扬、媒体宣传等；精神约束包括但不限于追究其刑事责任或民事责任；给予通报批评等。

四是要明确激励约束措施执行人，即由谁来激励，由谁来约束，责任和权利必须明确。有的需要政府具体部门来执行；有的需要法院、检察院、公安部门来执行；有的需要合同一方来执行；有的需要媒体和社会公众来执行。如果执行人不明确，则激励约束机制难以运行。

五是要明确激励约束标准，使激励约束力度与因果关系相匹配。例如，股票投资者遭受投资损失，投资者认为是上市公司欺诈所致。这就需要查清上市公司欺诈与股票投资损失之间的因果关系，合理核定投资者的损失金额，明确上市公司应该承担的责任大小，根据其责任大小，公平合理地确定上市公司应该承担的赔偿额、罚款额及其他后果。

## 四、利益权衡理论

投融资道德风险控制中的利益权衡理论主要内容包括4部分：

一是投融资管理者利益权衡。对于任何控制措施，管理者会在管理成本与管理效果之间进行权衡，如果成本较大而收效甚微，那么管理者可能会选择“放弃”或者“不作为”。在这种情况下，利益损失者面临3种选择：选择之一是放弃利益诉求；选择之二是自己采取措施维护自己的合法权益，讨回公道；选择之三是在自己力所能及的范围内帮助管理者减少成本，增加管理效果。

二是投融资主体利益权衡。如果投融资主体认为违反道德的成本、代价过大，超过了违反道德的收益，而遵守道德的收益较大，经过权衡后，认为遵守道德的利益大于违反道德的利益，则投融资主体会选择遵守道德；相反，如果经过权衡之后得出的结论是违反道德的利益大于遵守道德的利益，则投融资主体会选择违反道德。

三是信息是影响利益平衡关系的重要因素。某些投融资主体之所以敢于违反道德，是因为其违反道德的过程比较隐秘，不易为人察觉，成功率较高，而一旦被人发现后，自认为能够逃脱惩罚。如果所有的投融资主体均感觉到无法违反道德，自己的一举一动都在管理者的监管之下，极易被人发现，成功率极低，则违反道德的行为就会大大减少。

四是利益转换能够产生新的利益权衡关系。以罚款为例。罚款的逻辑是：通过向实施不道德行为的主体收取罚款，加大其不道德成本，使其对罚款产生畏惧，从而不再实施不道德行为。然而，当罚款成为管理者收入来源时，罚款转换为管理者的私利，罚款对管理者产生激励效应：不道德者行为发生得越多，执法者的罚款收入也越多，这会刺激执法者培养财源，加大收入范围，增加罚款频次，结果是不道德行为不但无收敛，反而越罚越多。这样一来，罚款对被管理者的约束效应大大弱于其对管理者的激励效应。另外，对于被罚者而言，如果罚款金额少于其不当得利金额，那么罚款也起不到约束作用。

## 五、协同理论

投融资道德风险理论中的协同理论的核心思想是：要降低投融资道德风险事故的发生率，仅仅依靠某一方面的力量是不会收到满意效果的，必须调动各方面的力量协同发挥作用，进行综合治理，才能收到较好的效果。

一是端正社会意识形态。社会意识形态中的糟粕主要有：丛林法则、拜金主义、利己主义。丛林法则以市场竞争为幌子，鼓吹弱肉强食、不择手段，导致社会价值观严重扭曲，违反道德者不以为耻，反以为荣。拜金主义鼓励人们一切向钱看，以拥有金钱的多少作为成功与否的唯一标志，导致人们为追求金钱不惜冲破道德底线。利己主义信奉“人不为己、天诛地灭”的教条，为了达到个人目的而不惜损害他人利益。如果让这些糟粕占据社会意识主流，则投融资道德风险事故就无法遏止。只有树立公平正义、扶弱助困、慈善济世、取财有道、合法赚钱、关爱他人、合作共赢，让富强、民主、文明、和谐，自由、平等、公正、法治，爱国、敬业、诚信、友善的社会主义核心价值观占据社会意识主流，才能为防范投融资道德风险奠定良好的社会基础。

二是发挥法律的正确导向作用。例如，对于金融诈骗犯罪行为，要在事实清楚的前提下追究犯罪者的刑事责任，使人们不敢从事金融诈骗活动。

三是政府监管到位。例如对于民间融资行为、股票市场操纵股票价格的行为等，如果政府监管到位，就能够在很大程度上减少道德风险事故的发生。

四是媒体发挥正能量。媒体的导向对投融资主体的行为有很大的影响作用，如果媒体能够发挥正能量作用，则全社会的投融资道德风险事故就很少发生。

五是建立惩恶扬善机制。如果能够实现从善光荣、从善顺心、从恶可耻、从恶寸步难行的目标，那么投融资道德风险就会受到抑制。

## 第三节　有关投融资道德风险原因与控制的争议

### 一、投融资道德风险是否具有主观性

有一种观点认为，风险具有客观性的特点，即风险是客观存在的，不以人的意志为转移。那么，是否可以据此推断出投融资道德风险不具有主观性特点呢？

风险种类繁多，其特点也有所区别。有的风险具有客观性，这一观点在保险学中具有十分重要的意义。强调风险的客观性，目的是说明保险针对的风险必须是客观存在的，而不是主观想象的。仅凭主观想象、主观推测的风险不能列入保险的责任范围。可见保险学所说的主观是指对风险的想象。在保险中，风险确有客观性特征，例如洪水、雷电、地震、暴雨、飓风、冰雹等。有的风险，则具有主观性特点。这里所说的主观性，不是指凭空想象的意思，而是指风险产生于人的头脑。投融资道德风险便是属于这类风险。例如，借款人故意欠钱不还，这对债权人来说，是一种风险，因为债务人违约会造成债权人利益损失，这种风险来源于借款人的“主观意念”，而这种主观意念的形成又有主客观因素，主观因素包括受教育内容和程度、独特的价值观和人生观等，所以具有主观性特点。正是由于投融资道德风险具有主观性特点，所以加强对公民的道德教育以减少不道德行为的发生才成为必要。

## 二、投融资道德风险是否具有可预见性

有一种说法是“风险是指损失的不确定性”或者“风险是指结果的不确定性”。由此产生另一种说法：“风险具有不确定性特征”“风险本质上不可测”。然而在保险理论中，有“风险具有可测性特点”这一说法，这里的可测性是指总体风险是有规律可循的，因而可以运用大数定律设计保险费率。由以上观点导出一个问题：投融资道德风险是否具有可预见性？

应该说，投融资道德风险是可以“有限预见”的，具体说是“四个不可预见”和“四个可预见”。具体包括：

一是具体风险事故能否发生不可预见，但是总体上风险事故能否发生可以预见。例如，在股市中，具体每一道德风险事故能否发生，是不可预见的，但是从全局看、从整体上看，道德风险事故能否发生是可以预见的。换句话说，从整个股市看，股票市场必然发生道德风险；发生道德风险的频率可以通过对历史数据的统计分析，结合股市未来因素的的变化，可以得出一个经验频率。尽管这种经验频率未必能与实际频率完全吻合，但是作为风险管理参考已经足够。

二是风险事故具体在何时会发生不可预见，但是发生的时段可以预见。某一具体投融资道德风险事故会发生在哪年哪月哪日几时，这个不可预见，但是某一具体投融资道德风险事故可能在哪年哪月哪日至哪年哪月哪日之区间发生是可以预见的。

三是每一次风险事故发生的节点、来源不可预见，但是风险事故发生的范围可以预见。每一次发生的投融资道德风险可能来源于何处，这是不可预见的，谁也不知道明天可能会在哪里发生投融资道德风险事故，但是风险事故可能发生的最大范围是可以预见的。

四是每次风险事故具体损失金额不可预见，但是风险事故损失总金额的极限值可以预见。每一次道德风险事故的损失金额不可预见，因为你不知道风险事故具体会在何时发生。但是风险事故损失总金额的极限值可以预见。例如，股票投资损失的最大金额是投资者投入的资本。投资者还可以预先设置“止损点”。例如，按照每股 10 元价格买入某股票，设置止损点为 9 元，则当因发生道德风险事故导致股价跌到 9.02 元时，投资者可以按照 9 元的委托价格卖出该股票，使损失金额控制在每股 1 元之内。

## 三、投融资道德风险是否可以消除或避免

有一种观点认为风险不可消除，只可努力弱化风险产生的条件，或者努力减轻风险事故损失。本书观点是风险发生的规律不可消除，但是具体某一事故能否发生，人们是有能力加以控制的，即人们可以通过采取有效措施来使这种风险事故在特定时间内不发生，方法就是消除发生风险事故的条件。

对于投融资道德风险而言，由于其具有主观性特点，所以可以通过建立足够力度的奖惩机制和有效的监督机制，迫使投融资相关人员打消进行不道德行为的念头，从而避免投融资道德风险事故的发生。

## 四、投融资道德风险是否具有可计量性

可以计量的投融资道德风险元素有 3 个：投融资道德风险的大小可以有限计量；投融资道德风险发生的概率可以计量；投融资道德风险事故损失金额可以计量。以上计量均是针对特定投资者角度而言的，即不同的投资者，计量的数值是不一样的。其中，投融资道德风险发生概率的计量，比较具有普适性。

投融资道德风险的大小一般用投资者收益率的标准差来计量，所以所谓风险大小因投资者而异。标准差反映的是投资者各种情况下实际收益率与平均收益率之间的平均距离。标准差数值代表风险单位数值，标准差数值越大，风险越大。由于投资者收益率是历史数据，所以据此计算的风险大小与未来真实风险大小存在差异。投资者需要根据未来各因素变化来调整标准差，如可以在标准差基础上设定一个正负区间。有的投资项目没有历史数据，是新的投资项目，投资者可以参照同类投资项目来计算标准差。

投融资道德风险发生的概率也是一个经验数据，适合于自身具有历史数据或者具有同类项目历史数据的投资项目。投融资道德风险发生的概率是指在特定时间、特定领域、特定范围内某一类投资项目中发生道德风险的项目数量占投资项目总数量的比重，或者发生道德风险的投资金额占投资总金额的比重。

投融资道德风险事故损失金额分为实际发生金额和预估金额。实际发生金额自然可以计量，一般以投融资金额为最大值，特殊投资项目也有超

过投融资金额的。在两种情况下，实际损失金额会超过投资金额：①杠杆投资，如股指期货投资，实行保证金制度，但是计算盈亏时按照成交额计算，所以可能出现亏损额超过投资额的情况；②无限责任制度，如普通合伙人与有限合伙人合作管理投资基金，对于普通合伙人而言，投资亏损额会超过其出资额，因为普通合伙人要对基金债务承担无限连带责任，把自己的财产搭进去。投融资道德风险事故损失预估金额最大值是可以确定的，投资者也能自我控制。另外，投资者还能够测度在不同风险状况下损失金额预测值。

## 五、罚款是否能够抑制投融资道德风险

有一种观点，认为罚款能够增大不道德行为人的成本，迫使其放弃不道德行为，并称这是运用经济手段来治理投融资道德风险。但是，罚款要想达到抑制不道德行为的效果，需要一定的条件，否则，罚款不但不能抑制不道德行为，反而成为不道德行为的推手。在现实中，为什么有些现象如果不罚款还少一点，越罚款该种现象越多。以“扫黄”为例，越扫越多，秘密就在于罚款成为某执法部门或人员的一大财源，出于扩大财源的动机，执法部门或人员故意鼓励发展黄色产业，培植财源，罚款转化成“保护费”。对于被罚者而言，交罚款只不过是增加了一个分蛋糕者，而且这个分蛋糕者会起到一个保护作用，就当是交保护费了，反而更安全，更可以大胆干。所以，不能认为实行罚款制度就可以抑制投融资道德风险。要想发挥罚款在风险控制中的作用，必须具备三个条件：第一个条件是罚款不经过执法部门和人员之手，直接通过银行划转专门的罚没收入管理局，如果是现金，则由执法者带领被罚者直接到专门的罚没收入管理局交款；第二，每一笔罚款均在专门网站上公示；第三，罚款不能作为任何机构奖金来源，也不能作为国家财政收入，更不能作为任何机构的小金库资金，只能用来作为支付给受害人的赔偿基金，或者用作见义勇为基金，或者用于奖励举报人。

## 六、抑制投融资道德风险是否必须借助于严刑峻法

既不能认为道德规范不得列入法律条款，也不能认为所有的道德规范均不可列入法律条款。应该具体问题具体分析。凡是故意损害他人利益造成严

重后果的行为，都必须列入法律条款，给行为人以适度惩处。凡是不损害他人利益的行为，以及虽然损害他人利益但后果不严重的行为就不必列入法律条款给予惩处。例如以下行为就不必列入法律条款：

（1）亲属朋友之间相互借钱不还，金额未超出最高限的。具体最高限金额可由法律规定，比如10万元。

（2）委托亲属朋友投资，受托人挪用资金，金额未超出最高限的。具体最高限金额由法律规定。

（3）以企业经营为名从金融机构借款，实则是为了筹集资金给父母或孩子治病，虽然这种欺诈行为属于不道德行为，但是情有可原，给予谴责，并与金融机构协商还款办法，由金融机构记入黑名单即可。

（4）股票发行人高价发行股票，这是不道德行为，但是只能用制度和市场规则去约束，不必通过法律调整。

（5）证券投资基金管理人夸大自己的投资管理能力，引诱投资者认购其发行的基金，这是不道德行为，但是不必追究其法律责任，可以通过舆论给予谴责，曝光真相。

再如以下行为就必须纳入法律限制范围，有违法者给以法律惩处：

（1）银行工作人员利用职务之便出售不属于本行业务范围的理财产品，个人从中牟利，客户以为该工作人员的行为是银行的单位行为。

（2）缺德之人通过短信诈骗、电话诈骗、网络诈骗等手段骗取他人存款。

（3）通过破产手段恶意逃废银行贷款的行为。

（4）冒充金融机构欺骗社会公众来开户买卖股票或发售假理财产品以骗取钱财。

（5）证券投资基金管理者利用管理的基金在股价高位接盘，买入私人账户的股票，个人获得暴利，却使基金持有人遭受损失。

## 七、违背投融资道德是否就要被罚得倾家荡产

有一种说法叫作“罚得他倾家荡产”。这属于情绪化报复，缺乏理性。对于投融资活动中实施不道德行为的人员，还是要讲究惩罚得当，不能一概一棍子打死。一是要考虑其行为次数，惩罚力度随着行为次数增加而加大。二是要考虑其所得金额，要将其历次不当所得全部没收，再加一定罚款。三是要根据受害人状况。四是要根据社会危害程度和对社会的影响。有人认为不

必考虑社会公众意见，这种观点有失偏颇。要具体问题具体分析。有的案件处理不必受大众的舆论影响，但是对于社会危害性大、事实清楚、证据确凿的不道德行为，将社会大众舆论作为考量因素，利大于弊。当然，对于“喊杀”的声音可以不予理会。只要不涉及直接的人身伤害，只是导致财产损失，就没有必要置人于死地。

# 第四章　投融资道德标准、评价与培育机制

［开章语］本章需要探讨3个问题：一是投融资道德标准，表明应该怎么做和不应该怎么做才是有道德的、正确的行为，其实就是明确无风险的状态，作为判断投融资道德风险的参照；二是如何对投融资道德进行评价；三是投融资道德培育机制。

## 第一节　投融资道德标准

### 一、投融资道德标准的含义

投融资道德标准是用于判断投融资主体行为是否符合道德要求的规范，也就是投融资活动主体应该遵循的符合道德信念的行为准则。

研究道德风险，首先要确定哪些行为是道德的，哪些行为是不道德的，具体要有个标准。有些道德标准非常明显，例如贪污投资款、上市公司编造假账、虚报工程款、故意高估投资效益等，明显属于不道德的行为。有的道德标准看似比较明显，但深究又有点模糊，例如借银行贷款逾期不还，就不能简单归结为不道德行为，而要具体问题具体分析。由于不可抗力的原因导致不能还款，就不能判定为不道德行为。

有的道德标准具有明确的、公众认可的依据，而有些道德标准是没有明确依据的，公说公有理，婆说婆有理，是非界限比较模糊，解决的办法就是通过广泛讨论，达成共识。各行业的职业道德，由行业协会牵头组织讨论；家庭伦理道德，可以由民政部门组织讨论。投融资道德标准，凡是纳入法律法规条款的，以法律法规条款为标准；凡是没有纳入法律法规条款，但是有监管部门和行业协会的，明确监管体制和归属协会，由监管机构和行业协会协调合作，在广泛征求意见的基础上制定统一的和明确、可操作的道德规范。

凡是监管机构和行业协会没有规范的，就需要学者、媒体和投融资主体通过公开讨论谋求共识。所以，广义上的投融资道德标准来自法律法规、行政规章、行业规则、契约、单位内部规章制度、社会舆论倾向中公认的标准、个人健康信念等。法律法规、行政规章、行业规则的社会认同度高，具有较高的权威性。

近几年流行这样一句话："法无禁止皆可为"。这个观点是片面的，是走向了另一个极端。完整的话应该是："法无禁止且无害皆可为"。

## 二、投融资道德标准的主要内容

### （一）党政领导干部的道德标准

#### 1. 不得新建党政机关楼堂馆所

2013 年 7 月，中共中央办公厅、国务院办公厅印发了《关于党政机关停止新建楼堂馆所和清理办公用房的通知》，该通知规定：自本通知印发之日起 5 年内，各级党政机关一律不得以任何形式和理由新建楼堂馆所。具体有九个"严禁"：严禁以任何理由新建楼堂馆所；严禁以危房改造等名义改扩建楼堂馆所；严禁以建技术业务用房名义搭车新建楼堂馆所；严禁改变技术业务用房的用途；严禁以城市改造、城市规划等理由在他处重新建设楼堂馆所；严禁以任何理由购置楼堂馆所；严禁以"学院""中心"等名义建设楼堂馆所；严禁接受任何形式的赞助建设和捐赠建设；严禁借企业名义搞任何形式的合作建设、集资建设或专项建设。

#### 2. 不得违反廉洁从政准则

2010 年，中共中央印发了《中国共产党党员领导干部廉洁从政若干准则》，根据该准则的精神，可以整理出中共党员领导干部在投融资活动中的道德标准。

（1）禁止在投资建设监管工作中利用职权和职务上的影响谋取不正当利益。中共党员领导干部在对投资建设进行监管的过程中不准有下列行为：索取、接受或者以借为名占用监管对象的财物；接受可能影响公正执行监管公务的礼品、宴请以及旅游、健身、娱乐等活动安排；接受监管对象送给的礼金和各种有价证券、支付凭证；利用知悉或者掌握的内幕信息谋取利益；违反规定进行住房投资，包括多占住房，违反规定买卖经济适用房、廉租住房等保障性住房。

（2）禁止违规投资私自从事营利性活动。中共党员领导干部不准有下列投资行为：个人或者借他人名义经商、办企业；违反规定拥有非上市公司（企业）的股份或者证券；违反规定买卖股票或者进行其他证券投资；个人在国（境）外注册公司或者投资入股。

（3）禁止违反公共财物管理和使用的规定，假公济私、化公为私从事融资行为。中共党员领导干部不准有下列融资行为：违反规定借用公款、公物或者将公款、公物借给他人；私存私放公款；挪用或者拆借社会保障基金、住房公积金等公共资金或者其他财政资金。

（4）禁止利用职权和职务上的影响为亲属及身边工作人员谋取利益。中共党员领导干部不准利用管理政府投资项目的职务之便，为投资项目承包人谋取利益，其父母、配偶、子女及其配偶以及其他特定关系人收受投资项目承包人财物；默许、纵容、授意配偶、子女及其配偶、其他亲属以及身边工作人员以本人名义从政府投资项目中谋取私利；为配偶、子女及其配偶以及其他亲属经商、办企业提供便利条件，或者党员领导干部之间利用职权相互为对方配偶、子女及其配偶以及其他亲属经商、办企业提供便利条件；允许、纵容配偶、子女及其配偶，在本人管辖的地区和业务范围内个人从事可能与公共利益发生冲突的经商、办企业、社会中介服务等活动，在本人管辖的地区和业务范围内的外商独资企业或者中外合资企业担任由外方委派、聘任的高级职务；允许、纵容配偶、子女及其配偶在异地工商注册登记后，到本人管辖的地区和业务范围内从事可能与公共利益发生冲突的经商、办企业活动。

（5）禁止违反规定干预和插手市场投融资活动，谋取私利。中共党员领导干部不准违反规定干预和插手市场投融资活动，不准有下列行为：干预和插手建设工程项目承发包、土地使用权出让、政府采购、房地产开发与经营、矿产资源开发利用、中介机构服务等市场投融资活动；干预和插手国有企业重组改制、兼并、破产、产权交易、清产核资、资产评估、资产转让、重大项目投资以及其他重大经营活动等事项；干预和插手批办各类行政许可和资金借贷等事项；干预和插手投融资纠纷；干预和插手农村集体资金、资产和资源的使用、分配、承包、租赁等事项。

（6）禁止脱离实际，弄虚作假，损害群众利益和党群干群关系。中共党员领导干部不准搞劳民伤财的“形象工程”和沽名钓誉的“政绩工程”。

除了以上道德标准之外，中共党员领导干部还应该在政府投资决策中遵循“先充分论证，征求专家意见，后集体决策”的道德标准，禁止盲目拍板决策。

### （二）银行从业人员的道德标准

银行业从业人员是指在中国境内设立的银行业金融机构工作的人员。

银行从业人员的道德标准属于间接融资中的道德标准，主要体现在中国银行业协会公布的约束性规范文件中。《中华人民共和国刑法》中与银行业有关的罪名，以及行政主管部门的法规规章，间接反映了银行从业人员在间接融资活动中的道德标准。这里结合 1992 年 12 月 11 日国务院公布的《储蓄管理条例》，2006 年中国银行业协会发布的《中国银行业从业人员道德行为公约》，2011 年中国银行业监督管理委员会公布的《银行业金融机构从业人员职业操守指引》，2009 年中国银行业协会公布的《中国银行业柜面服务规范》《中国银行业自律公约实施细则（试行）》《中国银行业文明服务公约》，对银行从业人员道德标准进行表述。

**1.《中国银行业从业人员道德行为公约》规定的道德标准主要内容**

（1）爱岗敬业，顾全大局。热爱本职工作，认真贯彻执行国家制定的金融方针、政策，以维护国家的金融稳定和银行业的声誉为己任。

（2）遵纪守法，规范操作。严格遵守各项法律法规，坚持依法合规办事，自觉抵制各种违法违规行为。

（3）廉洁公正，自警自律。自觉抵制各种腐朽思想的侵蚀，防范和化解道德风险；工作中不循私情，不弄虚作假，不营私舞弊，不行贿受贿。

（4）严守秘密，确保安全。树立保密观念，增强保密意识，严格遵守保密法规，自觉履行保密责任，做到不泄密、不失密，确保银行经营安全和客户的资金、信息安全。

（5）正直诚信，勤勉尽职。品行端正，公道正派，诚实守信，表里如一；忠于职守，尽心尽力，以高度的责任感和敬业精神投入本职工作。

（6）热情服务，细致周到。讲究工作效率，提高工作质量，努力为客户提供热情、周到、优质、高效的服务，以专业化、人性化的服务赢得客户的理解和支持。

（7）勤奋学习，精通业务。努力掌握专业知识及其他相关知识，刻苦钻研，精益求精，不断提高职业素养和业务水平。

（8）团结协作，和谐互助。增强团队意识，发扬协作精神，创造和维护和谐融洽、平等互助、团结共进的人际关系和工作氛围。

（9）遵守公德，崇尚科学。自觉遵守社会公德，文明礼貌，尊老爱幼，克勤克俭，爱护环境；崇尚科学，破除迷信，尊重知识，远离愚昧。

**2.《银行业金融机构从业人员职业操守指引》规定的道德规范主要内容**

（1）学法、懂法、守法，保守国家秘密和商业秘密，尊重和保护知识产权，自觉维护国家利益和金融安全；依法、客观、真实反映银行业金融机构业务信息。

（2）具备岗位任职资格或能力，熟练掌握业务技能，自觉遵守行业自律制度和本单位规章制度，合规操作；对已发生的违法违规行为或尚未发生但存在潜在风险隐患的行为，应当按照相关报告制度规定，及时报告。

（3）遵循公平竞争、客户自愿原则，不得从事违规揽存、低价倾销、贬低同业、虚假宣传等不正当竞争行为。

（4）尊重客户，了解客户需求，依法保护客户权益和客户信息；对客户如实详细提示产品的特点和风险，切实保护客户权益；不得采取隐瞒或误导等不正当手段，损害客户权益；执行首问负责制，诚待客户，语言文明，举止大方，提供优质服务；不得因国籍、地区、肤色、民族、性别、年龄、宗教信仰、健康情况或其他因素等差异而歧视客户。

（5）关爱社会，积极参与公益活动，履行社会责任，发扬勤俭节约的优良传统，珍惜资源，抵制铺张浪费。

（6）公私分明，秉公办事，不得谋取非法利益；遵守国家和本单位防止利益冲突的规定，在办理授信、资信调查、融资等业务涉及本人、亲属或其他利益相关人时，主动汇报和提请工作回避；未经批准不得在其他经济组织兼职；有效识别现实或潜在的利益冲突，并及时向有关部门报告。

（7）遵守有关法律法规和本单位有关进行证券投资和其他投资的规定，不得利用内幕信息买卖资本市场产品；不得挪用本单位资金和客户资金或利用本人消费贷款买卖资本市场产品。

（8）遵守禁止内幕交易的规定，不得利用内幕信息为自己或他人谋取利益，不得将内幕信息以明示或暗示的形式告知他人；拒绝洗钱，及时报告大额交易和可疑交易，履行反洗钱义务。

（9）自觉抵制并积极向有关部门举报商业欺诈、非法集资、高利贷和黄、赌、毒活动；在社会文往和商业活动中，应当廉洁从业，自觉抵制商业贿赂及不正当交易行为。

（10）树立终身学习理念，与时俱进，追求新知，提升素质，完善技能。

银行业金融机构董（理）事成员、监事会成员和高级管理人员除了遵守以上道德标准以外，还应遵守以下职业操守。

（1）认真执行国家方针政策，恪守职业道德，服从国家宏观调控，维护大局。科学管理，公道正派，作风民主，坚持原则。

（2）严格执行国家关于企业领导人员廉洁从业、“三重一大”决策制度等规定。

（3）严格执行国家关于薪酬管理的法律法规和政策，负责制定本单位稳健的薪酬管理制度，并认真组织实施。

（4）忠实履行决策、监督和经营管理职责，组织制定科学的发展战略，谨慎用权，防范风险。

（5）以身作则，自觉遵守本指引并承担组织本单位从业人员学习、遵守本指引的责任。

（6）知人善任，任人唯贤，关心员工职业生涯发展，培育团队意识。

（7）适度参与公共活动，防止违法及不良行为，不得利用职务上的便利谋取或输送非法利益。

（8）优化流程，精细管理、重点监控，明确本单位关键岗位特殊职业操守并组织关键岗位从业人员学习、遵守。

**3.《中国银行业柜面服务规范》规定的道德标准主要内容**

（1）职业道德：忠于职守、爱岗敬业；精诚合作、密切配合；诚信亲和、尊重客户；求真务实、不断创新。

（2）服务要求：真诚服务，热情接待客户，语言文明，耐心解答客户疑问，塑造以诚待人、以情动人的服务形象；文明服务，坚持微笑服务，提倡使用普通话，做到“来有迎声，问有答声，走有送声”；规范服务，严格按照相关业务规章及操作流程，准确、快速办理业务；优先服务，当解决客户服务需求与处理行内事务发生冲突时，应先解决客户服务需求，然后处理行内事务；品牌服务，努力提高业务技能和综合素质，树立品牌服务意识；安全服务，保证客户信息及资金安全，维护客户合法权益。

**4.《中国银行业自律公约实施细则（试行）规定》规定的道德标准主要内容**

（1）建立健全以资本金管理为核心的约束机制。加强银行资金安全维护，依法提取贷款损失准备金，建立长效的资本补充机制，不断提高银行业整体竞争力。

（2）完善公司治理和内部控制机制，强化内控文化及合规文化建设，提升风险管理能力，针对信用风险、市场风险、操作风险等制定积极可行的防范措施。

（3）严格执行有关账户和现金管理的各项规定，不得为不符合条件的企事业客户开立银行账户，严格账户管理，严禁违反规定支取现金。

（4）办理各项存款业务时，严格执行国家利率政策，不得违规或变相提高利率吸收存款。

（5）办理各项授信业务时，严格遵守各项规定，有序、合规竞争，自觉维护市场秩序：认真执行《银行信贷登记咨询管理办法（试行）》，如实将办理信贷业务过程中产生的贷款发放、收回等各种信息数据登记报送到银行信贷登记咨询系统和企业征信基本数据库中，不得向无贷款卡或无效贷款卡的企事业单位发放贷款；严格执行法定的货款（含贴现）利率，不得超过规定的利率浮动范围发放货款或办理贴现；不得强迫企业将贷款转作存款；按照《贷款通则》《商业银行授权、授信管理暂行办法》《商业银行实施统一授信制度指引》《商业银行内部控制指引》等规定开展业务，认真履行尽职调查义务，严格执行贷款审批程序。

（6）办理支付结算业务时，会员单位应做到：备有各类结算方式的一般使用说明，供客户索取；提供自助转账服务（包括网上银行、电话银行、手机银行以及其他银行自助设备等）时，还应提供自助服务的操作方法、注意事项、风险提示、安全保密措施及附加收费标准等资料；银行的各类电子化支付结算业务，应采取必需的安全措施、电子交易记录备份，以及建立必要的第三方认证机制等，以确保客户资金安全和方便客户查询。

（7）办理国际业务时，会员单位应按照中国人民银行和国家外汇管理局发布的最新国家外汇管理政策，在履行规定的审批手续后，可以为客户提供外汇贷款和国际结算等外汇业务服务，并提供国际主要通用货币的外汇买卖、结售汇和兑换业务服务，以及携带证业务服务等。

(8) 严格执行中国人民银行、中国银行业监督管理委员会有关银行卡的管理规定。在与特约商户签订受理合约时，不得有排斥他行的条款。在已经开展银行卡联网的地区安装 POS 机（销售终端）、读卡器及 ATM 机（自动取款机）等机具，不得具有排他性。

(9) 开展中间业务应加强同业之间的沟通，杜绝恶性竞争、垄断市场等行为：严格执行业务收费标准，不得擅自提高和降低政策规定的收费标准，收费标准要对外进行公示；不得以不正当手段压制其他银行机构的公平竞争；不得以损害商业银行自身利益或银行同业利益获得客户。

(10) 在开展电子银行业务（网络银行、自动取款机）时，应制定措施保证业务的安全性；应明示客户可能存在的风险以及降低风险的正确措施；应保证有便捷通畅的渠道让客户及时向银行通报产生的问题。

(11) 遵守商业道德，遵循公平竞争原则，维护正常的市场秩序，不得有下列行为：以任何形式贬低、诋毁其他金融机构；窃取同业的商业机密；未经同意披露、使用其他机构的商业机密；利用政府行政资源干预或影响市场竞争；不计成本地争揽客户，扰乱正常的经营秩序；向其他银行机构的高端客户提供与该客户在本行客户级别不相符的优惠或折让。

(12) 在进行广告宣传与信息披露时，应确保信息的真实性、及时性和完整性：及时、准确、充分地披露年度报告等信息，真实反映利润及资产质量状况；在推出新业务、新产品时，应在产品推广的同时强化信息披露，及时向客户和投资者提示相关风险；不得对金融产品进行弄虚作假、故意夸大、引人误解或有歧义的宣传；不得贬低和诋毁同业内其他单位的产品和服务。

(13) 不得超出中国人民银行、中国银行业监督管理委员会和国家外汇管理局批准的业务经营范围从事经营活动，依规定应报批、报备后方可实施的业务，应及时向监管部门报批、报备。向客户提供产品及银行服务时，应当严格遵守各项监管规定，不得采取违法、违规行为，不得损害客户或第三方利益。

(14) 对客户提供的各项资料负有保密责任，国家法律、行政法规另有规定的除外。

(15) 制定科学的投诉处理机制，公正、公平、及时、有效地处理客户的投诉。设立接受客户投诉的客户服务电话，在承诺的时间内对客户投诉做出答复。

（16）严格遵守劳动法，支持和促进人员的有序正常流动，不得录用尚未与原单位依法解除劳动合同的人员和其他依法不得录用的人员。

**5.《中国银行文明服务公约》规定的道德标准主要内容**

本公约共计 15 条。例如第六条“要求员工保持文明规范的行为举止，使用礼貌亲切的工作用语。员工在工作时，要保持仪容仪表端庄、文明、自然，着装整洁、得体、朴素、大方，使用文明用语，提倡说普通话，做到“来有迎声，问有答声，走有送声”。特殊岗位根据业务需要掌握特殊服务用语，努力实现语言无障碍服务。使用服务用语时，根据区域习俗和客户特点灵活掌握。”

### （三）证券业从业人员的道德标准

证券业从业人员包括证券公司的管理人员、业务人员及与证券公司签订委托合同的证券经纪人；基金管理公司的管理人员和业务人员；基金托管和销售机构中从事基金托管或销售业务的管理人员和业务人员；证券投资咨询机构的管理人员和业务人员；从事上市公司并购重组业务的财务顾问机构的管理人员和业务人员；证券市场资信评级机构中从事证券评级业务的管理人员和业务人员；中国证券业协会规定的其他人员。证券机构管理人员包括机构法定代表人、高级管理人员、部门负责人、分支机构负责人。

2014 年 12 月 17 日，中国证券业协会发布了《证券业从业人员执业行为准则》，该准则可视为证券业从业人员道德标准的基本内容，包括应该做的行为与禁止的行为。

**1. 应该做的行为**

（1）自觉遵守法律、行政法规，接受并配合中国证监会的监督与管理，接受并配合协会的自律管理，遵守交易场所有关规则、所在机构的规章制度以及行业公认的职业道德和行为准则。

（2）在执业过程中应当维护客户和其他相关方的合法利益，诚实守信，勤勉尽责，维护行业声誉。

（3）依照相应的业务规范和执业标准为客户提供专业服务，了解客户需求、财务状况及风险承受能力，为客户推荐合适的产品或服务，充分揭示其推荐产品或服务涉及的责任、义务及相关风险，包括但不限于法律风险、政策风险、市场风险等。

（4）具备从事相关业务活动所需的专业知识和技能，取得相应的从业资格，通过所在机构向协会申请执业注册，接受协会和所在机构组织的后续职业培训，维持专业胜任能力。

（5）保守国家秘密、所在机构的商业秘密、客户的商业秘密及个人隐私，对客户服务结束或者离开所在机构后，仍应按照有关规定或合同约定承担上述保密义务。

（6）公平对待所有客户，不得从事与履行职责有利益冲突的业务。遇到自身利益或相关方利益与客户的利益发生冲突或可能发生冲突时，应及时向所在机构报告；当无法避免时，应确保客户的利益得到公平的对待。

（7）机构或者其管理人员对从业人员发出指令涉嫌违法违规的，从业人员应及时按照所在机构内部程序向高级管理人员或者董事会报告。机构未妥善处理的，从业人员应及时向中国证监会或者协会报告。

（8）尊重同业人员，公平竞争，不得贬损同行或以其他不正当竞争手段争揽业务。

**2. 不得从事的活动**

（1）从事内幕交易或利用未公开信息交易活动，泄露利用工作便利获取的内幕信息或其他未公开信息，或明示、暗示他人从事内幕交易活动。

（2）利用资金优势、持股优势和信息优势，单独或者合谋串通，影响证券交易价格或交易量，误导和干扰市场。

（3）编造、传播虚假信息或做出虚假陈述或信息误导，扰乱证券市场。

（4）损害社会公共利益、所在机构或者他人的合法权益。

（5）从事与其履行职责有利益冲突的业务。

（6）接受利益相关方的贿赂或对其进行贿赂，如接受或赠送礼物、回扣、补偿或报酬等，或从事可能导致与投资者或所在机构之间产生利益冲突的活动。

（7）买卖法律明文禁止买卖的证券。

（8）利用工作之便向任何机构和个人输送利益，损害客户和所在机构利益。

（9）违规向客户做出投资不受损失或保证最低收益的承诺。

（10）隐匿、伪造、篡改或者毁损交易记录。

（11）中国证监会、协会禁止的其他行为。

从业人员应主动倡导理性成熟的投资理念，坚持长期投资、价值投资导向，自觉弘扬行业文化，加强自身职业道德修养，规范自身行为，履行社会责任，遵守社会公德，服务社会和投资者。

中国证券业协会于2012年6月19日发布的《证券分析师职业行为准则》，是证券分析师应该遵守的具体道德标准，具体内容为：

（1）自觉遵守法律法规、中国证监会的有关规定、行业自律规则以及所在证券公司、证券投资咨询机构的内部管理制度，规范执业行为。

（2）遵循独立、客观、公平、审慎、专业、诚信的执业原则。

（3）保持独立性，不因所在公司内部其他部门、证券发行人、上市公司、基金管理公司、资产管理公司等利益相关者的不当要求而放弃自己的独立立场。

（4）恪守诚信原则，其研究结论应当是证券分析师真实意思的表达，不得在提供投资分析意见时违背自身真实意思误导投资者。

（5）制作发布证券研究报告，应当自觉使用合法合规信息，不得以任何形式使用或泄露国家保密信息、上市公司内幕信息以及未公开重大信息，不得编造并传播虚假、不实、误导性信息。

（6）制作发布证券研究报告，应当基于认真审慎的工作态度、专业严谨的研究方法与分析逻辑得出研究结论。证券研究报告的分析与结论应当保持逻辑一致性。

（7）充分尊重知识产权，不得抄袭他人著作、论文或其他证券分析师的研究成果，在证券研究报告中引用他人著作、论文或研究成果时，应当加以注明。

（8）制作发布证券研究报告、提供相关服务，不得用以往推荐具体证券的表现佐证未来预测的准确性，也不得对具体的研究观点或结论进行保证或夸大。

（9）制作发布证券研究报告、提供相关服务，应当向客户进行必要的风险提示。

（10）通过公司规定的系统平台发布证券研究报告，不得通过短信、个人邮件等方式向特定客户、公司内部部门提供或泄露尚未发布的证券研究报告内容和观点，不得通过论坛、博客、微博等互联网平台对外提供或泄露尚未发布的证券研究报告内容和观点。

（11）明知特定客户、公司内部其他部门的要求或拟委托的事项违反了法律、法规、中国证监会监管规定、行业自律规则以及公司管理制度的，应当予以拒绝，并及时向公司报告。

（12）在执业过程中遇到自身利益与公司利益、客户利益存在冲突时，应当主动向公司报告。

（13）配偶、子女、父母担任其所研究覆盖的上市公司的董事、监事、高级管理人员的，证券分析师应当按照公司的规定进行执业回避或者在证券研究报告中对上述事实进行披露。

（14）珍惜职业称号和职业声誉，以真实姓名执业。

（15）只能与一家证券公司、证券投资咨询机构签订劳动合同，不得以任何形式同时在两家或两家以上的机构执业；不得在公司内部或外部兼任有损其独立性与客观性的其他职务，包括担任上市公司的独立董事。

（16）在执业过程中，不得向上市公司、证券发行人、基金管理公司、资产管理公司以及其他利益相关者提供、索要或接受任何贵重财物或可能对证券分析师独立客观执业构成不利影响的其他利益；参加媒体组织的研究评价活动，应当经所在公司同意，秉承公平竞争的原则，不得以不正当手段争取较高的研究评价结果。

（17）相互尊重，共同维护行业声誉，不得在公众场合及媒体上发表贬低、损害同行声誉的言论，不得以不正当手段与同行竞争。

（18）通过广播、电视、网络、报刊等公众媒体以及报告会、交流会等形式，发表涉及具体证券的评论意见，应当严格执行证券信息传播及中国证监会的相关规定，准确地表述自己的研究观点，不得与其所在公司已发布证券研究报告的最新意见和建议相矛盾，也不得就所在研究机构未覆盖的公司发表证券估值或投资评级意见；通过论坛、博客、微博等互联网平台发表评论意见的行为应当符合上述规定。

（19）遵守所在公司的管理制度，履行岗位职责，充分尊重和维护所在公司的合法权益；证券分析师离职后，应当履行与原所在公司所签署的劳动合同或协议的有关约定，承担相应的保密、竞业限制、培训赔偿等义务。

2014 年 12 月 15 日，中国证券投资基金业协会发布了《基金从业人员执业行为自律准则》，具体内容为：

（1）自觉遵守法律、行政法规，及职业道德，不得损害社会公共利益、基金持有人利益和行业利益。

（2）将基金持有人的利益置于个人及所在机构的利益之上，公平对待基金持有人。不得侵占或者挪用基金持有人的交易资金，不得在不同基金资产之间、基金资产和其他受托资产之间进行利益输送。

（3）具备从事相关活动所必需的专业知识和技能，保持和提高专业胜任能力，审慎开展业务，提高风险管理能力，不得做出任何与职业声誉或专业胜任能力相背离的行为。

（4）在进行投资分析、提供投资建议、采取投资行动时，具有合理充分的调查研究依据，保持独立性与客观性，坚持原则，不得受各种外界因素的干扰。

（5）公平、合法、有序地开展业务，不得以排挤竞争对手为目的，压低基金的收费水平，低于基金销售成本销售基金；不得采取抽奖、回扣或者赠送实物、保险、基金份额等方式销售基金。

（6）不得泄露任何基金持有人资料和交易信息，不得泄露在执业活动中所获知的各相关方的信息及所属机构的商业秘密，更不得为自己或他人谋取不正当利益。

（7）不得从事或协同他人从事内幕交易或利用未公开信息交易活动，不得泄露利用工作便利获取的内幕信息或其他未公开信息，或明示、暗示他人从事内幕交易活动。

（8）不得利用资金优势、持股优势和信息优势，单独或者合谋串通，影响证券交易价格或交易量，误导和干扰市场。

（9）不得利用工作之便向任何机构和个人输送利益，损害基金持有人利益和损害证券市场秩序。

（10）廉洁自律，不得接受利益相关方的贿赂或对其进行贿赂，如接受或赠送礼物、回扣、补偿或报酬等，或从事可能导致与投资者或所在机构之间产生利益冲突的活动。

（11）在宣传、推介和销售基金产品时，坚持销售适用性原则，客观、全面、准确地向投资者推荐或销售适合的基金产品，并及时揭示投资风险。不得进行不适当地宣传，误导欺诈投资者，不得片面夸大过往业绩，不得预测所推介基金的未来业绩，不得违规承诺保本保收益。

（12）主动倡导理性成熟的投资理念，坚持长期投资、价值投资导向，自觉弘扬行业优秀道德文化，加强自身职业道德修养，规范自身行为，履行社会责任，遵从社会公德，更好地服务社会和投资者。

### （四）信托业从业人员的道德标准

中国银行业监督管理委员会于2007年1月23日以第2号文发布了《信托公司管理办法》，该办法于2007年3月1日起施行。在《信托公司管理办法》第四章“经营规则”中规定的内容可以视为信托业从业人员应该遵循的道德标准：

（1）信托公司管理运用或者处分信托财产，必须恪尽职守，履行诚实、信用、谨慎、有效管理的义务，维护受益人的最大利益。

（2）信托公司在处理信托事务时应当避免利益冲突，在无法避免时，应向委托人、受益人予以充分的信息披露，或拒绝从事该项业务。

（3）信托公司应当亲自处理信托事务。信托文件另有约定或有不得已事由时，可委托他人代为处理，但信托公司应尽足够的监督义务，并对他人处理信托事务的行为承担责任。

（4）信托公司对委托人、受益人以及所处理信托事务的情况和资料负有依法保密的义务，但法律法规另有规定或者信托文件另有约定的除外。

（5）信托公司应当妥善保存处理信托事务的完整记录，定期向委托人、受益人报告信托财产及其管理运用、处分及收支的情况。

委托人、受益人有权向信托公司了解对其信托财产的管理运用、处分及收支情况，并要求信托公司作出说明。

（6）信托公司应当将信托财产与其固有财产分别管理、分别记账，并将不同委托人的信托财产分别管理、分别记账。

（7）信托公司应当依法建账，对信托业务与非信托业务分别核算，并对每项信托业务单独核算。

（8）信托公司的信托业务部门应当独立于公司的其他部门，其人员不得与公司其他部门的人员相互兼职，业务信息不得与公司的其他部门共享。

（9）信托公司开展固有业务，不得有下列行为：向关联方融出资金或转移财产；为关联方提供担保；以股东持有的本公司股权作为质押进行融资。

（10）信托公司开展信托业务，不得有下列行为：利用受托人地位谋取不当利益；将信托财产挪用于非信托目的的用途；承诺信托财产不受损失或者保证最低收益；以信托财产提供担保；法律法规和中国银行业监督管理委员会禁止的其他行为。

2005 年，中国信托业协会公布了《经营性信托业行业公约》；2007 年，中国信托业协会公布了《中国信托业行业宣言》。在这两份文件中，规定禁止下列行为：

（1）以经营资金信托或者其他业务的名义吸收存款。

（2）利用受托人地位谋取不当利益。

（3）将信托财产挪用于非信托目的的用途。

（4）承诺信托财产不受损失或者保证最低收益。

（5）恶意竞争，贬损同业。

（6）进行虚假或误导性宣传。

（7）利用受托人身份协助他人违反或变相违反国家有关法律法规和规章。

在《中国信托业行业宣言》中，还公布了以下道德规范：

（1）严格遵守国家法律法规，以及监管部门的有关规章。在平等、自愿、公平和诚实信用的原则下开展业务，不得损害国家利益、社会公共利益、客户利益和行业利益。

（2）严格遵守信托合同等法律文件的规定。按照委托人的意愿，以受益人的最大利益为宗旨处理信托事务，认真履行尽职调查义务，谨慎管理信托财产。

（3）严格自律管理，规范经营行为，建立完善的内部管理制度、合规控制制度和员工行为规范。提升风险管理能力，针对信托项目的操作风险、市场风险、信用风险等制定切实可行的防范措施。

（4）主动接受监管部门的监管，积极配合、通力合作，保证信托业监管工作的顺利开展。

（5）依法规范信息披露工作，保证所披露信息的真实、准确、完整和及时。在推出新业务、新产品时，应在产品推广的同时及时向客户提示相关风险。

（6）建设以诚信为核心的信托文化，传播信托文明，致力于信托业的宣传及投资者教育，共同培育信托市场。以规范的运作、专业的管理、稳健的经营，树立信托业的良好形象，维护公众对信托业的信心。关注公众对信托业行为的评议并接受其监督。

（7）加强从业人员培训和管理，提高从业人员业务素质和职业道德水平。加强员工职业道德行为规范教育，倡导无私奉献和克己奉公。强化廉洁自律，坚决反对以权谋私、贪污受贿等不法行为，加大反腐倡廉的工作力度，完善有关规章制度。

（8）倡导会员间以多种形式进行经验交流，互通信息，团结协作，互相促进，共同发展。

（9）规范信托业从业人员的服务行为，全面提升信托业服务质量和水平，以诚信为本，尽职专业的开展业务，树立信托业良好的社会形象，促进信托业的健康发展。

（10）提倡公平公正、诚实守信的服务理念，以积极的态度、扎实的作风和文明的形象，向客户提供高质量、高效率、高层次的优质服务。无论客户大小、业务多少，都要一视同仁，保证客户的正当权益不受损害。

（11）建立科学、规范、合理的服务机制，采用方便、快捷的工作流程，提高研究创新能力，积极开发让广大客户满意的新业务、新产品，让更多投资者享受信托理财服务所具有的特色优势。

（12）大力开展职业道德和服务意识教育，加强精神文明建设，将“严格、规范、谨慎、诚信、创新”的风格融入各项服务中，努力提高员工的从业素质，弘扬忠于职守、恪守信用、公正廉洁、文明热情、谦虚礼让、耐心周到、注重效率、保守秘密的职业精神。

（13）严把服务工作质量关，要求员工按照服务工作质量要求和规范化操作规程办理各项业务，做到快捷准确，把差错率降到最低。杜绝违规操作，发现内部违法违规行为必须及时向上级领导或有关部门报告。

（14）要求员工保持文明规范的行为举止，使用礼貌亲切的工作用语。工作过程中，注重文明礼貌，保持端庄大方，精神饱满，态度诚恳，不卑不亢，以良好的形象赢取公众对信托从业人员的信赖。使用文明用语，提倡说普通话，使用服务用语时，根据区域习俗和客户特点灵活掌握。

（15）公布服务监督电话号码，设立意见簿。对客户的服务需求和疑问咨询要及时办理、解释。对客户的批评要认真对待，虚心接受合理的意见和建议，并及时答复处理，妥善化解各种矛盾。

（16）做好信托产品推介过程中的咨询服务工作，充分揭示相关风险，明确信托业务参与各方的责任和义务。对开发的新产品各种文件的制作应做到详尽、通俗。

#### （五）借款人的道德标准

借款人的道德标准主要体现在《中华人民共和国合同法》中的借款合同部分，归纳如下：

（1）订立借款合同，借款人应当按照贷款人的要求提供与借款有关的业务活动和财务状况的真实情况；按照约定向贷款人定期提供有关财务会计报表等资料。

（2）按照约定的日期、数额收取借款。

（3）按照约定的期限支付利息。

（4）按照约定的期限返还借款。

#### （六）实业投资的道德标准

实业投资的道德标准未见有专门的规范性文件。根据现有的《中华人民共和国刑法》《中华人民共和国环境保护法》《中华人民共和国民法通则》等法律文件的规定，可以归纳如下：

（1）不得破坏环境。

（2）不得投资于国家明令禁止的项目。

（3）不得投资生产危害消费者健康的产品。

（4）不得危害邻居的安全。

## 第二节　投融资道德评价

### 一、投融资道德评价原则

#### （一）评价目的明确的原则

对某一投融资主体进行道德评价的目的应该明确。一般而言，投融资道德评价目的有 3 种。第一种是为了规避风险。例如，银行对借款人以往的道德表现进行评价，借以判断借款人违约的可能性，以便采取措施，规避贷款风险。第二种是为了维护公平的市场秩序。例如，证监会对某证券投资者进行调查，看其有无违反道德进行违规操作的行为，以维护证券市场秩序。第三种是为了考核。例如，银行管理者对本行的信贷员进行考核，看其有无不良道德行为导致贷款坏账的情况。

### （二）评价对象确定的原则

评价投融资道德，不能在评价对象模糊的情况下笼统地进行评价，而要锁定目标，有针对性地对特定的投融资活动者进行道德评价，这样才有实际意义。

要比较容易地确定评价对象，就要在投融资活动各个环节明确责任人。例如，在政府实业投资活动过程中，有投资项目可行性研究报告编制人、投资项目评估人、投资项目决策人、政府投资资金供应决策人、投资额计算人、投资项目物资采购决策人、投资项目招标确定施工企业评议人、投资项目设计人和对设计方案选择决策人、投资验收人，等等。应该建立责任档案，做到投资过程每一个细节都能够找到责任承担者，然后才能谈得上明确投融资道德评价对象。

### （三）评价依据公认的原则

评价投融资道德的依据主要有两类：一类是投融资道德评价标准，表现为国家法律法规、地方法规、国务院和部门行政规章、行业协会规范、企业规章制度等。低一层次的标准要服从于上一层次的标准。通过投融资道德评价标准，可以明确哪些行为是不道德的，哪些行为是符合道德要求的。另一类是评价任务来源。评价任务来源主要有 3 个：第一个是来自特定身份。例如，国家审计部门、财政部门有资格对政府拨款的投资道德进行评价。第二个是来自契约关系。例如，银行有资格对借款人在借款使用过程中和还款过程中的道德行为进行评价。这些判断投融资道德水平的依据应该被社会公众认可。第三个是来自法律授权。例如，社会公众、媒体记者对投融资主体进行道德评价的权利来自宪法授权。

## 二、投融资道德评价体系

投融资道德评价体系是指对投融资道德规范、行为、水平进行是非界定、评判的系统。建立和完善投融资道德评价体系，对维持良好的投融资秩序、提高投融资效果，具有正面的导向作用。

我国投融资道德评价体系主要由评价人和评价制度构成。

投融资道德评价人有官方、半官方、社会公众、舆论媒体和投融资当事人自己。官方主要有人民法院、检察院和行政机构。人民法院和检察院的评价主要体现在案件处理方面。行政机构包括财政部门、审计部门、行业主管部门、国有资产监管部门、证券监管部门、银行监管部门等，主要对政府投融资道德和国有控股企业投融资道德进行评价，证券监管部门主要对证券市场各方道德进行评价，银行监管部门主要对银行类金融机构道德进行评价。半官方主要是行业协会。这里所说的行业协会主要指银行业协会、证券业协会、信托业协会等与投融资活动密切相关的行业自律组织。行业协会主要对本行业会员的投融资道德进行评价。社会普通公众口口相传，对投融资活动道德进行评议。舆论媒体包括电视、电台、报纸、杂志、网络。投融资当事人则主要是对其内部的投融资道德状态进行评价。

投融资道德评价制度是明确投融资道德评价启动缘由、规定投融资道德评价程序、指明投融资道德评价方式、说明投融资道德评价结果处理规则与处理系统的制度。

我国尚缺乏系统的投融资道德评价制度，而仅有零散的非正规的制度。

2010 年 4 月，中国证监会根据中央纪委关于进一步做好金融从业人员行为准则贯彻落实工作的要求，成立了由证监会党委委员、纪委书记李小雪任组长，庄心一、姚刚、刘新华、姜洋任副组长的检查工作领导小组，下发了《关于组织开展证券期货监管人员和从业人员行为准则执行情况检查的工作方案》，全面启动证券期货监管人员和从业人员行为准则执行情况检查工作。此次检查工作的重点是证券期货监管系统各部门、各单位贯彻落实《中国证监会工作人员行为准则》和《中国共产党党员领导干部廉洁从政若干准则》的情况，以及证券期货经营机构贯彻执行《证券业从业人员执业行为准则》《期货从业人员执业行为准则（修订）》和《反商业贿赂公约》的情况。在领导小组统一部署下，证券期货监管系统各部门、各单位认真开展自查和整改，证券期货经营机构检查工作由中国证券业协会和期货业协会牵头组织，各证监局密切配合，会内相关业务部门予以督促。检查工作分 4 个阶段进行：第一阶段为宣传动员阶段；第二阶段为自查自纠阶段；第三阶段为检查整改阶段；第四阶段为总结阶段。自查阶段结束后，领导小组对有关部门、单位、机构执行行为准则的情况组织抽查，全面落实检查工作。名义上，这种检查工作不叫“道德评价”，但实际上，这是属于道德评价的范畴。

2010 年 4 月至 6 月，中国银监会在银行业集中开展贯彻落实行为准则情况专项检查。检查采取听取汇报、座谈、现场察看、查阅资料、民主测试等方式进行。重点检查各单位及时修订完善本单位从业人员行为准则具体实施办法及相关内部制度，形成有本单位特色的行为准则体系；将贯彻落实从业人员行为准则与部门绩效考核、从业资格考试认证、新录用人员签订合同等工作相结合，形成约束有力、奖励严格、切实有效的贯彻落实机制和评估机制；领导班子和高管人员是否发挥领导带头作用，自觉遵守各项行为准则；利用内部宣传平台，对行为准则内容、贯彻落实重要意义和贯彻落实要求等进行全员宣传教育；对行为准则广泛进行宣传公示并接受社会监督等情况。检查分 3 个阶段进行。4 月为自查阶段。各银行业金融机构和银监会机关各部门、各银监局对各自系统贯彻落实行为准则的情况进行自查。5 月为抽查阶段。银监会与中央纪委有关部门，各银监局、行业协会、银行业金融机构分别分层次进行抽查。6 月为总结阶段。对典型事例和好的做法进行推广、宣传报道；对发现的问题和薄弱环节制定具体整改方案、提出整改措施。各单位主要负责人亲自抓，纪检监察部门负责组织协调。各银行结合实际制定自查、抽查实施方案，认真开展自查，严密组织抽查。在总结分析的基础上，修订和完善相关制度，提高制度可操作性，加大制度执行力，将贯彻落实行为准则作为一项长效机制，常抓不懈。通过检查，加大银行业从业人员和监管人员对行为准则的贯彻执行力度，督促从业人员和监管人员全面掌握行为准则内容、基本准则和禁止性规定，形成良好的行为规范并接受社会公众监督，打造良好的行业廉政文化和企业文化，推动银行业的诚信体系建设，提升有效监管能力和经营竞争力，促进银行业稳健经营和健康发展，为国家经济社会平稳较快发展做出更大贡献。

## 第三节　投融资道德培育机制

### 一、激励机制

投融资道德培育的激励机制包括物质激励机制与精神激励机制。激励机制的建立主要有3条途径。

一是授予荣誉称号。授予单位可以是政府，也可以是行业协会，或者是合作方。政府又可以分为省级政府、市级政府、县级政府。一些省由省级政府组织成立了诚信建设工作领导小组办公室，由省信息产业厅厅长任主任。例如黑龙江省于2008年出台了《黑龙江省诚信示范企业创建工作实施意见(试行)》，2009年在全省范围内组织开展诚信示范企业创建工作，对于符合诚信示范企业标准的企业，授予“诚信示范企业”光荣称号，以激励企业遵守信用。各行业协会也可以设定一些荣誉称号。例如，在证券行业，可以由中国证券业协会每年评选“优秀券商”“优秀证券营业部”“优秀证券经纪人”“优秀保荐人”等，评选标准主要包括服务态度、服务质量、差错率、纠错效率、诚实度、投诉率等，由投资者投票评选。中国银行业协会则组织评选“优秀银行”“优秀分行”“优秀支行”“优秀信贷员”等。中国证监会可以组织投资者评选“优秀上市公司”。地方政府可以与银行联合组织评选“诚信借款人”。评选结果出来以后，要通过网络、电视、报纸等媒体进行大力宣传，扩大影响。直接被授予荣誉的虽然是少数，但是能够起到带动全局、激励大家的作用。

二是物质奖励。例如，对于5年以上按期还本付息、信用好的借款企业，再次借款时由银行给于一定的利率优惠，这其实就是一种物质奖励，相当于保险业中的“无赔款优待”。再如，对于政府投资项目，如果投资有节约，工程质量好，工期提前，则出资人可以在投资项目竣工后对建设单位和施工企业进行物质奖励，发给一定金额的奖金。

三是晋职激励。晋职奖励对象主要是本单位投融资工作参与人员。例如，银行内部对于5年以上所办理的贷款质量好、不良贷款率保持零纪录、贷款量超过一定金额的员工，在竞聘管理职务时可以优先考虑。再如在投资活动中表现优秀、工作效率高、投资资金利用率高、投资效益好的骨干人员，在晋职时优先考虑。

## 二、引导机制

引导机制的作用是为投融资参与者指明努力的方向，使他们明白如何做才是道德的，如何做是不道德的。

建立引导机制，首先是投融资活动参与各方了解规则，掌握道德标准、道德底线。例如，银行内部应该制定“信贷员守则”，具体说明信贷员应该做、不应该做的行为内容以及违反规则后应该承担什么责任。单位内部的规则不能与行业协会制定的规则以及国家法律法规、地方法规、行政部门规章等相冲突。

其次是进行适当的培训。

再次是由政府推动，利用媒体造舆论，对投融资道德标准进行宣传，对守信企业和个人的事迹进行正面宣传，引导企业和个人遵守道德，树立“守信光荣，背信可耻”的观念。

最后是通过文艺作品，对参与投融资活动者潜移默化地施加影响，引导他们遵守道德。凡是涉及人的社会活动内容的文艺作品，都或多或少地影响着观众（或听众）的价值观，因此，文艺作品的作者、编导、演员应该高度重视文艺作品的思想性，凡是涉及投融资活动者，都应该考虑其产生的影响。

## 三、警示机制

警示机制也能够发挥投融资道德培育的作用。总体而言，警示机制可以分3个层次建立。

### （一）刑罚层次

刑罚层次的警示机制已经建立，只是不完善。在我国刑法中，有助于培育投融资道德的罪罚规定较多，被列入犯罪行为的有：伪造货币；出售、购买伪造的货币或者明知是伪造的货币而运输；明知是伪造的货币而持有、使用；变造货币；未经中国人民银行批准，擅自设立商业银行或者其他金融机构的；伪造、变造、转让商业银行或者其他金融机构经营许可证的；以转贷牟利为目的，套取金融机构信贷资金高利转贷他人；以欺骗手段取得银行或者其他金融机构贷款、票据承兑、信用证、保函的；非法吸收公众存款或者变相吸收公众存款，扰乱金融秩序的；伪造、变造汇票、本票、支票的；伪造、变造委托收款凭证、汇款凭证、银行存单等其他银行结算凭证的；伪造、变造信用证或者附随的单据、文件的；伪造信用卡的；明知是伪造的信用卡而持有、运输的，或者明知是伪造的空白信用卡而持有、运输，数量较大的；非法持有他人信用卡，数量较大的；使用虚假的身份证明骗领信用卡的；出售、购买、为他人提供伪造的信用卡或者以虚假的身份证明骗领的信用卡的；

窃取、收买或者非法提供他人信用卡信息资料的；伪造、变造国库券或者国家发行的其他有价证券；伪造、变造股票或者公司、企业债券的；未经国家有关主管部门批准，擅自发行股票或者公司、企业债券的；证券、期货交易内幕信息的知情人员或者非法获取证券、期货交易内幕信息的人员，在涉及证券的发行，证券、期货交易或者其他对证券、期货交易价格有重大影响的信息尚未公开前，买入或者卖出该证券，或者从事与该内幕信息有关的期货交易，或者泄露该信息，或者明示、暗示他人从事上述交易活动的；证券交易所、期货交易所、证券公司、期货经纪公司、基金管理公司、商业银行、保险公司等金融机构的从业人员以及有关监管部门或者行业协会的工作人员，利用因职务便利获取的内幕信息以外的其他未公开的信息，违反规定，从事与该信息相关的证券、期货交易活动，或者明示、暗示他人从事相关交易活动的；编造并且传播影响证券交易的虚假信息，扰乱证券交易市场的；证券交易所、证券公司的从业人员，证券业协会或者证券管理部门的工作人员，故意提供虚假信息或者伪造、变造、销毁交易记录，诱骗投资者买卖证券的；单独或者合谋，集中资金优势、持股或者持仓优势或者利用信息优势联合或者连续买卖，操纵证券、期货交易价格或者证券、期货交易量的；与他人串通，以事先约定的时间、价格和方式相互进行证券、期货交易，影响证券、期货交易价格或者证券、期货交易量的；在自己实际控制的账户之间进行证券交易，或者以自己为交易对象，自买自卖期货合约，影响证券、期货交易价格或者证券、期货交易量的；以其他方法操纵证券、期货市场的。银行或者其他金融机构的工作人员在金融业务活动中索取他人财物或者非法收受他人财物，为他人谋取利益的，或者违反国家规定，收受各种名义的回扣、手续费，归个人所有的；银行或者其他金融机构的工作人员利用职务上的便利，挪用本单位或者客户资金的；商业银行、证券交易所、期货交易所、证券公司、期货经纪公司、保险公司或者其他金融机构，违背受托义务，擅自运用客户资金或者其他委托、信托的财产的；社会保障基金管理机构、住房公积金管理机构等公众资金管理机构，以及保险公司、保险资产管理公司、证券投资基金管理公司，违反国家规定运用资金的；银行或者其他金融机构的工作人员违反国家规定发放贷款的；银行或者其他金融机构的工作人员吸收客户资金不入账的；银行或者其他金融机构的工作人员违反规定，为他人出具信用证或者其他保函、票据、存单、资信证明的；银行或者其他金融机构的工作人员在票据业务中，对违反票据法规定的票据予以承兑、付款或者保证的；国有公司、企业或者其他国有单位，违反国家规定，擅自将外汇存放境外，或者将境内的外汇非法转移到境外的；明知是毒品犯罪、黑社会性质的组织犯罪、恐怖活动犯罪、走私犯罪、贪污贿赂犯罪、破坏金融管理秩序犯罪、金融诈骗犯罪的所得及其产生的收益，为掩饰、隐瞒其来源和性质，提供资金账户，或协助将财产转换为现金、金融票据、有价证券，或通过转账或者其他结算方式协助资金转移，或协助将资金汇往境外，或以其他方法掩饰、隐瞒犯罪所得及其收益的来源和性质的；以非法占有为目的，使用诈骗方法非法集资的；有下列情形之一，以非法占有为目的，诈骗银行或者其他金融机构的贷款：编造引进资金、项目等虚假理由的，使用虚假的经济合同的，使用虚假的证明文件的，使用虚假的产权证明作担保或者超出抵押物价值重复担保的，以其他方法诈骗贷款的；有下列情形之一，进行金融票据诈骗活动：明知是伪造、变造的汇票、本票、支票而使用的，明知是作废的汇票、本票、支票而使用的，冒用他人的汇票、本票、支票的，签发空头支票或者与其预留印鉴不符的支票，骗取财物的，汇票、本票的出票人签发无资金保证的汇票、本票或者在出票时作虚假记载，骗取财物的；有下列情形之一，进行信用证诈骗活动的：使用伪造、变造的信用证或者附随的单据、文件的，使用作废的信用证的，骗取信用证的，以其他方法进行信用证诈骗活动的；有下列情形之一，进行信用卡诈骗活动的：使用伪造的信用卡，或者使用以虚假的身份证明骗领的信用卡的，使用作废的信用卡的，冒用他人信用卡的，恶意透支的；使用伪造、变造的国库券或者国家发行的其他有价证券，进行诈骗活动的。

刑罚层次的警示机制不完善之处是对民间集资活动的合法与违法、罪与非罪的界限缺乏具体规定。浙江东阳的吴英案件比较典型。应该颁布专门的《民间投融资条例》或者《民间投融资法》，详细规定民间资金的融出主体、融入主体的范围、融出融入资金的金额上限、融出融入资金的具体用途、利率上下限等，使民间投融资参与者有具体标准遵循，以免触犯法律。

### （二）行政层次

对于投融资活动中的违规行为，由政府监督管理部门进行处罚，以警示其他人遵守投融资道德规范。行政层次的警示机制业已形成并正在发挥作用。

例如，2010年4月9日，中国证监会发出《行政处罚决定书》，对光明家具董事长等4人进行了行政处罚，原因是董事长与某公司谈判，签署了关于债务重组的协议，以避免光明家具股票退市。董事长的妻子和姐姐以及副总经理获知此内幕信息后，大量购入光明家具股票，获取暴利。中国证监会经调查核实后，决定没收4人的违法所得，并予以罚款。

行政层次的警示机制不完善之处是对违规行为发现较晚。应该在监管手段方面提高技术含量，做到及时跟踪，及时制止违规行为。

### （三）自律层次，包括行业协会自律与企业自律，其中主要是企业自律

行业协会自律层次的警示机制不完善之处是威慑力不够强。企业自律层次的警示机制不完善之处是宣传不到位、制度流于形式、对高级管理者监督不严。行业协会应该在追究责任方面加大力度，增强对违反投融资道德规范人员的威慑力，使其增强投融资道德意识，遵守道德规范。企业要做好宣传学习工作，在发生违规事件后进行严肃处理，同时通过集体决策制度和公开透明制度来约束高级管理者。

# 第四节　有关投融资道德标准的几个争议问题

## 一、环保与就业应作何选择

假如投资创办一家企业，能够解决多人就业问题，但是该企业生产的产品对环境造成严重污染，例如空气污染、水质污染、土壤污染、噪声污染等。那么，投资创办该类企业是不道德行为还是道德行为？如果不允许投资创办该类企业，或者创办之后责令其关门停业，那么会导致一些人失业。有的污染型企业是大企业，员工可达上千甚至上万人。如果要增加就业或者稳定就业队伍，那就要污染环境，造成雾霾天气，导致水质恶化，严重剥夺更大人群的生命权和健康权，连同那些在污染型企业就业的人也深受其害。环保与就业，该选哪一样才是道德的？

有一种观点认为：生存是大事，先要保证活着，应该把就业放在第一位，其次才考虑环保问题。不妨称此观点为“就业优先论”。如果政府官员持有这种观点，那么，污染型企业就有可能持续存在。“就业优先论”听起来很美，

似乎有道理，但是在理论上站不住脚，在实践中十分有害。

首先，以就业为名保护污染型企业在逻辑上说不通，因为，如果按照这个逻辑，那么毒品制造与销售也有存在的理由，而且如果发展毒品业，其解决就业的人数将会超过污染型企业，因为毒品销售市场前景广阔，要把这个产业做大非常容易，不但能够解决很多人的就业问题，而且还能够大幅度提高 GDP（国内生产总值）增长率。依次类推，色情产业、赌博业也能够解决大量人口就业问题。难道说，应该允许投资发展毒品产业、色情产业、赌博业吗？显然不可以。所以说，以就业为名保护污染型企业的想法是极其荒谬的。

其次，污染型企业不是唯一的就业渠道。禁止投资污染型企业、关闭污染型企业就等于不让这些企业的就业人员生存，就会导致这些人不能活下去的观点，是只看树木，不看森林。污染型企业消失了，但是节省了劳动力和物质资源用于那些对人类有利的产业，优化了资源配置，这难道不是我们追求的吗？人们完全可以另谋出路，在他处就业，照样生存，而且会活得更好。有人会说，哪有说的那么容易，要去哪里就业？难道离开污染型企业，人类就要灭亡了吗？如何让污染型企业员工重新就业，那是当地政府部门应该考虑的问题，而且一定有办法解决。

最后，为了维持就业而让污染型企业继续生存，从整个社会看，得不偿失，弊大于利。因为，如果危害人们的生命和健康，生存质量严重下降，那么活着也是遭罪，没有幸福可言。

因此，以生存第一为理由而允许投资创办污染型企业，以及允许这类企业继续营业，是不道德的行为。

## 二、“搭消费品便车”

“搭消费品便车”是指以下一种行为：

第一步，确定哪些消费品是属于生活必需品，人们离不开，或者虽然不属于必需品，但是属于消费者喜欢、消费量大的消费品。生活必需品和消费者喜爱的消费品均具有消费量大且稳定的特点，不妨称其为“A 类物质”。

第二步，确定哪些物质可以堂而皇之掺进“A 类物质”之中。例如，以“消费者喜欢吃白面馒头”为理由，向小麦面粉中掺进增白剂；以“消费者喜欢红色”为理由，向食品中掺进能够增加红色的物质（例如把辣椒染红，把猪肉染红，把冰激凌染红等）；以“消费者喜欢吃瘦猪肉”为名，在猪饲料中掺杂瘦肉精；以治病为理由给食用动物过度服用抗生素等。还有防腐剂、膨大剂、三聚氰胺、增稠剂、发泡剂、清香剂之类，五花八门。不妨称此类物质为“B类物质”。

**【相关链接】三聚氰胺限量值**

中华人民共和国卫生部　中华人民共和国工业和信息化部　中华人民共和国农业部　国家工商行政管理总局　国家质量监督检验检疫总局

公　告

2011年　第10号

三聚氰胺不是食品原料，也不是食品添加剂，禁止人为添加到食品中。对在食品中人为添加三聚氰胺的，依法追究法律责任。三聚氰胺作为化工原料，可用于塑料、涂料、粘合剂、食品包装材料的生产。资料表明，三聚氰胺可能从环境、食品包装材料等途径进入到食品中，其含量很低。为确保人体健康和食品安全，根据《食品安全法》及其实施条例规定，在总结乳与乳制品中三聚氰胺临时管理限量值公告（2008年第25号公告）实施情况基础上，考虑到国际食品法典委员会已提出食品中三聚氰胺限量标准，特制定我国三聚氰胺在食品中的限量值。现公告如下：

婴儿配方食品中三聚氰胺的限量值为1mg/kg，其他食品中三聚氰胺的限量值为2.5mg/kg，高于上述限量的食品一律不得销售。

上述规定自发布之日起施行。乳与乳制品中三聚氰胺临时管理限量值公告（2008年第25号公告）同时废止。

二〇一一年四月六日

第三步，投资创办企业，生产或者销售“B类物质”，专门供应“A类物质”生产企业，稳赚利润。

那么投资创办“B类物质”生产或销售企业的“搭消费便车”行为是不道德行为吗？要具体问题具体分析。道德与不道德的分界，就是所生产的“B类物质”对人体是否有害，或者是否多余。有的“B类物质”虽然无害但是多余。凡是有害或者多余的，那么投资创办企业生产或销售该类物质提供给“A类物质”生产企业的行为就是不道德行为；如果所生产或销售的“B类物质”对人体是有利的，或者无利无害但是属于“A类物质”的形成所不可缺的（例如生产豆腐用的卤水），那么投资创办此“B类物质”就不属于不道德的行为。

## 三、垄断

某个领域由某个企业垄断，不允许其他投资者进入该领域投资创办新企业或者并购原企业，这是不道德的吗？还是要具体问题具体分析。界定垄断行为是否属于不道德行为，标准应该是看对消费者是否有利，而不是站在厂商角度来评价。如果垄断的目的是为了保障消费者的基本生活需求，则垄断就不是不道德行为，不垄断反而是不道德的；如果垄断对消费者不利，则垄断就是不道德行为。换言之，如果竞争对消费者有利，则推行竞争机制就是道德的，而反对竞争就是不道德的。

最典型的就是自来水供应企业。实践证明，由国有企业独家垄断某一城市的自来水供应，对该城市居民来说是有利的，因为国有企业的最大优点就是社会责任感比较强，能够把人民群众的利益放在首位。如果自来水供应由私人经营，则对居民是不利的，因为私人企业的最大特点是追求利润最大化，会千方百计提高自来水价格，舍不得投资维修自来水供应管道，舍不得投资提高水的质量。如果自来水供应实行竞争机制，则会出现企业之间采用不正当手段竞争（例如互相破坏对方的设施、在对方供应的水中投放有害物质等），而很少会用提高服务质量的办法去竞争。自来水竞争机制还会导致供水网铺设无序和浪费。所以，自来水供应如果由私人垄断或者推行竞争机制是不道德的，而由国有企业垄断是道德的。

很多产品供应应该打破垄断，鼓励竞争。例如石油产品销售（不是开采）应该打破垄断；电力供应应该统一管理，多家供应；家用电器、服装、运输工具、住房建设等都应该鼓励竞争。凡是应该竞争而不允许竞争的，是不道德的行为；凡是应该由国有企业垄断而不垄断的，也是不道德的。

## 四、增加出口额

我国从国家到地方政府都鼓励出口。凡是增加出口额的投资都是道德的吗？要具体问题具体分析。

凡是同时具备以下条件的出口企业投资都是符合道德要求的行为：

(1) 为进口而出口，或者为了清偿外债而出口，或者为了筹措外汇在国外投资创业而出口。

（2）出口品制造过程对环境没有污染。

（3）出口企业员工工资水平高于国家公布的最低工资标准。

（4）出口品价格公平合理，出口企业不必依赖退税、国家补贴就能生存。

凡是具有以下情形之一的出口企业投资都是不道德行为：

（1）为了追求 GDP 增长率目标而多余的出口。多余出口也称过度出口，是指单纯为外国人打工、用本国资源供外国享用，所赚外汇用不上，不会给出口国增加任何福利的出口。这种出口所换来的 GDP 增长对本国人民来说没有太大积极意义，仅对进口国有意义。多余出口即使为人们提供了就业机会，这种就业也没有意义。凡是不增加本国福利甚至降低本国福利的就业均无意义。

（2）污染国内环境的出口。以污染国内环境为代价的出口，得不偿失。

（3）靠低工资维持生存的出口。如果出口企业赚取的是员工工资转移形成的利润，那么这种企业的员工应该另谋职业。

（4）靠低价竞争、依赖国家退税、补贴维持生存的出口。靠国家退税和补贴来维持生存，相当于出口国补贴进口国，也就是进口国少付出口国货款，少付的部分由出口国向出口企业支付，相当于出口国把钱给外国进口商，进口商用出口国的财政资金支付出口商部分货款，进口国自己少付钱，变相赚钱。

按照 GDP 增长理论，投资、消费、净出口是促进经济增长的“三驾马车”。据此，有一种观点主张“稳定和扩大外需，促进出口额增长，以此实现 GDP 增长率目标”。为此，便不惜以牺牲环境为代价，牺牲本国资源为代价，牺牲就业人员收入为代价，牺牲财政收入为代价，过度出口，换取 GDP 增长率目标的实现。因为净出口额越大，GDP 规模越大，所以，为追求 GDP 而出口，必然会出现出口大于进口的外贸顺差现象。外贸顺差是我国外汇储备的主要来源。我国外汇储备自 1996 年 11 月突破 1000 亿美元关口（具体为 1023.06 亿美元）以来，各年末的外汇储备规模为：1996 年 1050.49 亿美元，1997 年 1398.90 亿美元，1998 年 1449.59 亿美元，1999 年 1546.75 亿美元，2000 年 1655.74 亿美元，2001 年 2121.65 亿美元，2002 年 2864.07 亿美元，2003 年 4032.51 亿美元，2004 年 6099.32 亿美元，2005 年 8188.72 亿美元 2006 年 10663.44 亿美元，2007 年 15282.49 亿美元，2008 年 19460.30 亿美元，2009 年 23991.52 亿美元，2010 年 28473.38 亿美元，2011 年 31811.48 亿美元，2012 年 33115.89 亿美元，2013 年 38213.15 亿美元，2014 年 38430.18 亿美元。有一种说法，认为外汇储备合理规模为满足 3 个月进口所需外汇，以此计算，我国 2014 年平均每月出口商品总值 1633.575 亿美元，3 个月就是 4900.725 亿美元。再考虑国家干预外汇市场需要一部分机动外汇，偿还外债需要一部分外汇，出于政治战略需要而支援外国需要留一部分外汇，外商来华投资需要将利润汇出国外及有一部分外资撤离需要外汇，本国人出国留学、旅游等需要兑换外汇，出于国际经济布局需要用外汇对外投资，以及其他不可预见因素等，合计大约需要 1 万亿美元外汇储备。由此看出，我国已经不需要为增加外汇储备而出口了，应该为进口而出口，也就是进出口额大体相等，用出口所赚外汇购买我国所需要的商品。比较理想的进出口思路是：用不影响我国环境、不导致我国资源枯竭的商品，换取那些生产过程污染环境但又是我国需要的商品、我国不能生产的商品（如高科技产品、特殊水果等）、需要耗用短缺资源的商品、我国生产成本高的商品等。

## 五、为拉动经济而发展房地产业

有一种观点认为，房地产业能够拉动经济增长，因为建设房地产可以带动建材业、建筑业、装修业的发展。基于此观点，有人主张不要控制房价，不要限购房产，要鼓励开发房地产，允许住房涨价，允许人们多购房，这样就可以销售更多的住房，拉动经济增长，大幅度提高 GDP 增长率。据此，为拉动经济而发展房地产业就成了道德高尚的行为，而抑制房价、限购住房就成了不道德行为了。

如果以拉动经济增长为目的而发展房地产业，同时允许炒房，允许哄抬房价，那么这种行为是不道德行为。因为：第一，虽然经济增长了，但是房价高了，使普通居民买不起房，等于大大降低了这部分居民的福利水平；第二，允许炒房，会导致有钱人把大量资金积聚到购房中，囤积住房，导致大量资源闲置、浪费；第三，囤积房产造成表面房产销售火爆，刺激开发商大力开发住房，导致耕地逐渐变成住房基地，全国到处是闲置大楼，耕地趋于减少，导致粮食危机，不得不依赖于进口粮食，这种后果非常可怕。这样拉动的经济增长又有何用?

如果不是为了拉动经济，而是为了提高居民的福利水平去发展房地产业，那么这种行为就是道德高尚的。如何为提高居民的福利水平而发展房地产业呢？首先，严厉打击炒房行为。凡是购买住房用于个人居住，或者用于出租的，那么即使是在两个以上城市购买住房，比如在哈尔滨买一套，在海南买一套，冬天到海南住，夏天到哈尔滨住，或者在北京买一套，在杭州买一套，两地换着住，都是可以的。凡是在一个城市购买多套住房，或者在多个城市购买住房，然后闲置不用，目的就是要等房价上涨后出售获利，对这种行为应该禁止。其次，由政府出资，多建公租房给无房户，一旦无房户购置了自己的住房，就必须把公租房交还给政府。政府不应该建低价房出售，以免买房人高价转售。公租房应该主要提供给大学生或进城打工的外地人。

## 六、“法无禁止皆可为”

现在流行一种观点：“法无禁止皆可为”。此观点是矫正以前“法无规定不可为”或者“没有红头文件不可为”而推出的对立观点。关键是看如何理解“法无禁止即可为”。如果认为凡是法律没有禁止的都可以做，那就有点偏颇了。因为立法者受制于知识面的限制和实践经历的限制，不可能把所有的侵害他人利益的行为毫无遗漏地纳入法律条款之中，并且即使立法者在立法当时毫无遗漏地将全部应该禁止的行为都列入了法律条款，也会因事物的变化而出现新的侵权行为。所以，“法无禁止即可为”，应该是“法无禁止并且不损害他人利益者即可为”。

# 第五章　投融资道德风险的管理

[**开章语**] 投融资道德风险管理包括投融资道德风险的识别、投融资道德风险的估测、投融资道德风险管理目标的设定和管理方法的选择、投融资道德风险管理效果的评价等过程。整个管理过程都能够起到控制风险的作用。

## 第一节　投融资道德风险识别与估测

### 一、投融资道德风险识别

#### （一）投融资道德风险识别的含义、投融资道德风险事故的含义及其分类

投融资道德风险识别是指在投融资道德风险事故发生之前，用感知、判断或归类的方式对现实的和潜在的投融资道德风险性质及可能导致风险事故发生的潜在原因进行鉴别和分析的过程。

投融资道德风险事故是指违反投融资道德的可能性变为现实性，即发生了违反道德的事实。如果仅仅是投融资参与者存在违反道德的心理活动、思想念头，但未付诸行动，这还不能算是发生了投融资道德风险事故。只有实施了违反道德的行为，造成了事实，给相关利益方造成或正在造成一定程度的损失，才构成投融资道德风险事故。至于行为人的动机，是出于故意还是疏忽大意，不影响投融资道德风险事故是否发生的认定。

（1）按照投融资来源分类，可以把投融资道德风险事故分为财政拨款中的投融资道德风险事故，银行贷款中的投融资道德风险事故，股票发行中的投融资道德风险事故，国债、公司债、其他企业债、金融债券和可转换公司债券发行中的投融资道德风险事故、基金发行和信托计划发行中的投融资道德风险事故。

（2）按照投融资方式和投资对象分类，可以把投融资道德风险事故分为实业投资中的投融资道德风险事故、股票投资中的道德风险事故、债券投资中的投融资道德风险事故、可转换公司债券投资中的道德风险事故、基金投资中的道德风险事故、权证投资中的道德风险事故、期货投资中的投融资道德风险事故、风险投资中的投融资道德风险事故、信托投资中的投融资道德风险事故、直接融资中的道德风险事故、间接融资中的道德风险事故等。

（3）按照投融资主体划分，可以把投融资道德风险事故分为政府投融资中的道德风险事故、企业投融资中的道德风险事故、个人投融资中的道德风险事故。

（4）按照投融资地域范围分类，可以把投融资道德风险事故分为国内投融资道德风险事故、国际投融资道德风险事故。

（5）按照投融资风险事故发生的环节分类，可以把投融资道德风险事故分为投融资决策中的道德风险事故、投资项目招标中的道德风险事故、投融资项目实施中的道德风险事故、投资资金使用中的道德风险事故、投资项目竣工验收中的道德风险事故、投资项目设计中的道德风险事故、投资回收中的道德风险事故。

（6）按照投融资风险事故的原因分类，可以将投融资风险事故分为来自投资者的道德风险事故、来自贷款提供者的道德风险事故、来自证券公司的道德风险事故、来自监管者的道德风险事故、来自筹资者的道德风险事故、来自其他相关机构的道德风险事故。

投融资道德风险事故发生需要客观条件和主观条件。

主观条件比较复杂，需要根据不同的道德风险事故来判定。一般分为两种情况。一种情况是责任者故意违规，其主观条件是责任者思想素质较低，但业务素质较高，知道如何操作才能获利并且不易于被人发现。例如，银行贷款决策者收受借款人贿赂、股票发行人造假材料等就是属于这种情况。另一种情况是责任者疏忽大意，或者轻信能够避免危害的发生。例如，贷款人不对借款人进行细致调查分析，怀有侥幸心理，轻信借款人不会赖账不还款。

客观条件主要包括有机可乘、有利可得、有不受惩罚的可能性。有机可乘是指客观上给责任者提供了违反道德标准的漏洞可钻。这种漏洞可能是制度不严密，也有可能是监管不到位。有利可得是指客观上存在着利益的诱惑，吸引责任者违反道德标准。有不受惩罚的可能性，是指如果责任者手段高超，或者监管者监管不到位，有可能使责任者免于被处罚。例如，如果股票发行公司用虚假材料骗取股票发行与上市资格并且没有被发现材料作假问题，就会刺激其他公司照此办理。

### （二）投融资道德风险识别的原则

投融资道德风险识别应坚持全面性、客观性、及时性、灵活性、可测性、低成本的原则。

（1）投融资道德风险识别全面性的原则要求对每一项投融资活动所存在的道德风险进行全面识别，没有遗漏。贯彻此项原则需要识别者具有比较丰富的实践经验和洞察事物的能力。

（2）投融资道德风险识别客观性的原则要求识别者所揭示的风险具有发生的可能性，是一种客观存在，而不是主观想象、妄加猜测，增加不必要的防范成本。

（3）投融资道德风险识别及时性的原则要求识别者及时发现风险，而不是等风险事故发生后措手不及，造成巨大损失。

（4）投融资道德风险识别灵活性的原则要求识别者与时俱进，不受传统思维的束缚，根据变化了的环境和条件识别新时期的风险。

（5）投融资道德风险识别可测性的原则要求识别者对风险发生的概率能够估测，对可能造成的损失也能预见和量化。不可测的风险对风险管理意义不大。

（6）投融资道德风险识别低成本的原则要求识别者未识别风险所投入的人力、物力、财力降到最低限度，其成本至少应该低于风险可能带来的损失。

### （三）投融资道德风险识别的基本方法

#### 1. 调查法

风险识别者可以选择实践经验比较丰富的投融资实践者和研究者，采用面对面访谈、问卷调查、通信方式调查等形式调查投融资道德风险发生的可能性和发生的环节，以帮助识别者理清投融资道德风险的种类和发生的可能性。

**2. 历史经验法**

风险识别者可以收集某一投融资活动领域历史上已经发生的道德风险事故，分析其发生风险事故的原因和条件，对比分析现在的环境和条件，预测未来该投融资领域发生道德风险的概率，同时，对于目前已经发生的风险事故判别其性质和发生的原因。

**3. 专家讨论法**

机构投融资者可以邀请内行专家对某一投融资领域的道德风险种类和发生的可能性进行讨论，以帮助机构投融资者识别其投融资领域的道德风险。如果是个人投融资者，则可与其信任的某一专家进行一对一的讨论。

## 二、投融资道德风险估测

### （一）投融资道德风险估测的含义

投融资道德风险估测包括投融资道德风险事故发生可能性的估测和发生风险事故后可能造成的损失范围和损失规模的估测。

### （二）投融资道德风险估测的方法

**1. 投融资道德风险事故发生可能性的估测**

对投融资道德风险事故发生的可能性进行估测，一般采用历史经验法和条件法。

历史经验法具体又分为主体法与事件法。主体法是指根据相关主体历史上发生过的道德风险事故的频率和金额来判断该主体未来发生道德风险事故的可能性。例如，某甲拟向某乙借款 10 万元，承诺 2 年期满一次性还款。根据某乙掌握的信息，某甲近 10 年内曾有两次以“忘记了”为借口逾期不还款的经历，欠款金额占应还款金额的比例为 100%。基于此，某乙可以给来自某甲的道德风险事故发生可能性赋值为 1 或者是 100%。事件法是指根据某投融资事项历史上发生过的道德风险事故的频率和金额来判断该事项未来发生道德风险事故的可能性。例如，站在商业银行的角度，根据历史经验对个人住房贷款的道德风险进行估测，加入近 10 年中个人住房贷款共发放 100 亿元，其中到期赖账不还的有 1 亿元，则可初步估测未来个人住房贷款道德风险事故发生可能性为 1%。

条件法是指根据道德风险事故发生的条件来估测投融资道德风险事故发生的可能性。例如，站在投资者的角度看，投资某一只股票，发生道德风险事故的条件可以至少概括为三项，只要具备其中一项，即可发生道德风险事故：第一项条件是该股票有主力机构操纵股价，并且做短期投资；第二项条件是该股票发行人曾经有不及时披露信息或披露虚假信息的行为，今后难以保证该发行人会改正；第三项条件是该股票发行人管理层热衷于资本运作，实体经营无方，其经营的企业不曾有过辉煌业绩，今后也没有什么实体发展计划。

**2. 投融资道德风险事故可能损失额的估测**

从广义上说，投融资道德风险事故可能损失额分为直接损失额与间接损失额。间接损失额不易测算，且比较复杂，所以这里只探讨直接损失额的估测。此处所称损失是尚未发生而有可能发生的损失，不是实际发生的损失，因为实际发生的损失只要计算，不必估测。

投融资道德风险事故可能损失额的估测方法因具体投资和融资项目而异。即使对于同一项目投资，也要分具体情况。例如对于股票投资，如果投资者在 20 元价位上买入一只被操纵的股票，该股票在被狂拉价格之前长期处于 5 元左右价位上小幅波动，则该股票来自股价操纵风险的可能损失额可以估测为每股 15 元，因为 20 元是该投资者的成本线，5 元是股价可能被“打回原形”的位置。如果股票投资风险来自上市公司披露虚假信息被曝光，则股价受此影响的力度一般在 3 个跌停板范围内。再如民间借贷，道德风险事故可能损失估测值可以定为全部欠款余额，因为根据各地经验，民间借贷一旦发生了道德风险事故，则往往表现为欠债者拒还所有欠债余额。

## 第二节　投融资道德风险管理目标与方法

### 一、投融资道德风险管理目标

投融资道德风险管理目标其实也是整个投融资风险管理的目标，或者说与投融资其他风险管理目标是一致的。投融资道德风险管理总的目标是以最小的管理代价获得最理想的风险管理效果。风险管理效果表现为资金损失额的大小。损失越小，表明管理效果越好。

为了实现总目标，需要设定一些具体目标，如表 5 - 1 所示。

表 5－1　　投融资道德风险管理具体目标

| 投融资项目 | 道德风险管理具体目标 |
| --- | --- |
| 实业投资 | ①投资无浪费，造价合理；②项目按期竣工投入使用；③工程质量满意；④投资成本按期收回，投资收益等于或高于预期；⑤若发生道德风险事故，能够及时发现、及时处理、损失最小 |
| 股票投资 | ①及时获得与所持股票相关真实信息；②保本；③一旦发生道德风险事故，损失最小；④损失能够得到补偿；⑤收益率超过同期银行储蓄存款利息率 |
| 债券投资 | 投资本息全部收回 |
| 可转换公司债券投资 | ①若持有债券到期，则本息全部收回；②若转股，转股价值大于可转换公司债券市场价值；③若持有可转换公司债券，保住投资成本 |
| 证券投资基金投资 | ①保住投资成本；②投资收益率超过同期银行储蓄存款利息率 |
| 风险投资 | ①不被目标企业所欺骗；②投资不因目标企业道德因素而收不回；③及早发现道德风险事故发生的危险，及早回避或者减少风险损失 |
| 私募股权投资 | ①不被欺诈；②及早发现道德风险事故发生的危险，及早回避或者减少风险损失 |
| 理财产品投资 | ①不被欺诈；②保本；③收益率超过同期银行储蓄存款利息率 |
| 信托投资 | ①了解道德风险点；②及时发现道德风险事故发生的苗头；③保本金；④实现预期投资收益率 |
| 对外放贷 | 贷款本金和利息能够按期收回 |
| 购买保险 | 保险事故发生时能够及时足额地获得保险金 |

## 二、投融资道德风险管理方法

### （一）风险预警

狭义的投融资道德风险预警是指投融资道德风险事故将要发生而未发生时向风险管理者传递出来的某种信号；广义的投融资道德风险预警是指将要发生道德风险事故及已经发生道德风险事故但尚未证实或揭示时向风险管理者传递出来的某种信号。这种信号可以是某一数字指标，也可以是某一现象。本书使用广义的概念。

不同的投融资项目或行为有不同的预警信号。这些信号需要风险管理人掌握规律，积累经验，善于透过现象看透本质，具有高度的敏感性，对事物发展趋势有准确的把握。有的预警信号带有迷惑性，给风险管理者展示的是虚假信号。例如，在股市中的股票价格操纵者要在高价区域出货时，会采用“骗线手法”，即让价格轨迹走出一种“持续整理形态”，令投资者以为整理结束之后股价继续上涨而买入该股票，价格操纵者则趁机出货。比较典型的“骗线”形态是“头肩底”。按照形态理论，“头肩底”的右肩比左肩高，此形态完成之后，股价将会继续上涨，而“头肩顶”的右肩比左肩低，此形态完成之后，股价将会下跌。于是股价操纵者故意在高价位构筑一个“头肩底”形态，中小投资者不知是圈套，根据形态理论买入该股票，追求股价上涨收益，但股价操纵者趁机大量抛售股票，之后股价一路下跌，中小投资者被套在高位，损失惨重。所以，对于来自股价操纵的股票投资道德风险，应结合股价前期涨幅和顶部形态来判断股价走势图形发出的是否属于预警信号。有的信号能够直接反映投融资道德风险。例如，有的投资理财公司与银行员工相互勾结，向储蓄客户推销一款理财产品，收益率达20%以上，但是客户交款后拿到的收据落款和印章并非该银行，这是明显的道德风险预警信号。再如，在贷款业务中，某一还款期内借款人提出还款延期申请，这本身构成一个预警信号。风险预警信号具体如表5－2所示。

**表5－2　投融资道德风险预警信号**

| 投融资事项 | 道德风险预警信号 | 风险内容 | 风险来源 | 损失承担者 |
| --- | --- | --- | --- | --- |
| 实业投资 | 1. 概预算超支；<br>2. 发现工程质量低劣；<br>3. 现场检查发现劣质建材；<br>4. 监管发现工程转包现象 | 1. 项目审批人受贿；<br>2. 工程施工偷工减料；<br>3. 建材采购吃回扣；<br>4. 施工招标受贿 | 1. 项目审批人；<br>2. 工程施工者；<br>3. 建材采购人；<br>4. 招标决策者（含中介机构） | 投资人 |
| 私募股权投资 | 1. 私募股权投资亏损；<br>2. 私募股权投资不能分红 | 1. 私募股权投资基金管理人携款跑路；<br>2. 投资目标企业管理人携款跑路或侵吞资金 | 1. 私募股权投资基金管理人；<br>2. 投资目标企业 | 1. 投资人；<br>2. 基金管理人 |

续　表

| 投融资事项 | 道德风险预警信号 | 风险内容 | 风险来源 | 损失承担者 |
|---|---|---|---|---|
| 风险投资 | 1. 风险投资亏损；<br>2. 风险投资未按计划收回 | 1. 风险投资人不尽责；<br>2. 投资目标企业不尽责或欺诈 | 1. 风险投资人；<br>2. 投资目标企业 | 1. 原始投资人；<br>2. 风险投资人 |
| 信托投资 | 1. 信托资金最终投资对象盈利水平不达计划标准；<br>2. 信托投资者未能获得承诺的收益率 | 1. 最终投资对象虚构；<br>2. 最终投资对象收益水平造假；<br>3. 投资者代理人受贿；<br>4. 信托人贪占信托资金 | 1. 最终投资对象管理者；<br>2. 信托人；<br>3. 投资者代理人 | 1. 投资人；<br>2. 信托人 |
| 股票投资 | 1. 股价暴涨 100% 以上；<br>2. 股票发行公司上市后每股收益为负数；<br>3. 政策出台前有传言 | 1. 股价操纵者引诱投资人买股，然后打压股价；<br>2. 股票推荐人欺诈投资者；<br>3. 股票发行人造假、挥霍投资资金，不认真经营企业；<br>4. 政策制定者未真正为投资者着想；<br>5. 政策建议者提出对投资者不利的建议被采纳 | 1. 股价操纵者；<br>2. 股票发行人；<br>3. 股票荐股人；<br>4. 政策制定者；<br>5. 政策建议者 | 股票投资者 |
| 企业债券投资 | 债券发行后企业出现亏损 | 1. 债券发行时披露虚假信息；发行后企业不尽责；<br>2. 债券发行时评级造假 | 1. 债券发行人；<br>2. 债券评级者 | 债券投资者 |
| 证券投资基金投资 | 证券投资基金净值低于面值 | 1. 证券投资基金管理人建老鼠仓；<br>2. 证券投资基金管理人不尽责 | 1. 证券投资基金管理人；<br>2. 证券投资基金投资对象的发行人；<br>3. 价格操纵者 | 证券投资基金持有者 |

续 表

| 投融资事项 | 道德风险预警信号 | 风险内容 | 风险来源 | 损失承担者 |
| --- | --- | --- | --- | --- |
| 金融衍生品投资 | 1. 基础资产价格下跌；<br>2. 基础资产信用出现异常；<br>3. 金融衍生品价格下跌 | 1. 基础资产所有者或运营者违约；<br>2. 基础资产投资者打压价格；<br>3. 金融衍生品设计者和销售者欺诈；<br>4. 金融衍生品评级欺诈 | 1. 基础资产所有者和运营者及投资者；<br>2. 金融衍生品设计者；<br>3. 金融衍生品销售者；<br>4. 金融衍生品评级者；<br>5. 价格操纵者 | 金融衍生品投资者 |
| 理财产品投资 | 1. 理财产品出售者失踪；<br>2. 理财产品投资对象出现异常（如股票或房产价格下跌）；<br>3. 理财产品信息被封闭 | 1. 理财产品因欺诈而造成本金损失；<br>2. 理财产品因运营者不尽责而收益率低于预期 | 理财产品设计者、销售者和运营者 | 理财产品投资者 |
| 存贷款业务 | 1. 银行经营状况恶化；<br>2. 银行内部管理不规范；<br>2. 借款人经营状况恶化 | 1. 银行拒绝客户支取存款；<br>2. 客户存款被转移；<br>3. 借款人逾期欠款 | 1. 银行；<br>2. 犯罪嫌疑人；<br>3. 借款人 | 1. 存款客户；<br>2. 贷款银行 |
| 保险业务 | 1. 保险人对理赔不积极；<br>2. 投资连结险和分红险收益率变动信息封闭；<br>3. 保险代理人不及时交付保险单；<br>4. 人身险事故发生早 | 1. 保险人逾期不支付赔偿金；<br>2. 保险人不支付分红金额；<br>3. 保险代理人私吞保险费；<br>4. 受益人故意制造保险事故 | 1. 保险人；<br>2. 保险代理人；<br>3. 受益人 | 1. 保险受益人；<br>2. 保险人 |
| 融资租赁业务 | 承租人经营状况恶化 | 承租人拒绝支付租金 | 承租人 | 出租人 |

续　表

| 投融资事项 | 道德风险预警信号 | 风险内容 | 风险来源 | 损失承担者 |
| --- | --- | --- | --- | --- |
| 担保业务 | 1. 抵押物和质物市值降至估价以下；<br>2. 借款人经营状况恶化或发生不利事件；<br>3. 保证人担保能力下降 | 借款人和保证人逾期拒绝还款 | 1. 借款人；<br>2. 保证人 | 1. 保证人；<br>2. 放贷人 |
| 典当业务 | 当物市场价值下降后低于估价金额 | 当户拒绝赎当，而当物售价低于当金本息和费用之和 | 当户 | 典当行 |

（二）风险转移

投融资道德风险转移是指将投融资道德风险损失转移给其他人承担。投融资道德风险转移的难度较大，也很难完全转移。可以采取的转移方式主要有保险转移和出售转移。

保险转移是将风险损失转移给保险人，实际是转移给投保人。投融资道德风险属于投机风险，而不属于纯粹风险，所以通过保险方式转移风险的渠道较少，可以利用的保险是存款保险。存款保险的受益人是存款客户，投保人是吸收社会存款的金融机构，主要是商业银行、信用社。保险人是办理存款保险业务的保险机构。当吸收存款的金融机构因借款人逃避还款责任而产生大量不良贷款，最终导致金融机构产生支付危机，或者因金融机构本身管理者不尽责而导致亏损的情况，同样导致支付危机时，由保险机构负责赔偿存款客户一定金额的损失。投保存款保险应该注意保险责任范围。对于存款客户而言，存款保险属于被动转移风险的方式，而不是主动的风险管理方式，因为投保人不是存款客户，而是银行等吸收存款的机构。

出售转移是指投融资主体预见到道德风险事故可能发生时，将投融资对象有偿转让给他人的风险管理方式。例如，股票或债券的投资者预见到可能发生道德风险事故导致股价大跌或者债券到期本息难以收回，及早把股票或债券卖出，把风险转移给股票或债券的买者。

### （三）风险防范

投融资道德风险的防范不仅仅是投融资主体的事情，而是应该建立一个全社会的防范体系。所谓全社会，至少是一个全国的概念，力争在全球建立一个比较完整的防范体系。从一个国家的视角看，投融资道德风险防范体系包括法律引导和威慑、政府引导和监管、行业协会引导和约束、中介机构受托调查审核与监理、投融资主体内部风险管理等。在全球建立投融资道德风险防范体系需要一个渐进而漫长的过程，可以逐渐扩大投融资道德风险防范体系的外围，包括建立双边协调防范的合作关系、多国协议防范的合作关系、区域性（如欧元区）协调防范的合作关系、由一个国际性组织（如国际货币基金组织）牵头的风险防范合作关系等。

对投融资主体来说，防范投融资道德风险主要靠自己，其他都是外部因素，而外部因素是自己难以左右的。更何况，若发生投融资道德风险事故，受损失最大的还是自己，所以作为投融资主体，应该采取积极主动的态度和切实有效的措施防范投融资道德风险。

每一类投融资活动都有独特的风险防范要求。此处仅从投融资主体角度论述其应该采取的带有共性或称一般性的风险防范措施。

首先，要熟悉投融资规则并遵守规则。这些规则包括法律规定、行业规定、业务规则等。了解并遵守规则，会降低风险发生的概率。例如，借钱给他人，要签订借款合同或者借款协议，以防范借款人过后赖账。再如，购买股票要通过正规证券公司，通过合法的证券交易系统购买，以防范假中介骗取钱财。

其次，不要贪。所谓贪，是指相信天上掉馅饼，妄想不付出任何代价获取收益或以小成本套取大收益。

再次，要了解投资对象或借款人信息。知己知彼方能百战不殆。如果在不掌握投资对象和借款人信息的情况下盲目决策，发生道德风险事故损失的概率就高。

最后，要制定科学严密的投融资操作方案和原则并严格遵守。例如股票投资者坚持不卖高价股票、不买亏损股票、不买净资产值低于面值的股票、不买本轮行情中价格已经上涨 100% 的股票等原则，就会在很大程度上避免来自股价操纵者的道德风险。

### （四）风险控制

狭义的风险控制仅指“事后控制”，是指在投融资道德风险事故发生后采取措施避免发生更大损失，实际是对投融资道德风险事故的处理。广义的风险控制包括事前控制、事中控制和事后控制。此处取狭义。

按照采取措施的主体不同可以分为政府控制、企业控制和个人控制。

（1）政府控制的主要措施是收购出事故的企业、追究肇事者的责任、叫停肇事者的行为等。

（2）企业控制的主要措施是停止相关的投融资行为、申请法院对肇事者财产采取保全措施、报警、起诉肇事者、索赔等。

（3）个人控制的主要措施是停止相关的投融资行为和报警。个人索赔比较困难，因为个人势单力孤，索赔效果不尽如人意。如果受害者人数众多，可以联合起来委托律师起诉索赔。

## 第三节　投融资道德风险管理效果的评价

### 一、成本效益评价

成本效益评价就是计算投融资道德风险管理过程中付出的成本和收到的效果，进行成本与效益的比较，以判断风险管理效果是否为优。用关系式表示为：

成本效益比 = 效益/成本

如果能够事先计算成本效益比，则可从中寻找单位成本效益最高的方案；如果事后计算，则可总结经验教训，以对风险管理思路进行调整。

投融资道德风险管理成本分为资金成本、时间成本和劳务成本。资金成本包括为投融资道德风险管理而发生的直接资金支出和购买实物支出，不含投融资金额本身。例如，购买资讯信息的货币支出、支付互联网服务费的支出、缴纳保险费的支出、支付律师服务费的支出等均属于直接资金支出。购买电子计算机的支出属于购买实物的支出，属于间接资金支出。时间支出是为投融资道德风险管理而付出的时间代价。例如，投融资主体为了降低风险而进行调研、分析、索赔等活动而花费的时间。个人投资者之所以不愿意进行诉讼活动，主要原因是没有闲暇时间。劳务成本是指投融资主体从事投融资道德风险管理而付出的体力劳动和脑力劳动。在进行风险管理效果分析时，可以将时间成本转化为机会成本，即因进行风险管理而花费的时间若用于营利活动能够带来的收入，换言之就是因进行风险管理而放弃的收入。资金成本与时间成本之和可以作为成本效益比的分母项。劳务成本可用于辅助分析。

投融资道德风险管理效益包括投融资收益和减少的风险损失，两者无法相加，可以分别计算成本收益比和成本减损比。

成本收益比和成本减损比越高，说明投融资道德风险管理效果越好；反之，成本收益比和成本减损比越低，说明投融资道德风险管理效果越差。

## 二、规则功能评价

规则功能评价是指对投融资道德风险管理规则发挥的实际作用进行的评价。广义的投融资道德风险管理规则包括政府监管部门的相关规章、国家法律法规和地方法规、投融资相关行业自律规则、投融资机构内部风险管理制度、投融资个人的风险管理规则等。狭义的投融资道德风险管理规则仅指投融资机构的内部制度和个人的规则。

对投融资主体而言，能够控制的是自己制定的规则，所以对自己制定的规则进行功能评价具有更为积极的意义。

投融资机构进行规则功能评价的重点是制度的可操作性和严密性及实施程度。可操作性评价的重点是操作起来是程序简便还是烦琐，是便利化还是使人感到麻烦、不愿意按照制度操作，操作后是否起到了应有的作用。严密性评价的重点是有无空子可钻，有无漏洞、死角。实施程度评价的重点是制度是否为摆设，是否没有被完全执行、落实。

投融资个人进行规则功能评价的重点是自己制定的规则是否正确，规则是否被执行，执行结果是否有效防止了风险损失的发生。

## 三、敏感性评价

投融资道德风险的敏感性有三个含义。第一个含义是指投融资道德风险事故发生的容易程度。如果稍有不慎就会发生投融资道德风险事故，则称为“敏感性强”。有的投融资道德风险敏感性很强，例如民间借贷容易发生欠钱不还的情况，使借出资金的一方发生损失；商业银行小企业贷款容易产生不良贷款，所以商业银行发放小企业贷款的积极性不高。敏感性强的投融资道德风险在管理上难度较大。敏感性的第二个含义是投融资项目或形成的资产对风险触发事件的反应灵敏度。例如，某投资者以100元每股价格买入某股票10万股，该股票价格在本轮行情中从5元每股一路涨到100元以上每股。触发股价暴跌的事件包括主力机构操纵股价，在高价位出货后连续打压股价；上市公司披露虚假利好信息，后被媒体曝光真相；上市公司控股股东掏空上市公司，利空信息被曝光，等等。股价越高，其对利空事件的反应（股价暴跌）越灵敏，给投资者造成的损失越大。敏感性的第三个含义是投融资主体对投融资道德风险事故的反应程度。如果投融资道德风险事故尚未发生，但已有预兆，而投融资主体对此预兆反应敏感，预见到可能发生道德风险事故，从而及早采取预防措施，则称为该投融资主体对投融资道德风险敏感性强。

## 四、人员素质评价

人员素质评价的对象主要是投融资道德风险管理者，可以拓展至投融资活动所涉及的所有主体。对投融资道德风险管理者素质进行评价的主要目的是分析人员素质与投融资道德风险管理效果之间的关系，找出人员素质中存在的缺陷，以便采取培训或者换人等提高素质的措施，进一步提高投融资道德风险管理效果。对投融资活动主体的素质进行评价的目的是分析相关主体与投融资道德风险事故之间的关系，以便以后根据相关人员素质调整投融资活动方案，降低投融资道德风险事故发生的可能性。作为投融资个人主体，既要了解自己的长处与短处，加强学习，提高自己的素质，也要了解对手方的为人和水平，以便做出正确的投融资决策。

## 五、长期效应评价

有些投融资道德风险管理措施在短期内可能看不出明显效果，但是不能因此而放弃，应该分析其长期的管理效应。例如对投融资道德风险管理者进行培训、加强投融资主体自身的学习，对交易另一方进行调查等，其投融资道德风险管理短期效果可能不明显，但是可能产生良好的长期效应。如果长期效应也比较悲观，则可考虑改变措施。有些投融资道德风险管理措施在短期内效果突出，但是其效果可能缺乏可持续性，因此需要后续措施跟上。例如，通过起诉途径催收贷款可能一时奏效，但并非长久之计，其效果可能缺乏可持续性，需要采取具有长期良好效应的其他措施。

# 第六章　存贷款中的道德风险

［**开章语**］存贷款属于融资活动。存贷款中的道德风险是常见的、影响最为普遍的道德风险。本章所称的存款仅限于企事业单位和个人存于依法具有吸收社会公众存款资格的金融机构的存款，该类机构包括商业银行和信用社。各类金融机构存于中央银行的存款、各级政府存于商业银行的存款，由于其面临的道德风险极小，所以不在本章讨论范围。本章所称的贷款仅限于商业银行和信用社发放的贷款（含贴现）、贷款公司和小额贷款公司发放的贷款、民间借贷中的借出款、政策性银行发放的贷款、保险公司发放的贷款。中央银行向金融机构发放的贷款及金融机构同业拆借由于道德风险低，故不在本章讨论范围。融资融券中的融资相当于贷款，放在股票投资道德风险中阐述，也不在本章讨论范围。本章所称的道德风险对存款而言是站在存款客户角度而言的，是指由于有关主体的不道德行为而给存款客户造成损失的可能性；对贷款而言是站在资金借出方和担保方而言的，是指由于相关主体的不道德行为而给资金借出方和担保方造成损失的可能性。

## 第一节　存款中的道德风险

### 一、存款中道德风险的来源

（一）来源于金融机构的风险

**1. 来源于金融机构单位的风险**

在存款业务中，来源于金融机构单位的道德风险是指由于金融机构管理不尽责或者采取了损人利己行为而给存款客户造成损失的可能性。

金融机构管理不尽责通常有 8 种情形。

第一种情形可称之为“放任技术缺陷”，即金融机构的技术手段存在漏洞，但是疏于修补或者无力修补，却不对客户提示风险，给客户造成损失后拒不赔偿，逃脱责任。

第二种情形可称之为“放任制度缺失”，即金融机构内部制度缺失，给不法分子以可乘之机，从而使存款客户遭受存款损失。

第三种情形可称之为“放任不当管理”，即金融机构内部有制度但执行不严格，对此单位习以为常，管理松散，从而给存款客户带来损失。

第四种情形可称之为“欺骗式营销”，即金融机构推出新产品、新业务，或者代销其他金融机构产品，产品和业务的流程设计存在问题，或者产品本身存在低收益甚至亏损的风险，但是金融机构为了推销产品，夸大收益，隐瞒风险，引诱客户投入资金，从而给客户带来损失。

第五种情形可称之为“不计后果诱多”，即金融机构为了吸收存款而采用高息揽储措施，导致经营成本上升，利润下降，最后亏损，濒临倒闭，发生支付危机，客户取款困难。

第六种情形可称之为“出资决策不慎”，即金融机构经营不谨慎，盲目放贷或投资，造成亏损，难以持续经营，导致存款支付危机。

第七种情形可称之为“借助薪酬圈钱”，即金融机构采用高薪制度，特别是高级管理人员薪酬过高，将金融机构掏空，从而给存款客户造成损失。

第八种情形可称之为“恶意转移存款”，即金融机构暗地转移存款，导致金融机构破产倒闭，从而给存款客户造成损失。转移存款有两种情况，一种是把客户存款转移给他人谋利，本单位从中分成，最后存款收不回来；另一种情况是私人银行业主将存款转移他处（例如国外）自己账户中，侵占客户存款。

**2. 来源于金融机构内部人员的风险**

来源于金融机构内部人员的道德风险是指由于金融机构内部人员个人道德原因给存款客户造成损失的可能性。

在存款业务中，来源于金融机构内部人员的道德风险主要有 4 种情形。

第一种情形可称之为“失职祸及客户”，即金融机构员工自己失职，操作不细心，给存款客户造成损失。例如，客户到银行新开存款账户，存入一笔 3 年期、本金 5 万元的定期存款，银行经办人责任心不强，心不在焉，忘记在纸质“定期一本通”存折上加盖公章，客户也没有注意。3 年后，客户到银行取款，当年经办人员已经辞职不知所踪。由于存折上无公章，现在的银行经办人认定存折是假的，拒绝客户取款，由此发生纠纷。虽然后来经查实后，银行付给了客户存款，但是给客户造成了时间损失和精神损失。

第二种情形可称之为“贪污客户存款”，即金融机构内部人员盗取客户密码，或者伪造公章、私章等，将客户存款取出归为己有，或者将客户存款汇入自己在其他金融机构的账户。

第三种情形可称之为“挪用客户存款”，即金融机构内部人员将客户存款转至自己或亲属朋友开办的企业，或者转贷给他人，或者用其炒股票、炒期货甚至赌博、还债等。

第四种情形可称之为“欺骗式营销”，即金融机构内部人员为了多得销售提成，在客户不知情的情况下将客户存款变成保险费，实际是向客户推销保险单，或者夸大收益，将收益率不确定甚至不保本的理财产品卖给客户，使客户遭受本金损失和利息损失。

**[知识库] 什么是“飞单”**

“飞单”是指银行个别员工在利益驱使下与社会人员内外勾结，私自销售非本行总行自主发行的理财产品、非本行总行授权和签订代销协议的私募基金等第三方机构理财产品的违规行为，此类行为部分涉嫌非法集资。

如何辨别“飞单”以免上当受骗?

(1) 分清楚理财产品是银行自己的还是银行代销的，如果是银行自己的，是否属于正规产品，查询办法就是看该产品有没有唯一的产品编码，该编码能否在中国理财网查到，如果有多个编码或者在理财网查不到，就是假的。如果是银行代销的，要看银行网点有没有公示的代销产品清单，如果没有，就有假产品嫌疑。“飞单”多出现于代销产品中。银行代销的产品主要有基金、贵金属、私募、信托、保险等。因为是代销，产品盈亏都由管理公司负责，银行多不担负责任。

(2) 关注购买理财产品的资金有没有进入银行账户。凡是被要求向个人或第三方公司账户转账或汇款的，都有诈骗嫌疑。客户在银行购买理财产品均须通过柜面或自助渠道进行认申购操作，要注意查看业务办理回执中的汇款账户明细。

(3) 对高额收益的宣传要保持清醒头脑。如果推销者告诉客户：收益率是同期储蓄利率的多倍，客户就要警惕了。什么样的投资项目能提供那么高的收益率？这里面必有猫腻。骗与贪是一对“好兄弟”，受骗往往是因为太贪。

(4) 对任何理财产品，都要了解清楚其投资具体用途是什么、是否保本、收益率是否确定、多长期限、由谁操作、有哪些风险，等等。一定不要在一无所知的情况下盲目购买理财产品。

### (二) 来源于社会人员的风险

在存款业务中，来源于社会人员的道德风险是指由于第三方人员的道德原因而给存款客户造成损失的可能性。主要有6种情形。

第一种情形可称之为“亲人冒领存款”，即客户的子女或孙子女、父母或祖父母或岳父母冒领存款人的存款。

第二种情形可称之为“骗取存款”，即诈骗者设计圈套令存款人上当受骗，骗取存款人的存款。具体又分两种情况，一种是骗取客户在正规银行的存款；另一种是办假银行，引诱客户来存款。

第三种情形可称之为“劫取存款”，即歹徒抢夺存款人银行卡或存折，强迫存款人告知密码，将存款人存款取出，这等同于抢劫财产。

第四种情形可称之为“盗取存款”，即偷盗者入室盗取或者在公交车上偷走存款人银行卡或存折及密码记录、身份证，快速取走存款人的存款。黑客利用互联网技术盗取存款人密码和用户名及账号，转走存款人资金，也是属于盗取存款。

第五种情形可称之为“转移存款”，即第三方冒充银行或信用社人员，取得存款人信任，代办存款手续，之后划走存款人资金，或者引诱存款人购买保险单而存款人以为将款存入了银行，或者推销其他企业的理财产品而客户以为购买的是银行理财产品。

第六种情形可称之为“直接抢钱”，即客户从银行或信用社取出存款后，被歹徒盯上，歹徒尾随存款人，待机直接抢夺存款人的存款。

**[案例分析] 银行卡内存款失踪法院为何判银行免责**

2012年12月末，Z市市民王某在某银行办了一张借记卡，并将该卡与自己的手机号码绑定在一起。2014年1月6日，王某在卡中存入7万元。2014

年1月15日，王某取款时发现卡中少了6.98万元，遂报警。警方查明，其款于2014年1月12日通过支付宝分两次被扣付。2014年11月3日，王某状告银行，要求赔偿6.98万元。2015年2月5日，Z市Z区法院一审判决王某败诉。法院判决对吗？

经查，2014年1月8日，王某的朋友杨某称他有办法提高信用卡的透支额度，在杨某的指导下，王某到银行使用电脑自助服务终端将开卡时绑定的手机号码变更为杨某提供的手机号码，并将自己的身份证号、银行卡号等相关信息透露给杨某。王某没有到银行办理手机号变更手续。王某在银行开户办理借记卡时，曾与银行签订合同，约定“持卡人个人信息变更时，须到发卡行办理变更手续，因更新不及时造成的损失由持卡人承担”。另外，支付宝的支付不需要银行密码，只需要支付宝密码和手机验证码，钱就可以直接划走。王某对其存款被扣付存在重大过错，既违反了向银行提供真实信息的合同义务，又导致他人得以利用其相关信息，通过开通支付宝的方式扣付其银行卡内的存款，由此造成的损失应当由王某自行负担。

此案例警示大家，一定不要把自己的银行卡和别人的手机号码绑定。如果王某自己的手机号码换了呢？那就需要及时去银行柜台或借助网上银行改用新号码与银行卡绑定，否则，持卡人在网购时，手机验证码会发到原号码上，而原号码可能已归别人使用，这会对账户安全及使用造成影响。

### （三）来源于存款人自身的风险

存款人因贪婪而导致自己的存款遭受损失，也属于道德风险的范畴。例如，存款人在选择银行时，贪图高利息率，不考虑银行的经营风险，把钱存到管理不善、高息揽储的银行，最终银行倒闭，储户存款受损。更有甚者，为了贪图高息，把钱存到不具有吸收公众存款资格的机构，结果本金一去无回。

**［实证分析］贪图高息把钱存到合作社**

这里有两例。一例是2014年发生在南京的案件。南京浦口江浦街道有一家“农村经济信息合作社”，室内装修、布局设计与银行一模一样，很有欺骗性。该“合作社”承诺：除了让存款人享有与国有银行同样高的利率以外，每周还给2%的贴息。结果在一年多的时间里，吸引存款人近200人，金额近

2 亿元。后来，存款人不但得不到利息，就是本金也取不回来，于是有人报警。该“合作社”涉嫌非法吸收公众存款，相关人员受到法律制裁。

还有一例案件发生在河北邯郸市某乡，2013 年秋，一位农民把辛苦一生积攒下的 5 万元钱存到当地一家“农村合作社”，年利息率 10%，比信用合作社 3% 的年利息率高 3 倍多。2014 年 10 月，这家“合作社”因为把钱以高利息率贷给房地产商，房地产商“跑路”，导致“合作社”发生挤兑，最后关门倒闭，这位农民与其他存款人一样，不但得不到利息，连本金都收不回来。该农民气愤而亡。

以上两例中的“合作社”不同于信用合作社，均不具有吸收公众存款的资格，而且高息揽存款、高息放贷款具有不可持续性，资金链断裂的可能性极大。存款人贪图高息，对吸收存款的机构是否具有吸收公众存款的资格不关心，最终害了自己。

## 二、存款中道德风险形成的机理

存款中道德风险的形成需要 5 项条件：第一项条件是存款机构对存款客户的利益不够重视，将自己的私利看得高于一切，致使存款业务本身存在可供侵害者利用的空间，使其有空可钻；第二项条件是存款客户贪婪且掌握的信息不充分；第三项条件是侵害客户存款者的智商高于存款客户；第四项条件是不道德行为具有带来额外利益的可能性；第五项条件是法律机制不完美，客观上存在逃脱法律制裁的可能性。法律机制不完善，增强了侵害者实施不道德行为的信心；获得额外收益的可能性，成为侵害者实施侵害行为的驱动力；客户的贪婪和信息缺乏促成了侵害者目标的实现；金融机构的业务漏洞，为侵害者实施侵害行为提供了便利条件。

## 三、存款中道德风险的控制

控制存款中的道德风险，需要从 5 个方面入手。

### （一）存款人自身加强风险防范

存款人需要采取 6 项措施加强道德风险防范。

一是终生学习，学习内容主要有金融法律法规和中国银监会的规章及金融专业知识。金融法律法规至少包括《中华人民共和国银行业监督管理法》《中华人民共和国商业银行法》《中华人民共和国保险法》《中华人民共和国外资银行管理条例》《中国保监会、中国银监会关于进一步规范商业银行代理保险业务销售行为的通知》、国务院发布的《储蓄管理条例》和中国人民银行的《附则》等。金融知识主要包括货币银行理论、商业银行经营管理理论与业务、证券投资理论与业务等。掌握的知识越多，懂得的规则越多，越有利于识别不道德行为。

二是经常通过互联网、报纸、电视、广播等途径了解已经发生的与存款有关的诈骗案例和投资理财案例，增加社会阅历，这样可以增加自己的风险意识和风险防范经验。

三是不贪财，去掉不劳而获的企图，不相信“天上掉馅饼”的奇迹，懂得“天下没有免费的午餐”这个道理。

四是认真选择储蓄机构。首先选择风险小的机构。一般而言，分支机构遍布全国、注册资本多、历年经营业绩优良、不良贷款率低的金融机构，风险较小。其次是选择服务态度好、经营场所离自己家近、经营设施优良、经营环境好、业务规范、业务办理效率高的金融机构。最后再看利息率的高低，选择利率相对较高的金融机构。

五是“慎行”：不向他人透露个人信息和密码；不委托他人代存取存款；不用简单的密码（如电话号码、生日、身份证号等）；存取款输入密码时用另一只手遮盖上方，特别用银行自动取款机取款时更要如此，要注意检查有无摄像头，防止被人安装摄像头录下密码和卡号后复制银行卡；使用自动取款机之前观察周围有没有可疑人员，如有人在旁边或身后，先不要取款，以免被人记住密码后通过网上银行将持卡人卡上金额转移盗取；自动取款机上或旁边如果有故障指示，请不要按照该指示操作，那可能是骗钱者贴上去的，要到银行了解清楚真伪，或者牢记银行正式电话，通过正式电话询问，不要轻信自动取款机旁边告示的电话号码，骗子会通过持卡人拨打虚假电话来获取客户个人资料和密码，盗取卡上金额；不要随意丢弃写有客户信息的银行凭条，以免被骗子拿走利用凭条上的信息；存款账户和银行卡应该开通账户变动短信提醒，宁肯花费一点费用，保护存款。

六是警惕诈骗短信。凡是收到短信提示你的银行卡被复制了、你在某某商场消费了、你获奖了等，都不要相信。

### （二）银行业对存款业务监管到位

中国的银行业主要由中国银行业监督管理委员会（以下简称“银监会”）监管，但中国人民银行（以下简称“人民银行”或“央行”）也负有一定的监管责任。

按照中国银行业监督管理委员会网站上公布的信息，银监会履行以下职责：依照法律、行政法规制定并发布对银行业金融机构及其业务活动监督管理的规章、规则；依照法律、行政法规规定的条件和程序，审查批准银行业金融机构的设立、变更、终止以及业务范围；对银行业金融机构的董事和高级管理人员实行任职资格管理；依照法律、行政法规制定银行业金融机构的审慎经营规则；对银行业金融机构的业务活动及其风险状况进行非现场监管，建立银行业金融机构监督管理信息系统，分析、评价银行业；对银行业金融机构的业务活动及其风险状况进行现场检查，制定现场检查程序，规范现场检查行为；对银行业金融机构实行并表监督管理；同有关部门建立银行业突发事件处置制度，制定银行业突发事件处置预案，明确处置机构和人员及其职责、处置措施和处置程序，及时、有效地处置银行业突发事件；责统一编制全国银行业金融机构的统计数据、报表，并按照国家有关规定予以公布；对银行业自律组织的活动进行指导和监督；开展与银行业监督管理有关的国际交流、合作活动；对已经或者可能发生信用危机，严重影响存款人和其他客户合法权益的银行业金融机构实行接管或者促成机构重组；有违法经营、经营管理不善等情形银行业金融机构予以撤销；对涉嫌金融违法的银行业金融机构及其工作人员以及关联行为人的账户予以查询；对涉嫌转移或者隐匿违法资金的申请司法机关予以冻结；对擅自设立银行业金融机构或非法从事银行业金融机构业务活动予以取缔；负责国有重点银行业金融机构监事会的日常管理工作；承办国务院交办的其他事项。

依照《中华人民共和国人民银行法》的规定，人民银行履行下列职责：发布与履行其职责有关的命令和规章；依法制定和执行货币政策；发行人民币，管理人民币流通；监督管理银行间同业拆借市场和银行间债券市场；实施外汇管理，监督管理银行间外汇市场；监督管理黄金市场；持有、管理、经营国家外汇储备、黄金储备；经理国库；维护支付、清算系统的正常运行；指导、部署金融业反洗钱工作，负责反洗钱的资金监测；负责金融业的统计、调查、分析和预测；作为国家的中央银行，从事有关的国际金融活动；国务院规定的其他职责。在货币政策方面，规定可以运用下列货币政策工具：要求银行业金融机构按照规定的比例交存存款准备金；确定中央银行基准利率；为在中国人民银行开立账户的银行业金融机构办理再贴现；向商业银行提供贷款；在公开市场上买卖国债、其他政府债券和金融债券及外汇；国务院确定的其他货币政策工具。在监督方面，当银行业金融机构出现支付困难，可能引发金融风险时，为了维护金融稳定，中国人民银行经国务院批准，有权对银行业金融机构进行检查监督。根据 2011 年 1 月 8 日经国务院令第 588 号发布施行的《储蓄管理条例》，中国人民银行负责全国储蓄管理工作。中国人民银行及其分支机构负责储蓄机构和储蓄业务的审批，协调、仲裁有关储蓄机构之间在储蓄业务方面的争议，监督、稽核储蓄机构的业务工作，纠正和处罚违反国家储蓄法律、法规和政策的行为。

如果银行业监管到位，存款客户面临的来自金融机构的道德风险就会大大降低。但是在市场经济条件下，如何界定银行业监管是否到位，如何处理监管与金融机构自主管理之间的关系，监管部门、金融机构、存款客户的认识难以统一。存款客户作为弱势一方，从自身利益出发，希望监管越严越好，他们往往把维护公正的希望寄托在监管部门身上。金融机构作为强势一方，当然希望监管越松越好。监管部门作为公共部门，在强力反腐的大背景下，“不能腐”“不敢腐”，会产生“多一事不如少一事”的想法，因为承担的工作越多，责任越大，受责任追究的风险越大。这就需要国家站在中立立场上合理均衡监管部门、金融机构、存款客户之间的关系。

在存款问题上，银行业监管部门宜实行“五管五不管”。

“五管”包括：督促金融机构完善技术，堵塞漏洞，从技术上保障存款安全，例如网上银行安全、信用卡安全、现金取款机安全等；督促金融机构完善内部存款业务管理制度，合理设计业务流程，从制度上保障存款安全；受理存款客户投诉，依法维护存款客户的合法利益；一旦发生存款损失案件，立即介入，并协助警方调查；对于假冒金融机构的案件，及时查处。

“五不管”包括：不管存款利率；不管存款品种；不管存款期限；不管存款金额；不管存款形式。

对于存款利率，人民银行的态度比较谨慎。1999 年 10 月，人民银行批准中资商业银行法人对中资保险公司法人试办由双方协商确定利率的大额定期存款，最低起存金额 3000 万元，期限在 5 年以上（不含 5 年）。2003 年 11 月，商业银行农村信用社可以开办邮政储蓄协议存款，最低起存金额 3000 万元，期限为 3 年以上（不含 3 年）。2000 年 9 月，放开 300 万美元（含 300 万）以上的大额外币存款利率；300 万美元以下的小额外币存款利率由人民银行统一管理。2002 年 3 月，人民银行统一了中、外资金融机构外币利率管理政策。2003 年 7 月，英镑、瑞士法郎和加拿大元的外币小额存款利率由商业银行自主确定。2003 年 11 月，对美元、日圆、港币、欧元小额存款利率实行上限管理。2004 年 10 月，取消银行的存款利率下限。2012 年 6 月，调整存款利率浮动区间的上限为基准利率的 1.1 倍。从 2014 年 12 月 22 日起，人民银行将金融机构存款利率浮动区间的上限由存款基准利率的 1.1 倍调整为 1.2 倍。存款利率最终会完全放开。从存款品种、存款期限、存款金额看，根据国务院公布的《储蓄管理条例》，储蓄机构可以办理下列人民币储蓄业务：活期储蓄存款；整存整取定期储蓄存款；零存整取定期储蓄存款；存本取息定期储蓄存款；整存零取定期储蓄存款；定活两便储蓄存款；华侨（人民币）整存整取定期储蓄存款；经中国人民银行批准开办的其他种类的储蓄存款。经外汇管理部门批准，储蓄机构可以办理下列外币储蓄业务：活期储蓄存款；整存整取定期储蓄存款；经中国人民银行批准开办的其他种类的外币储蓄存款。

根据中国人民银行的《附件》规定，下列储蓄种类，储蓄机构可根据条件开办全部或部分储蓄种类：①活期储蓄存款。一元起存，由储蓄机构发给存折，凭折存取，开户后可以随时存取。②整存整取定期储蓄存款。一般五十元起存，存期分三个月、半年、一年、二年、三年和五年，本金一次存入，由储蓄机构发给存单，到期凭存单支取本息。③零存整取定期储蓄存款。每月固定存额，一般五元起存，存期分一年、三年、五年，存款金额由储户自定，每月存入一次，中途如有漏存，应在次月补存，未补存者，到期支取时按实存金额和实际存期计算利息。④存本取息定期储蓄存款。本金一次存入，一般五千元起存。存期分一年、三年、五年，由储蓄机构发给存款凭证，到期一次支取本金，利息凭存单分期支取，可以一个月或几个月取息一次，由储户与储蓄机构协商确定。如到取息日未取息，以后可随时取息。如果储户需要提前支取本金，则要按定期存款提前支取的规定计算存期内利息，并扣回多支付的利息。⑤整存零取定期储蓄存款。本金一次存入，一般一千元起存，存期分一年、三年、五年。由储蓄机构发给存单，凭存单分期支取本金，支取期分一个月，三个月，半年一次，由储户与储蓄机构协商确定，利息于期满结清时支取。⑥定活两便储蓄存款。由储蓄机构发给存单，一般五十元起存，存单分记名、不记名两种，记名式可挂失，不记名式不挂失。存期不限，存期不满三个月的，按天数计付活期利息；存期三个月以上（含三个月），不满半年的，整个存期按支取日定期整存整取三个月存款利率打六折计息；存期半年以上（含半年），不满一年的，整个存期按支取日定期整存整取半年期存款利率打六折计息；存期在一年以上（含一年），无论存期多长，整个存期一律按支取日定期整存整取一年期存款利率打六折计息。⑦华侨（人民币）定期储蓄。华侨、港澳台同胞由国外或港澳地区汇入或携入的外币、外汇（包括黄金、白银）售给中国人民银行和在各专业银行兑换所得人民币存储本存款。该存款为定期整存整取一种。存期分为一年、三年、五年。存款利息按规定的优惠利率计算。开户时凭“外汇兑换证明”或“侨汇证明书”在规定的时间内办理存储手续，储蓄机构发给存单。存款到期，凭存单支取存款，如存款人在存款时有加凭印鉴的约定，支取时还必须加凭印鉴。如提前支取，则按人民币整存整取定期储蓄规定处理。该种储蓄支取时只能支取人民币，不能支取外币，不能汇往港澳台地区或国外。存款到期后可以办理转期手续，支付的利息亦可加入本金一并存储。储蓄机构办理上述范围以外的储蓄种类，必须报经中国人民银行总行批准。储蓄机构未经审批擅自开办新的储蓄种类档次，由中国人民银行及其分支机构负责查处，并将这部分存款转存当地人民银行。存款自转存人民银行到期满止，这部分利息仍由储蓄机构支付。从趋势看“五不管”是可以实现的。

### （二）完善保护存款人的法律约束机制

法律约束机制既能够在道德风险事故发生后通过惩罚侵权人、强制实施民事赔偿来减少存款人损失，也能够发挥事先威慑作用，从而降低存款中的道德风险。

《中华人民共和国刑法》中关于存款的罪名主要有非法吸收公众存款罪；妨害信用卡管理罪；窃取、收买、非法提供信用卡信息罪；挪用资金罪；违法运用资金罪；吸收客户资金不入账罪；集资诈骗罪；票据诈骗罪、金融凭证诈骗罪；信用卡诈骗罪、盗窃罪等。存款人应该熟悉这些罪名，目的是为了自己不触犯法律，同时当自己的存款遭受损失后，大体了解侵权人可能涉嫌犯有什么罪名，以便维护自己的合法权益。

有四种情况需要法律完善条款：①侵权人冒领存款，金融机构应付什么责任；②侵权人在金融机构大厅，着装与金融机构完全一样，冒充该金融机构人员骗取他人存款，银行应付什么责任；③金融机构内部人员干私活，推销金融产品，存款人误以为是金融机构行为，结果给存款人造成损失，对此金融机构应付什么责任；④储户虽然办理了短信提醒服务，但是骗子往往在深更半夜犯案，这时客户已经入眠，对手机短信一无所知，等天亮后发现短信，钱已经被转走数个小时了，应从法律上规定一个不得划款的时间段。

### （四）存款人求助媒体

有些存款道德风险事故的发生与金融机构有关，但是金融机构会推脱责任，如果存款人求助媒体，通过媒体将案件曝光，在社会舆论压力和监管部门干预下，事情会有转机，存款人的利益会得到一定程度的保障，这等于是在一定程度上控制了道德风险事故损失。

### （五）实施存款保险制度

存款保险制度对存款人而言是一种被动的、事后的存款道德风险损失控制制度。通过存款保险制度控制存款道德风险并不是存款人采取的一项措施，而是政府部门采取的一项保护存款人利益、帮助存款人控制存款道德风险的举措。该项制度的基本内容是：商业银行和信用合作社等金融机构作为投保人，按照一定时期内规定范围的存款金额的一定比例向存款保险机构缴纳存款保险费，若商业银行和信用合作社等金融机构发生了支付危机，存款人难以取回存款，则由存款保险机构按照规定金额赔偿存款。

我国之所以要推行存款保险制度，一是因为商业银行和信用合作社等金融机构的存贷款利率实行市场化后，商业银行和信用合作社等金融机构出于竞争需要会竞相提高存款利率，增加金融机构经营成本，最终会导致亏损甚至倒闭；二是吸收社会公众存款的金融机构越来越多，这意味着若金融机构出现倒闭潮，国家无力全部承担赔偿存款的责任；三是随着民营银行的兴起，可能出现民营银行倒闭的情况，如果让国家承担民营银行的存款赔偿责任，于理不合。所以，推出存款保险制度，由保险机构承担存款赔偿责任，可以减轻国家经济负担，同时使存款人利益得到保障。

实施存款保险制度后，对于存款人而言，来自他人的道德风险得到一定的控制，但是来自存款人自身的道德风险会增加，因为有些存款人会因为有存款保险制度保障而有恃无恐，为了追求高利息率而甘愿冒着银行倒闭风险，把资金存于“坏银行”，使“坏银行”比“好银行”更容易得到存款，从而产生“劣币驱逐良币”的效应，与“优胜劣汰“的正常市场经济秩序相悖。这种现象也被称为道德风险。基于此，存款保险赔偿额实行“限额制”。因此，虽然有了存款保险制度的保障，存款人还是要谨慎选择存款金融机构，并且适当选择多家金融机构分散布局存款。

**［典型案例］存款失踪**

据媒体报道，H 银行 42 名储户的 9500 多万元存款被盗。经记者调查，这些存款均在储户存入银行当天被转到了齐某的账户上。其过程大体上是这样：齐某作为最终收款人与中间人（金融掮客）合作，中间人再与银行内部关键人员合作，中间人对储户承诺高额利息，利息率超过正常存款利息率，称为“贴息”。中间人和银行内鬼都会获得收入，所以可以视为中间人、银行内鬼、储户三方瓜分超额利息，最终收款人获得本金（扣除支付给中间人、银行内鬼和储户的报酬）。储户按要求把钱存入银行，当日便获得属于自己的贴息（按照存款总额乘以储户获得的贴息率计算）。储户误以为钱存入这家银行，其实在存款当日，其存款就已经被划走了。划走存款的办法是：事先，中间人将假冒储户签名的存款转账单直接交给银行内鬼，储户对此一无所知，内鬼把转账单交给业务经办员，告诉经办员“这是我大客户，特事特办”。储户第一次输入密码，是办理存款，储户被要求再输入密码，其实就是转账用的，密码输入后，存款就被转走了。按照业务流程，经办员应该问储户“你要办理转账业务吗?”但是经办员没有问。在本案中，中间人与储户签订了“六不协议”，如不查询，不提前取现（一般定期一年）等。涉案银行故意不给储户办短信提醒业务。客户当日所得到的超额利息不是银行给付的，其实是来自自己的存款或其他账户。发生此类案件，银行往往把责任推给个人，银行不承担赔偿责任。其实，储户将资金存入银行后，储户与银行之间的存款合同就已经成立，银行负有保障存款安全的责任。即使是银行内部个人的行为造成储户存款损失，银行也逃不脱监管责任。

在本案例中，道德风险不是来自单一主体，而是来自多个主体，包括金融机构内部人员、社会人员和存款人自己。读者可以从本案例中探索产生存款道德风险的机理和控制措施。

## 第二节　贷款中的道德风险

### 一、贷款中道德风险的来源

#### （一）来自借款方的道德风险

常见的借款方的不道德行为有以下 6 种。

一是有钱不还，是典型的赖账行为。有的借款人在借款时就已经打定主意“绝不还款”。但是在借钱时信誓旦旦“保证还款”。此种借款人有能力还款，但是欺骗资金出借方，谎称“没钱”。如果被资金出借方发现“有钱”，则不同的借款人有不同的表现，有的比较看重“脸面”，无奈还一点；有的脸皮厚，由可怜相变脸为凶相毕露，蛮横耍赖；有的则玩失踪，或东躲西藏；有的明知还款期已过，却无限期拖延，似乎忘了欠钱的事情。

在中国的民间借贷中，就利息而言，存在两个极端：一个极端是零利率；另一个极端是超高利率。亲戚朋友之间的借贷多为零利率，高利贷者发放的贷款为超高利率。亲戚朋友之间的借贷尽管是零利率，欠钱不还的道德风险事故却频频发生，而且多表现为借款人以“没钱”为借口。高利贷中的道德风险主要表现为借款人失踪。

二是挥霍借款，缺乏提高还款能力的诚意。有的借款人梦想靠借款生存，甘当寄生虫，没有打算“赚钱还款”。此种情况被称为“庞齐骗局”。此骗局说的是出生于意大利的查尔斯·庞齐设局骗钱的故事。庞齐又被翻译为庞琦或者庞茨或者蓬茨，他于 1963 年移民到美国，1919 年来到波士顿，设计了一个复杂的、令人难以看懂的欧洲邮政票据投资计划，声称有高额回报，45 天内即可见到 50% 的收益率。为了吸引投资者，他让最初的投资者顺利拿到他事先承诺的回报，其实“羊毛出在羊身上”，高额回报并非来自投资项目增值收益，而是用投资本金支付，其产生的效应就是有大量的投资者跟进，于是庞齐就可以用后来投资者的资金支付前来投资者的回报。一年左右的时间，投资者人数近4万名，汇集资金约1500万美元。这些钱让庞齐拥有了20个房间的别墅，100多套高档西装，几十根镶金拐杖。由于投资无增值，所以要想保证投资者均能得到回报，就需要不断有新投资者加入并带来源源不断的资金。有的金融专家看透了庞齐的游戏，便予以揭露。庞齐发文反驳，称金融专家不懂金融。但是越来越多的人识破了庞齐的骗局，庞齐得到的资金枯竭，于1920年8月破产，本人被判处5年徒刑。刑满出狱后，庞齐继续行骗，再次进监狱。1934年，庞齐被遣送回意大利。1949年，庞齐在巴西的一个慈善堂去世，当时身上只有75美元，人们用这笔钱给他举行了简单的葬礼。人们给庞齐骗局总结了一个“庞齐定理”，即“一个人只要能够源源不断地借到钱，那么它就能够不劳动而生活下去”。这个定理的奥秘就在于用后借的钱还给前面的债主并有余额供借款人生活。在庞齐骗局中，一旦资金链断裂，现有投资者就会遭受惨重损失，可能血本无归、倾家荡产。

三是挪用借款，导致无力还款。例如以办实业为名借钱，却将借款用于炒股票、炒期货，赔得一塌糊涂，无力还款。

四是超能力借款，导致无力还款。本来只有10万元的还款能力，却要借100万元，结果有大量的欠债还不上。

五是用钱不慎，导致无力还款。俗语说“孙卖爷田不心疼”“不是自己挣的钱不心疼”，不经充分论证盲目决策，导致投出的钱“打水漂”。

**[经典案例] 鄂尔多斯民间借贷悲剧**

鄂尔多斯市的许多房地产商不惜以高息为代价从民间集资，月利率曾达3%。房地产商之所以敢这么做，是因为房价高且住房热卖，利息虽高但仍有利润可赚。2011年形势陡转，房价下跌，房产滞销，房地产商资金链断裂，不但无力支付高额利息，而且本金也难以偿还。某房地产开发公司通过民间借贷渠道融资2亿多元，债主300多人。面临巨额债务无力偿还的困境，该公司法人代表选择了自杀。

六是身份变更。常见的借款人身份变更有4种。第一种是恶意破产，即借款人故意让自己的企业达到破产条件，按照法律规定，企业破产后，未能偿还的剩余债务就可以免还了，这叫“恶意逃债”。第二种是借款人的法定代表人换了，后任者不承认前任者债务，拒不还款。第三种是借款人摇身一变，企业名称变更了，人还是那些人，把债务推给原名称企业。第四种是借款人与其他企业进行合并式重组，企业名称变更，新企业拖欠债务不还。

### （二）来自资金借出方的道德风险

资金借出方的道德风险主要有4种情形。一是个人过贪，经受不住高息回报的诱惑，把自己的钱借给他人，最终使自己遭受损失。二是个人投机，把张三的钱借给李四，梦想获得李四所给回报大于给张三回报的差额，结果给李四的钱收不回来，被张三逼债。或者是挪用公款借给他人，梦想获得高利息收益，不想钱收不回来，东窗事发，自己进了监狱。三是金融机构从事贷款业务的人员（含普通员工和管理人员）为了吃回扣，或者为亲戚朋友谋利，把资金贷给信用不佳的借款人，给贷款机构造成损失。四是金融机构贷款业务人员责任心不强，工作不认真，盲目放贷，导致不良贷款。

### （三）来自政府人员的道德风险

来自政府人员的道德风险主要有两种情况。一种是政府人员为了政绩，强迫金融机构对某个项目发放贷款，结果造成不良贷款。在地方融资平台中就存在此种情况。一种是政府人员受贿后，帮助借款人疏通金融机构，金融机构碍于政府官员面子，违心发放贷款，导致不良贷款。

### （四）来自担保方的道德风险

贷款担保有抵押、质押、第三方保证、留置、定金等方式。中小企业作为借款人从金融机构申请贷款时，由于缺少抵押物和质押物，所以一般采用第三方担保方式，由专门的信用担保公司作保证人。个人申请贷款一般找个人做保证人。对于资金借出一方而言，如果借款人逾期欠款，保证人不履行代为偿还借款的义务，借出方的利益就会受损。

## 二、贷款中道德风险形成的机理

在贷款中，道德风险形成的机理可以从5个要素来考察。

一是资金借出方的反制力。在借款人向借出人要求借款阶段，借出方掌握主动权，借款人处于被动地位，此时借款人自嘲为“三孙子”。当钱借出去之后，地位反转，借出人处于被动地位，借款人处于主动地位，借款人被称为“爷”。此时资金借出方面临的来自借款方的道德风险大小取决于自己所掌握的反制力即对借款人的控制力，道德风险大小与反制力呈负相关关系，即反制力越大，道德风险越小，反之，反制力越小，道德风险越大，所以担保方式中的道德风险可以按照从大到小依次排列为：抵押与质押、保证人、信用贷款（即仅凭借款人信用作担保，等于无担保）。

二是信息对称程度。在其他条件不变的前提下，资金借出方来自借款人的道德风险大小取决于其掌握的借款人的信息质量和数量即信息的充分度，道德风险大小与信息充分度呈负相关关系，即信息充分度越高，道德风险越小，反之，信息充分度越低，道德风险越大。借款人往往极力对借出方隐瞒自己的真实信息，例如隐瞒资金的真实用途、资金的增值能力、借款人的真实还款意愿和还款能力等，提供借出方的信息往往是虚假的，对借出方产生严重误导，为道德风险埋下伏笔。

三是社会信用环境。社会信用环境中的信用文化与信用管理质量至关重要。不同的信用文化对社会成员遵守信用承诺的程度具有很大的影响。在中国文化中，既有“欠钱还钱”的健康成分，也有憎恨债主、同情欠债者、不以欠钱不还为耻反以为荣的糟粕成分。人们一般把债主同有钱人联系起来，同时认为“为富不仁”，所以欠钱不还却感觉心安理得。有些人把欠钱多视为“能耐”，欠钱越多能耐越大。人们还把催债与黄世仁联系起来。电影《白毛女》中的大地主黄世仁向穷人杨白劳讨债，逼得杨白劳喝卤水自尽。黄世仁遭观众痛恨，杨白劳得到观众的同情。人们往往在现实中把债主看成黄世仁，把欠债者看成杨白劳。在此信用文化背景下，欠钱还钱成了难得的品德，欠钱不还成了常态。信用管理质量主要取决于信用信息管理程度和违约受惩、守约受奖机制的完善程度。如果违约信息被充分利用，人们很容易查询到所有单位和个人的违约信息，同时违约必受适当惩罚，守约者获得相应的奖励，则社会信用环境为优。社会信用环境差，则贷款道德风险大，社会信用环境优，则贷款道德风险小。

四是人性的贪婪本性和侥幸心理。人之初性本善还是性本恶，难以验证。事实上，在人的心灵深处既有善的成分也有恶的成分，根据外部环境诱发因素不同而释放善意或释放恶意。贪婪属于恶的范畴。慎独者即在独处无人监督时也会严格约束自己的人有之，但是多数人在自认为能够不被发现或发现了也不会受到严惩的判断下（侥幸心理），获取不该得到的利益，满足贪婪欲望。

五是代理人心理和出借人的情理。金融机构所有者与金融机构职员之间存在委托代理关系，代理人具有这样的心理：如果自己能够通过某种行为在正常薪酬之外从经办业务中获得超额收入，那么即使这种行为可能会给自己从业的金融机构带来损失也是值得的，因为金融机构损失对自己影响有限，小损失不会减少自己的收入，大损失自己可以另谋就业岗位。代理人的这种心理会诱发其从信用差的借款人那里拿到回扣后帮助借款人获得金融机构贷款。出借人的情理是指个人之间的借款行为而言的。亲戚朋友来借钱，借出方明知对方可能违约，但是碍于情面，认为不借钱给亲戚朋友从情理上说不过去，好像自己做错了什么，心有愧疚，只好不情愿地把钱借给人家，并且不好意思让借款人“打欠条”。而当借款人违约时，出借人又不好意思催债，一旦催债，就把借款人得罪了，只好忍，吃哑巴亏。所以民间有“好意思欠债，不好意思讨债”的说法。有的出借人一狠心，找借款人要钱，有的借款人不承认曾经借过钱，由于没有欠条，空口无凭，要钱困难。有的出借人被逼急了，就会采取绑票讨债的措施，甚至杀死借款人，触犯刑律。当然，借款人杀死出借人的案件也有发生。

## 三、贷款中道德风险的控制

### （一）金融机构的控制

发放贷款的金融机构包括政策性银行、商业银行、信用合作社、贷款公司、小额贷款公司等机构。有一种观点认为小额贷款公司不属于金融机构范畴，这种观点是错误的，不能因为小额贷款公司不列入银行监管部门监管范围就将其排除在金融机构范围之外，应该根据其经营业务的性质。贷款是小额贷款公司的主营业务，而贷款行为属于金融行为，因此应将小额贷款公司列入金融机构范围。

金融机构控制贷款中道德风险的主要措施包括5项。

一是参与社会信用体系建设。各类金融机构、各地金融机构之间，金融机构与政府部门之间，实行信用信息共享制度。

二是实行贷款终身责任制，并提高违规成本。要让业务经办员和决策人“不敢违规”“不想违规”，使他们认为违规在经济上是不合算的，为了贪图那点便宜，最后把自己合理合法拥有的一切都赔进去了，不如老老实实、遵纪守法。

三是实行贷款跟踪制。实行贷款跟踪制的目的是及时发现问题苗头，及时采取措施，避免更大损失。该制度要求固定专人，例如实行“贷款经理制”，贷款经理经常深入借款企业进行现场调研，经常联系借款个人询问有关事项。如果发现借款人变更身份，则要紧追不放。

四是建立动态客户信息库。建立信息库的目的是为贷款决策提供信息支撑，以便正确选择客户和决定贷款金额，也为了预测现有借款人的还款能力变化。

五是重视担保机构的信用。对于由担保公司担保的贷款，要调查担保公司的注册资本、资产结构、信用记录、经营策略、担保能力，了解担保公司有无超能力担保的问题。

### （二）保证人的控制

保证是指保证人和债权人约定，当债务人不履行债务时，保证人按照约定履行债务或者承担责任的行为。根据《中华人共和国担保法》的规定，具有代为清偿债务能力的法人、其他组织或者公民，可以作保证人，国家机关不得为保证人，但经国务院批准为使用外国政府或者国际经济组织贷款进行转贷的除外；学校、幼儿园、医院等以公益为目的的事业单位、社会团体不得为保证人；企业法人的分支机构、职能部门不得为保证人。

保证人不要抱有侥幸心理，以为被保证人违约后保证人可以赖账。如果被保证人违约，保证人必须依法承担还款责任，然后向被保证人追讨代偿款。在承担责任后，如果被保证人一直不对保证人还款，那么保证人就要遭受损失。所以，保证人要增强风险意识，认真选择那些具有还款能力、讲信用的被保证人，并及时跟踪被保证人信息。

在现实中，担保公司承担保证业务及企业之间互相担保时是收费的，而个人为他人作担保往往是不收费的，白尽义务，因为个人一般是为好朋友作担保。但是不管收费与否，保证人都要承担还款责任，这样一来，义务担保者就太吃亏了。所以，个人还是不要无偿替他人充当保证人为好。

保证人为了控制道德风险，一定要学习担保知识，不能盲目担保。以下几个法律要点，保证人一定要了解。

（1）保证人是否必须承担连带责任？这要看保证人与债权人是如何约定

的。保证分为一般保证与连带责任保证。当事人在保证合同中约定，债务人不能履行债务时，由保证人承担保证责任的，为一般保证。一般保证的保证人在主合同纠纷未经审判或者仲裁，并就债务人财产依法强制执行仍不能履行债务前，对债权人可以拒绝承担保证责任。有下列情形之一的，保证人不得行使前款规定的权利：债务人住所变更，致使债权人要求其履行债务发生重大困难的；人民法院受理债务人破产案件，中止执行程序的；保证人以书面形式放弃前款规定的权利的。当事人在保证合同中约定保证人与债务人对债务承担连带责任的，为连带责任保证。连带责任保证的债务人在主合同规定的债务履行期届满没有履行债务的，债权人可以要求债务人履行债务，也可以要求保证人在其保证范围内承担保证责任。当事人对保证方式没有约定或者约定不明确的，按照连带责任保证承担保证责任。

（2）保证范围包括利息吗？这要看保证合同约定。保证合同如果约定了保证范围的，按合同约定执行；如果保证合同没有约定或者约定不明确的，保证人应当对全部债务承担责任，保证担保的范围包括主债权及利息、违约金、损害赔偿金和实现债权的费用。

（3）保证事项发生变更怎么办？保证期间，债权人依法将主债权转让给第三人的，保证人在原保证担保的范围内继续承担保证责任。保证合同另有约定的，按照约定。保证期间，债权人许可债务人转让债务的，应当取得保证人书面同意，保证人对未经其同意转让的债务，不再承担保证责任。债权人与债务人协议变更主合同的，应当取得保证人书面同意，未经保证人书面同意的，保证人不再承担保证责任。保证合同另有约定的，按照约定。

（4）保证人什么时候开始履行保证责任即代债务人偿还欠款？一般保证的保证人与债权人未约定保证期间的，保证期间为主债务履行期届满之日起六个月。在合同约定的保证期间和前款规定的保证期间，债权人未对债务人提起诉讼或者申请仲裁的，保证人免除保证责任；债权人已提起诉讼或者申请仲裁的，保证期间适用诉讼时效中断的规定。连带责任保证的保证人与债权人未约定保证期间的，债权人有权自主债务履行期届满之日起六个月内要求保证人承担保证责任。在合同约定的保证期间和前款规定的保证期间，债权人未要求保证人承担保证责任的，保证人免除保证责任。保证人依照《中华人民共和国担保法》第十四条规定就连续发生的债权作保证，未约定保证期间的，保证人可以随时书面通知债权人终止保证合同，但保证人对于通知到债权人前所发生的债权，承担保证责任。

（5）保证人在什么情况下可以拒绝承担保证责任？有下列情形之一的，保证人不承担民事责任：主合同当事人双方串通，骗取保证人提供保证的；主合同债权人采取欺诈、胁迫等手段，使保证人在违背真实意思的情况下提供保证的。

**［案例分析］郝仁可以拒绝承担保证责任吗**

郝仁是绿山公司法定代表人，他以公司名义为好朋友魏月任法定代表人的东田公司担保了1000万元的某银行白鹭支行贷款，保证合同中约定了保证范围为贷款本金，债务人不能履行债务时，由保证人承担保证责任，未约定保证期间。保证合同中还约定贷款用途是购买某种实物商品，该商品在东田公司的经营范围。贷款合同规定的还款期已经超过六个月，东田公司有偿还能力，但是拒绝偿还贷款，并且魏月把东田公司的全部财产都转移走了。银行要求郝仁的绿山公司还款。郝仁经调查得知，1000万元的贷款被魏月用于放高利贷了，高利贷的借款人是一家叫大地公司的企业，法人代表是胡杰。但是魏月不承认1000万元是自己借出去的，他说是东田公司副总经理谭才把钱借出去的，还出示了借条，借条上显示借出人是谭才，有谭才个人签字。

分析：该保证为一般保证，保证金额为1000万元本金，当魏月公司不能还款，并且银行已提起诉讼或者申请仲裁，法院判决或者仲裁机构仲裁魏月公司还款，魏月公司仍不还款时，由郝仁公司偿还；履行保证责任的时间为逾还款期六个月。但是，魏月的公司没有按照保证合同约定用途使用贷款，增加了郝仁的风险，侵害了郝仁的利益，尽管借条显示的出借人是谭才，也不能否定贷款被挪用的事实，魏月作为法定代表人，对贷款被挪用负有管理责任，因此，郝仁的公司有权拒绝承担保证责任。

### （三）个体出借人的控制

个体出借人首先要学习法律知识和金融知识，不要卷入非法集资案件；不要贪图高额贷款利息，要看借款人有无支付高息的能力，其贷款项目有无可持续盈利能力。要有合同意识或证据意识。例如，把钱借给亲戚朋友，不要碍于情面不好意思要借条或收据。一定要让借款方出具借条，或者自己写借条让借款人签字，或者双方签订借还款协议，一式两份，双方签字后各持一份。必要时找一名中间人签字作证。这叫“先小人后君子”。如果不好意思让对方出借条，事后对方违约，不承认借款，自己因讨债与对方关系搞僵，这叫“先君子后小人”。一般明智的选择是“先小人后君子”，或“先把丑话说在前面”。如果借款人狮子大开口，借款额超出了自己的出借能力，影响到了自己的正常生活，则可以鼓起勇气婉言拒绝出借。如果借款人明显属于赖账不还的人或者根本没有还款能力，则不宜出借。有一种做法是赠送给对方少量金额，告诉对方“不用还了”，同时以“没有钱”或“钱用在某某方面”“我要买房子”等理由婉言拒绝借钱给对方，既给了对方面子，没有让对方空手而归，也维护了自己的利益。当然，要具体情况具体分析。例如，有的亲戚朋友或者邻居借钱是为了治病，如果不借给钱自己心里也不安，可以根据自己的能力以“做慈善心态”酌情捐款或出借资金。

**[现代民间借贷趣闻] 恢复证据**

张三借钱5万元给李四，双方各持一份借据。某日，张三不慎将借据丢失。聪明的张三心生一计，给李四发短信曰：“李兄，欠我6万元到了还款期吧”。李四回短信曰：“张老弟糊涂了吧，我欠你5万元，不是6万元，2020年12月31日还清，现在还没到呢”。

说明：2015年2月4日，我国最高法院公布了《最高人民法院关于适用〈中华人民共和国民事诉讼法〉的解释》，该司法解释从当日起实施。根据解释，网上聊天记录、博客、微博客、手机短信、电子签名、域名等形成或者存储在电子介质中的信息可以作为民事诉讼中的证据。

（四）法律控制

通过法律控制贷款中的道德风险，主要是两大环节，即立法环节和执法环节。

在《中华人民共和国刑法》中，现有的与控制贷款道德风险相关性比较高的罪名有虚报注册资本罪；虚假出资、抽逃出资罪；违规披露、不披露重要信息罪；妨害清算罪；隐匿、故意销毁会计凭证、会计账簿、财务会计报告罪；虚假破产罪；非国家工作人员受贿罪；非法经营同类营业罪；为亲友非法牟利罪；签订、履行合同失职被骗罪；背信损害上市公司利益罪；擅自设立金融机构罪；伪造、变造、转让金融机构经营许可证、批准文件罪；高利转贷罪；骗取贷款、票据承兑、金融票证罪；公司、企业人员受贿罪；违法发放贷款罪；贷款诈骗罪等。但是对于借钱不还，尚无相应罪名。应该在法律中增加“拒不履行债务罪”或“恶意逃债罪”。

另外，对于民间借贷应通过立法明确罪与非罪的界限。

在执法环节，应该为债权人提供投诉便利，并能够通过法制渠道顺利获得欠款。现实中资金出借人往往对欠款人无计可施，即使起诉到法院，法院支持债主，但是执行起来很难。对于无故不执行法院判决的债务人，应该予以行政拘留或者刑事拘留，甚至判刑。

### （五）媒体和文化引导

媒体应该对守信用者大力褒扬，对违约者曝光和大力鞭挞。街头宣传栏也应营造歌颂守信、贬斥违约的氛围。文化的主要载体——文艺作品更应该反映守信者有好报、违约者造恶报的价值观。

关于文艺作品，长期以来我国存在3种错误观念。第一个错误观念是认为文艺作品没有义务做道德说教，就是两个字：“娱乐”。此观念与现实相违背，因为在现实中，不管你承不承认，文艺作品对社会道德的导向作用都是非常大的。第二个错误观念就是鼓吹所谓的“真实”，认为为了反映真实，就要把现实原汁原味地融入文艺作品中。例如，现实中存在守信用吃亏、不守信用占便宜的现象，要求文艺作品也要按照这个现象来创作。结果就会引导人们不守信用，最终祸及鼓吹者本人。第三个错误观念就是“信恶不信善”，如果文艺作品反映守信有好报、不守信没有好下场，就认为不真实，如果文艺作品反映失信者事事顺利，守信者一路坎坷，就认为这才是真实的。这是一种“悲剧偏好症”，是一种病态，应该慢慢调养，给自己的心理多照射一点阳光。

### （六）求助讨债机构

如果债权人没有时间和精力讨债，可以求助于讨债机构。讨债机构有其存在的价值。对于讨债机构，应该允许其存在，同时给以具体规范。例如，可以有以下禁止性规定：不许用武力，不许妨碍债务人正常生活，不许侮辱债务人的人格，等等；也可以有以下行为：可以对债务人进行调查、收集证据，可以代债权人申请查封债务财产，可以代债权人起诉债务人，可以到债务人开户金融机构查询债务人资金状况，等等。

（七）行政控制

行政控制主要是政府部门不要以任何理由强迫银行发放贷款。一般而言，地方政府容易强迫地方性银行向某个大项目发放贷款。中央政府应该明令禁止此种行为，若有，应追究当事人责任。随着廉政建设和反腐败的持续深入，政府干预贷款的事情必将被杜绝。

## 第三节　有关存贷款道德的几个争议

### 一、如何认识银行不向中小微企业提供贷款的行为

长期以来，很多人指责商业银行偏爱大型企业，不愿意向中小微企业提供贷款。对此要具体问题具体分析，不能认为银行不提供贷款给中小微企业就是不道德行为。

就中小微企业来说，其信用风险是比较大的，这主要有5个原因。一是中小微企业特别是小微企业生存不稳定，关门倒闭的概率较大。有人今天创办一个企业，不久该企业倒闭，又注册另一个企业，不久又倒闭。中小微企业的倒闭率远远超过大型企业。中小微企业的成立和倒闭是一种常态，这恰恰反映了中小微企业的灵活性。二是中小微企业抵押或质押财产不足，一般需要采用信用担保公司担保方式，这种担保方式在法律上被称为“保证”。按照信用风险从小到大排序，保证的风险大于财产抵押和质押，因为这里面增加了一道风险，就是信用担保公司本身还存在信用风险。三是中小微企业账目不规范，财务管理灵活性大，其信息难以被银行掌握，信息不对称现象更加严重，这无疑加大了其信用风险。四是中小微企业的经营业绩不稳定，抵御市场风险的能力较差。五是中小微企业包袱轻，容易发生老板跑路现象。所以，银行对其贷款采取谨慎态度是无可指责的。如果银行不采取谨慎态度，而是不顾风险大量给中小微企业提供贷款，反而会加大银行存款客户的风险。

中小微企业中也有讲究信用并且具有较强经营能力和发展前景的企业，因此，银行对中小微企业的贷款申请也不能一概拒绝，应该择善择优而同意贷。

## 二、如何认识高利贷

在我国传统观念中，民间个人之间发放高利贷是一种剥削行为，是不道德的。

民间高利贷之所以利率高，有其合理性。民间高利贷的信用风险较大，原因是借款人实在是无处筹资了，自己也确实没有钱，这才被迫承担高利率而借钱，这就决定了借款人无力还款的可能性比较大，如果利率不高，资金所有者是不会提供贷款的。可以说，利率中高出正常的那一部分，是对风险的一种补偿。贷款利息率至少由三部分构成：无风险利率、通货膨胀率、风险补偿。既然风险大，当然利率就高。因此，高利贷之高利率是合理的。

由于高利贷利率高，而借款人经济上比较困难，二者形成反差。所以，在金融制度上，应该尽可能为资金急需者开辟更多的相对利率较低的融资渠道。资金合作社的利率可以低于高利贷利率。

## 三、如何认识银行拒付储蓄存款的行为

银行拒付储蓄存款常见两种情况。一种情况是提款人不知真实密码，有的是本人忘了，有的是自称父母、配偶、子女，不知存款人设立的密码是什么。另一种情况是有人拿了很久很久以前的存折到银行要求兑现。在这两种情况下，都会发生银行拒付存款的情况。每当银行拒付存款的消息被媒体曝光，就会有人大骂银行，指责银行拒付存款的行为是不道德的行为。这种指责是不对的。

试想，如果银行在提款申请人不能输入正确密码的情况下，就把钱付给了提款人，这样的银行，你还敢把钱存到该银行吗？客户的存款被别人骗走的事情必定会发生。所以，银行因密码不对而拒付存款恰恰是遵守职业道德的表现。

当然，对于忘记密码的情况及因存款人去世、住院等原因由家庭成员来银行提取存款的情况，银行也要有应对措施，既要保障存款安全又要考虑到特殊情况。办法总还是有的。如果银行一概拒付，又无灵活应对之策，态度蛮横，那就是不道德的。

对于年代久远的存款，银行又没有记载，银行在没有确认之前拒付也是对的。因为现实中有伪造存折骗取银行钱的。为了避免发生真实存款超长期

不提取的情况，银行可以制订相应的制度公布于众。例如，规定每10年清点一次“不动户”存款，通知存款人来提取存款或者转存。银行应该留下存款人联系方式，与存款人沟通。凡是与存款人失去联系的存款，单独建立档案，以便以后查找。在此情况下，如果出现旧存折而银行查无底账，就可以拒付。如果银行没有对长期不动户旧存款管理制度，则对于持旧存折来要求提款的，就要找权威机构鉴定了，如果认定真实，就要付款，如果认定造假，公安部门应该介入。

# 第七章　股票投资的道德风险

[**开章语**] 股票投资中的道德风险来源于多个主体，其直接的结果总是表现为股票投资者的资金损失。探讨股票投资中的道德风险，有利于监管部门采取更加严密的措施，尽最大限度地保护投资者的利益。

## 第一节　我国股票市场发展概况

### 一、我国股票市场交易品种

股票是股份有限公司发行的证明股东所持股份的凭证。

股票按照持有者权益不同可以分为普通股票和优先股票。在我国上海证券交易所股票市场（简称沪市）和深圳证券交易所股票市场（简称深市）流通的股票都是普通股股票。

普通股票是指持有者享有股东的基本权利和义务而收益不稳定的股票。普通股票的股东可以享受的股东权利主要有6项：一是公司经营决策的参与权，途径是参加股东大会，每一份股份有一个表决权。二是公司税后盈余分配权，但分配数量不确定，视公司效益和分配政策的变化而变化，并且分配顺序列后于优先股，具体顺序是：弥补亏损、提取法定盈余公积金、提取公益金、支付优先股股利、提取任意盈余公积金、对普通股分配利润。三是公司解散清算时剩余资产的分配权，该分配权列于债权人和优先股股东之后。四是优先认股权。优先认股权是指当股份公司为增加公司资本而决定增加发行新的股票时，原普通股股东享有的按其持股比例以低于市价的某一特定价格优先认购一定数量新发行股票的权利。赋予股东此权利的目的是保证普通股股东在股份公司中保持原有的持股比例和保护原普通股股东的利益和持股价值。五是股份依法转让权。六是依法知情权，即有权获得股票发行公司应该依法披露的信息。

优先股票是指股东享有一些优先权利的股票。其“优先”主要体现在优先分配公司盈利和优先受偿剩余财产。其特征有：优先股票的股息率一般是固定的；股息分派优先；剩余资产分配优先；股东一般无表决权。依据优先股股息在当年未能足额分派时能否在以后年度派发，优先股票可以分为累积优先股票和非累积优先股票。累积优先股票是指历年股息累计发放的优先股票，当公司在某年无力支付优先股的股息时，可以累积到以后有能力支付时一起付清。非累积优先股票是指股息当年结清不能累计发放的优先股票，当公司某年度无力支付股息时，所欠股息不予累积计算，以后不予补发。按照在公司盈利较多的年份里除了固定的股息之外能否参与本期盈余的分配，优先股票可以分为参与优先股票和非参与优先股票。参与优先股票是指除了按规定分得本期固定股息外，还有权与普通股股东一起参与本期剩余盈利分配的优先股票。非参与优先股票是指除了按规定分配的本期固定股息外，无权再参与对本期剩余盈利分配的优先股票。依据优先股能否在一定条件下转换为其他品种的证券，优先股票可以分为可转换优先股票和不可转换优先股票。可转换优先股票是指发行后在一定条件下允许持有者将它转换为其他种类股票的优先股票。不可转换优先股是指发行后不允许其持有者将它转换为其他种类股票的优先股票。依据在一定条件下该优先股票能否由原发行的股份公司出价赎回，优先股票可以分为可赎回优先股票和不可赎回优先股票。可赎回优先股票是指在发行后一定时期可按特定的赎买价格由发行公司收回的优先股票，其中又分为强制赎回与任意赎回两种类型。不可赎回优先股票是指发行后根据规定不能赎回的优先股票。依据股息率是否允许变动，优先股票可以分为股息率可调整优先股票和股息率固定优先股票。

在沪深股市流通的股票按照交易用货币划分可以分为 A 股和 B 股两种。A 股是指由我国境内的公司发行，以人民币认购和交易，在沪深证券交易所上市交易的普通股票；B 股是指以人民币表明面值，以外币认购和买卖，在沪深证券交易所上市交易的人民币特种股票。在沪市交易的股票用美元交易，在深市交易的股票用港币交易。

按照是否记载股东姓名，股票分为记名股票和不记名股票。在沪深股市交易的股票都是记名股票。

记名股票是指在股票票面和股份公司的股东名册上记载股东姓名的股票。

记名股票有4个特点：一是股东权利属于记名股东；二是可以规定发起人认购股票的款项不必一次交足，因为公司与股东之间的关系是特定的；三是转让相对复杂或受限制，需要依照一定程序过户，并且有条件限制；四是便于挂失，相对安全。当股票完全采用电子化形式时，股票票面是无形的，是观念上的，其表现形式是股东的股票账户中的记载和股票交易成交后的交割单。

不记名股票又称为无记名股票，是指在股票票面和股份公司股东名册上均不记载股东姓名的股票。发行无记名股票的，公司应当记载其股票数量、编号及发行日期。无记名股票具有4个特点：一是股东权利属于股票持有者；二是认购股款时要求交足股款；三是转让相对简单；四是安全性较差，丢失无法挂失。不记名股票适合于书面形式，不适合于电子化形式。

2013年12月28日修订的《中华人民共和国公司法》第一百二十九条规定：公司发行的股票，可以为记名股票，也可以为无记名股票。公司向发起人、法人发行的股票，应当为记名股票，并应当记载该发起人、法人的名称或者姓名，不得另立户名或者以代表人姓名记名。第一百三十条规定：公司发行记名股票的，应当置备股东名册，记载下列事项：①股东的姓名或者名称及住所；②各股东所持股份数；③各股东所持股票的编号；④各股东取得股份的日期。发行无记名股票的，公司应当记载其股票数量、编号及发行日期。

按照是否限售，股票可以分为无限售流通股和有限售条件股份。

无限售流通股是指不规定限售条件，根据交易所安排直接上市流通的股份。上网定价发行的首次公开发行股份就是无限售流通股。

有限售条件股份是指有限制流通条件、只有满足一定要求后方可上市流通的股份。

《中华人民共和国公司法》第一百四十一条规定，“发起人持有的本公司股份，自公司成立之日起一年内不得转让。公司公开发行股份前已发行的股份，自公司股票在证券交易所上市交易之日起一年内不得转让。”“公司董事、监事、高级管理人员应当向公司申报所持有的本公司的股份及其变动情况，在任职期间每年转让的股份不得超过其所持有本公司股份总数的百分之二十五；所持本公司股份自公司股票上市交易之日起一年内不得转让。上述人员离职后半年内，不得转让其所持有的本公司股份。公司章程可以对公司董事、监事、高级管理人员转让其所持有的本公司股份作出其他限制性规定。”

## 二、我国股票市场结构

我国的股票市场按照股票进入市场的顺序或者市场功能划分，分为发行市场和流通市场。发行市场又称为一级市场、初级市场，其特点是资金从投资者账户流入发行人账户，进入实体经济领域。发行市场的独特功能是“资源配置”，即为发行人筹集资金提供便利。交易市场又称为二级市场、流通市场，其特点是资金在投资者之间流动。流通市场的独特功能是为股票投资者转让股票提供便利，或者说是为股票提供流动性。发行市场和流通市场的共同功能是为投资者提供一条增加“财产性收入”的投资渠道，此功能可以简称为“投资功能”。发行市场是流通市场的基础和前提，没有发行市场，流通市场就断了股票来源；发行市场的股票扩容规模和速度对流通市场的股票供应规模和交易价格有很大的影响，股票发行越多、越快，越不利于流通价格上涨；发行市场价格越高，流通市场的盈利空间越小。反过来，股票流通市场是股票发行市场得以持续发行股票的必要条件，如果没有流通市场，或者流通市场不活跃，价格不高，发行市场的股票也难以销售，股票价格也高不了。因此，两种市场缺一不可。投资者要同时关注两个市场的变化。

按照上市公司规模、发行人条件、监管要求划分，我国股票市场分为主板市场、创业板市场和三板市场。这被称为“多层次资本市场”。

主板市场又叫一板市场，是指传统意义上的股票市场，是股票发行、上市及交易的主要场所。主板市场对发行人的条件要求较严格。我国 1990 年开业的上海证券交易所市场与 1991 年正式开业的深圳证券交易所市场，在创业板市场未开立以前均为主板市场。

2004 年 6 月 25 日，为了将来顺利地创建创业板，在深圳证券交易所主板市场设立了“中小企业板块”，首批 8 只股票上市交易。中小企业板块属于主板的组成部分，该板块的股票以“002”开头。根据 2004 年 5 月 17 日发布的《深圳证券交易所设立中小企业板块实施方案》，中小板有“两个不变”和“四个独立”。“两个不变”，即中小企业板块运行所遵循的法律法规和部门规章，与主板市场相同；中小企业板块的上市公司符合主板市场的发行上市条件和信息披露要求。“四个独立”，即中小企业板块是主板市场的组成部分，同时实行运行独立、监察独立、代码独立、指数独立。

创业板市场又叫二板市场、第二板市场，是与主板市场相对应而存在、主要针对中小成长性新兴公司而设立的市场，其对发行上市公司的条件要求一般比主板市场低。美国纳斯达克市场就是创业板市场。该市场的定位是为具有高成长性的中小企业和高科技企业融资服务，是一条中小企业直接融资渠道，其功能主要表现在两个方面：一是承担风险资本退出窗口的功能；二是优化资源配置的功能。2009 年 10 月 30 日，深圳证券交易所创业板首批 28 只股票上市交易。创业板市场与主板市场使用同一套交易系统。

三板市场即代办股份转让系统，是指经中国证券业协会批准，由具有代办非上市公司股份转让业务资格的证券公司采用电子交易方式，为非上市公司提供特别转让服务的系统。

我国股票市场按照地域划分可以分为沪深股市（即上海证券交易所股票市场和深圳证券交易所股票市场）、香港股市、澳门股市和台湾股市。

## 三、我国股票市场的参与主体

### （一）股票发行人

股票发行人是为自己筹集资金而发行股票的主体。如果从事股票发行活动但所筹资金不归其支配，该主体就不是股票发行人。股票的发行者是发行股票后筹集资金归其支配的股份有限公司。

### （二）股票投资人

股票投资人是通过股票市场进行投资的各类机构法人和自然人，是股票市场得以存在的最基本的要素。

按照投资人的身份划分，股票投资人可以分为机构投资者和个人投资者。

机构投资者（Institutional Investors）包括政府机构、企业和事业单位、金融机构、各类基金、外国机构投资者等。

### （三）股票市场中介机构

股票市场中介机构包括证券公司和证券服务机构。

我国的证券公司是指依照《中华人民共和国公司法》和《中华人民共和国证券法》规定设立的经营证券业务的有限责任公司或者股份有限公司。经国务院证券监督管理机构批准，证券公司可以经营下列部分或者全部业务：

①证券经纪；②证券投资咨询；③与证券交易、证券投资活动有关的财务顾问；④证券承销与保荐；⑤证券自营；⑥证券资产管理；⑦其他证券业务。当证券公司从事证券自营业务时，证券公司就是机构投资者。

当证券公司从事证券经纪业务时，证券公司就是与投资者建立委托关系的证券中介机构，是证券经纪商。证券经纪业务是指证券公司通过其设立的证券营业部接受客户委托，按照客户要求代理客户买卖证券的业务。在证券经纪业务中，证券公司不垫付资金，不赚取差价，只收取一定比例佣金作为业务收入。在证券经纪业务中，包含的要素有委托人、证券经纪商、证券交易所和证券交易的对象。证券经纪商与客户之间是委托代理关系。证券经纪商是证券市场的中坚力量，其作用主要体现在充当证券买卖的媒介和提供咨询服务。当投资者在证券公司营业部开立了证券交易结算资金账户，双方签订了《证券交易委托代理协议书》后，双方之间就建立了经纪关系。当投资者下达了证券买卖委托指令，证券经纪商受理了委托后，双方之间就建立了实质上的委托关系。

当证券公司从事证券承销业务时，证券公司就是与发行人建立委托关系的证券中介机构，是投资银行。

证券服务机构是指依法设立的从事证券服务业务的法人机构，主要包括证券登记结算机构、证券信息服务机构、证券投资咨询机构、会计师事务所、资产评估机构、律师事务所等。

证券登记结算机构是为证券交易提供集中登记、存管与结算服务，不以营利为目的的法人。设立证券登记结算机构必须经国务院证券监督管理机构批准。2001 年 3 月 30 日，按照《证券法》关于证券登记结算集中统一运营的要求，经国务院同意，中国证监会批准，中国证券登记结算有限公司依据《中华人民共和国证券法》和《中华人民共和国公司法》组建成立。同年 9 月，中国结算上海、深圳分公司正式成立。从 2001 年 10 月 1 日起，中国结算承接了原来隶属于上海和深圳证券交易所的全部登记结算业务，标志着全国集中统一的证券登记结算体制的组织架构已经基本形成。公司总资本为人民币 12 亿元，上海、深圳证券交易所是公司的两个股东，各持 50% 的股份。公司总部设在北京，下设上海、深圳两个分公司。中国证监会是公司的主管部门。证券登记结算机构履行下列职能：证券账户、结算账户的设立；证券的存管和过户；证券持有人名册登记；证券交易所上市证券交易的清算和交收；

受发行人的委托派发证券权益；办理与上述业务有关的查询；国务院证券监督管理机构批准的其他业务。

证券信息服务机构是指编制、经营证券指数及被授权发布证券信息的机构。目前，我国的中证指数有限公司、深圳证券信息有限公司和上证所信息网络有限公司等属于证券信息服务机构。

证券投资咨询是指从事证券投资咨询业务的机构及其投资咨询人员以下列形式为证券投资人或者客户提供证券投资分析、预测或者建议等直接或者间接有偿咨询服务的活动：接受投资人或者客户委托，提供证券投资咨询服务；举办有关证券投资咨询的讲座、报告会、分析会等；在报刊上发表证券投资咨询的文章、评论、报告，以及通过电台、电视台等公众传播媒体提供证券投资咨询服务；通过电话、传真、电脑网络等电信设备系统，提供证券投资咨询服务；中国证券监督管理委员会（以下简称中国证监会）认定的其他形式。

证券投资咨询者是对证券市场行情变动趋势和变动原因及相关因素本身进行分析并为投资者提供投资咨询、财务顾问、决策依据等服务的机构和人员。对于从事证券投资咨询业务的专业人员，一般称之为证券投资分析师。

会计师事务所、资产评估机构和律师事务所主要是为上市公司服务的，例如在上市公司募股说明书和财务报告中发表意见。

### （四）自律性组织

与股票相关的自律性组织包括证券交易所和证券业协会。

我国《证券法》将证券交易所定义为：证券交易所是为证券集中交易提供场所和设施，组织和监督证券交易，实行自律管理的法人。

证券交易所的主要职能包括：提供证券交易的场所和设施；制定业务规则；接受上市申请、安排证券上市；组织、监督证券交易；对会员和上市公司进行监管；管理和公布市场信息；中国证监会许可的其他职能。

证券交易所本身不从事证券买卖业务，只为证券交易提供场所和各项服务，同时履行对证券交易的监管职能。

从组织形式上看，证券交易所分为会员制和公司制两种。我国现在有两家证券交易所，均实行会员制。上海证券交易所于1990年11月26日成立，同年12月19日正式营业。深圳证券交易所于1989年11月15日筹建，1990

年12月1日成立，1991年7月3日正式开业。证券交易所的会员主要是证券商，会员大会是最高权力机构，理事会是执行机构，理事会聘请经理人员负责日常事务。

中国证券业协会是依据《中华人民共和国证券法》和《社会团体登记管理条例》的有关规定设立的证券业自律性组织，属于非营利性社会团体法人，接受中国证监会和国家民政部的业务指导和监督管理。中国证券业协会成立于1991年8月28日。中国证券业协会的最高权力机构是由全体会员组成的会员大会，理事会为其日常的执行机构。中国证券业协会实行会长负责制。截至2013年年底，协会共有会员727家，其中，法定会员115家，普通会员540家，特别会员72家。协会的宗旨是：在国家对证券业实行集中统一监督管理的前提下，进行证券业自律管理；发挥政府与证券行业间的桥梁和纽带作用；为会员服务，维护会员的合法权益；维持证券业的正当竞争秩序，促进证券市场的公开、公平、公正，推动证券市场的健康稳定发展。

### （五）证券监管机构

在中国，由中国证券监督管理委员会（简称证监会）负责对证券市场进行监管。中国证监会为国务院直属正部级事业单位，依照法律、法规和国务院授权，统一监督管理全国证券期货市场，维护证券期货市场秩序，保障其合法运行。

1992年10月，国务院证券委员会（简称国务院证券委）和中国证券监督管理委员会（简称中国证监会）宣告成立。国务院证券委是国家对证券市场进行统一宏观管理的主管机构。中国证监会是国务院证券委的监管执行机构，依照法律法规对证券市场进行监管。

1993年11月，国务院决定将期货市场的试点工作交由国务院证券委负责，中国证监会具体执行。

1995年3月，国务院正式批准《中国证券监督管理委员会机构编制方案》，确定中国证监会为国务院直属副部级事业单位，是国务院证券委的监管执行机构，依照法律法规的规定，对证券期货市场进行监管。

1997年8月，国务院决定将上海、深圳证券交易所统一划归中国证监会监管；同时，在上海和深圳两市设立中国证监会证券监管专员办公室；同年11月，中央召开全国金融工作会议，决定对全国证券管理体制进行改革，理顺证券监管体制，对地方证券监管部门实行垂直领导，并将原由中国人民银行监管的证券经营机构划归中国证监会统一监管。

1998 年 4 月，根据国务院机构改革方案，决定将国务院证券委与中国证监会合并组成国务院直属正部级事业单位。

1998 年 9 月，国务院批准了《中国证券监督管理委员会职能配置、内设机构和人员编制规定》，进一步明确中国证监会为国务院直属事业单位，是全国证券期货市场的主管部门，进一步强化和明确了中国证监会的职能。

依据有关法律法规，中国证监会在对证券市场实施监督管理中履行下列职责：①研究和拟订证券期货市场的方针政策、发展规划；起草证券期货市场的有关法律、法规，提出制定和修改的建议；制定有关证券期货市场监管的规章、规则和办法。②垂直领导全国证券期货监管机构，对证券期货市场实行集中统一监管；管理有关证券公司的领导班子和领导成员。③监管股票、可转换债券、证券公司债券和国务院确定由证监会负责的债券及其他证券的发行、上市、交易、托管和结算；监管证券投资基金活动；批准企业债券的上市；监管上市国债和企业债券的交易活动。④监管上市公司及其按法律法规必须履行有关义务的股东的证券市场行为。⑤监管境内期货合约的上市、交易和结算；按规定监管境内机构从事境外期货业务。⑥管理证券期货交易所；按规定管理证券期货交易所的高级管理人员；归口管理证券业、期货业协会。⑦监管证券期货经营机构、证券投资基金管理公司、证券登记结算公司、期货结算机构、证券期货投资咨询机构、证券资信评级机构；审批基金托管机构的资格并监管其基金托管业务；制定有关机构高级管理人员任职资格的管理办法并组织实施；指导中国证券业、期货业协会开展证券期货从业人员资格管理工作。⑧监管境内企业直接或间接到境外发行股票、上市及在境外上市的公司到境外发行可转换债券；监管境内证券、期货经营机构到境外设立证券、期货机构；监管境外机构到境内设立证券、期货机构、从事证券、期货业务。⑨监管证券期货信息传播活动，负责证券期货市场的统计与信息资源管理。⑩会同有关部门审批会计师事务所、资产评估机构及其成员从事证券期货中介业务的资格，并监管律师事务所、律师及有资格的会计师事务所、资产评估机构及其成员从事证券期货相关业务的活动。⑪依法对证券期货违法违规行为进行调查、处罚。⑫归口管理证券期货行业的对外交往和国际合作事务。⑬承办国务院交办的其他事项。

## 四、我国股票市场的发展规模

表7－1和表7－2是2010年以来沪深股市发展情况。

表7－1　　2010年以来沪市股市发展情况

| 项　目 | 2010年 | 2011年 | 2012年 | 2013年 | 2014年 |
|---|---|---|---|---|---|
| 上市公司家数 | 894 | 931 | 954 | 953 | 1007 |
| 上市A股数（只） | 884 | 921 | 944 | 944 | 986 |
| 上市B股数（只） | 54 | 54 | 54 | 53 | 53 |
| 发行总股本（亿股） | 21939.51 | 23466.65 | 24617.62 | 25751.69 | 27085.17 |
| 市价总值（亿元） | 179007.24 | 148376.22 | 158698.44 | 151165.27 | 243974.02 |
| 流通股数（亿股） | 16031.30 | 17993.80 | 19521.34 | 23731.13 | 24914.59 |
| 流通市值（亿元） | 142337.44 | 122851.36 | 134294.45 | 136526.38 | 220495.87 |
| 股票筹资额（亿元 | 5532.14 | 3199.69 | 2890.31 | 2515.72 | 3962.59 |
| 其中： | | | | | |
| 首发股筹资（亿元） | 1891.51 | 1014.01 | 333.57 | 0 | 311.77 |
| 新增上市公司（家） | 26 | 39 | 26 | 1 | 43 |
| 再发股筹资（亿元） | 3640.62 | 2185.68 | 2556.74 | 2515.72 | 3650.82 |
| 再筹资公司家数 | 95 | 97 | 102 | 154 | 176 |
| 优先股筹资额 | | | | | 1030.00 |
| 优先股家数 | | | | | 5 |
| 股票成交额（亿元） | 304312.01 | 237560.45 | 164545.01 | 229608.76 | 375634.40 |
| 其中： | | | | | |
| A股成交额（亿元） | 303215.93 | 236809.12 | 164047.38 | 228918.82 | 375149.95 |
| B股成交额（亿元） | 1096.08 | 746.19 | 413.48 | 689.94 | 484.45 |
| 平均市盈率 | 21.61 | 13.40 | 12.30 | 10.99 | 15.99 |
| 其中： | | | | | |
| A股 | 21.60 | 13.41 | 12.29 | 10.988 | 15.99 |
| B股 | 23.91 | 12.28 | 13.18 | 11.622 | 15.77 |

续　表

| 项　目 | 2010 年 | 2011 年 | 2012 年 | 2013 年 | 2014 年 |
| --- | --- | --- | --- | --- | --- |
| 股票投资者（万户） | 8154.23 | 8705.02 | 8996.40 | 9253.44 | 9737.52 |
| 其中： | | | | | |
| A 股 | 8001.44 | 8550.85 | 8841.56 | 9097.69 | 9580.73 |
| B 股 | 152.78 | 154.17 | 154.84 | 155.75 | 156.79 |

注：市价总值、流通市值均包括 A 股和 B 股；筹资额是当年新增数字；再次发行股票筹资包括股票增发、配股、权证行权、可转换公司债券转股等筹资。

资料来源：根据上海证券交易所网站提供的统计数据整理。

**表 7－2　　2010 年以来深市股市发展情况**

| 项目 | 2010 年 | 2011 年 | 2012 年 | 2013 年 | 2014 年 |
| --- | --- | --- | --- | --- | --- |
| 上市公司家数 | 1169 | 1411 | 1540 | 1536 | 1618 |
| 其中： | | | | | |
| 中小板 | 531 | 646 | 701 | 701 | 732 |
| 创业板 | 153 | 281 | 355 | 355 | 406 |
| 上市股票（只） | 1211 | | 1581 | 1577 | 1657 |
| 其中： | | | | | |
| 主板 A 股（只） | 473 | | 472 | 468 | 468 |
| 中小板（只） | 531 | | 701 | 701 | 732 |
| 创业板（只） | 153 | | 355 | 355 | 406 |
| 主板 B 股（只） | 54 | | 53 | 53 | 51 |
| 股票发行数（亿股） | 5044.9752 | 6278.46 | 7215.997 | 8070.3541 | 9709.93 |
| 其中： | | | | | |
| 主板 A 股（亿股） | 3350.0395316 | | 4066.038 | 4353.1804 | 5035.76 |
| 中小板（亿股） | 1366.7424048 | 1943.50 | 2410.251 | 2818.4772 | 3470.59 |
| 创业板（亿股） | 175.06287459 | 399.53 | 600.895 | 761.5631 | 1077.26 |
| 主板 B 股（亿股） | 153.13041327 | | 138.813 | 137.1335 | 126.32 |
| 市价总值（亿元） | 86415.3543 | 66381.87 | 71659.182 | 87911.9244 | 128572.94 |
| 其中： | | | | | |
| 主板 A 股（亿元） | 42490.691080 | | 33327.447 | 34740.6159 | 54811.28 |
| 中小板（亿元） | 35364.613539 | 27429.32 | 28804.029 | 37163.7393 | 51058.20 |
| 创业板（亿元） | 7365.2189169 | 7433.79 | 8731.205 | 15091.9785 | 21850.95 |
| 主板 B 股（亿元） | 1194.8307208 | | 796.502 | 915.5907 | 852.51 |

续 表

| 项目 | 2010年 | 2011年 | 2012年 | 2013年 | 2014年 |
|---|---|---|---|---|---|
| 流通股数（亿股） | 3410.8517 | 4506.06 | 5256.8888 | 6265.9933 | 7374.66 |
| 其中： | | | | | |
| 主板A股（亿股） | 2503.4734305 | | 3390.8333 | 3647.0696 | 4009.82 |
| 中小板（亿股） | 705.15280085 | 1124.65 | 1486.3908 | 2052.9855 | 2552.05 |
| 创业板（亿股） | 50.37755736 | 142.22 | 242.0522 | 430.0076 | 687.69 |
| 主板B股（亿股） | 151.84792917 | | 137.6126 | 135.9306 | 125.11 |
| 流通市值（亿元） | 50772.9681 | 42069.94 | 47363.809 | 63053.1605 | 95128.44 |
| 其中： | | | | | |
| 主板A股（亿元） | | | 26994.848 | 28385.3937 | 45194.94 |
| 中小板（亿元） | 16150 | 14343.52 | 16244.147 | 25543.7007 | 36017.99 |
| 创业板（亿元） | 2066 | 2504.08 | 3335.286 | 8218.8278 | 13072.90 |
| 主板B股（亿元） | | | 789.527 | 905.2384 | 842.61 |
| 股票筹资额（亿元 | 4083.79 | 4483.49 | 2046.44 | 1761.96 | 4229.65 |
| 其中： | | | | | |
| 首发股筹资（亿元） | 2991.07 | 1810.42 | 700.75 | 0 | 357.12 |
| 新增上市公司（家） | 321 | 243 | 129 | -4 | 82 |
| 平均市盈率 | 44.69 | 23.11 | 22.02 | 27.76 | 34.05 |
| 总成交金额（亿元） | 241321.53 | 184089.28 | 150122.41 | 238462.58 | 366750.87 |
| 其中： | | | | | |
| 中小板 | 85832 | 69026.46 | 61891.45 | 100224.40 | 152166.56 |
| 创业板 | 15718 | 18879.12 | 23304.63 | 51181.938 | 78041.35 |

注：市价总值、流通市值均包括A股和B股；筹资额是当年新增数字；再次发行股票筹资包括股票增发、配股、权证行权、可转换公司债券转股等筹资。

资料来源：根据深圳证券交易所网站提供的统计数据整理。

根据中国证券业协会提供的资料，截至2014年12月31日，我国为股票市场服务的120家证券公司总资产为4.09万亿元，净资产为9205.19亿元，净资本为6791.60亿元，客户交易结算资金余额（含信用交易资金）为1.2万亿元，托管证券市值为24.86万亿元，受托管理资金本金总额为7.97万亿元。

## 第二节　股票投资道德风险来源

### 一、股票投资道德风险的含义

本书所称股票投资的道德风险，是指因相关主体的不道德行为而给某特定的股票投资者带来损失的可能性。股票市场的参与主体需要具备法定的资格，有的需要通过参加考试取得资格证书（如从事证券发行与承销、证券经纪、证券投资咨询等，均需要参加证券从业资格考试），有的需要签署协议（例如股票发行人与股票承销商之间、股票发行人与会计师事务所等中介机构之间签署协议），有的需要提供相关材料报批（例如在注册制下股票发行人发行股票要具备一定条件并提交申报材料报中国证监会核准，股票上市也需具备一定的条件并提交申报材料报证券交易所批准）。各主体取得参与证券从业资格后，就等于承诺了遵守法律法规和业务规则，如果违法违规，就是不道德的，从而产生道德风险。

### 二、股票投资道德风险的来源

从股票投资者的角度看，道德风险来源主要有来自内幕交易的道德风险、来自操纵证券的道德风险、来自虚假信息编造和传播的道德风险、来自证券诈骗的道德风险、来自委托代理的道德风险、来自股票发行的道德风险、来自上市公司经营管理的道德风险、来自上市公司大股东掏空行为的道德风险、来自证券承销和保荐的道德风险、来自证券经纪的道德风险、来自媒体的道德风险、来自投资咨询的道德风险、来自证券监管的道德风险、来自理论研究的道德风险、来自“空手套白狼”的道德风险等。

#### （一）来自内幕交易的道德风险

2010 年 11 月 16 日，国务院办公厅以国办发〔2010〕55 号文件转发了证监会、公安部、监察部、国资委、预防腐败局《关于依法打击和防控资本市场内幕交易的意见》。在该意见中说明：内幕交易，是指上市公司高管人员、控股股东、实际控制人和行政审批部门等方面的知情人员，利用工作之便，在公司并购、业绩增长等重大信息公布之前，泄露信息或者利用内幕信息买卖证券谋取私利的行为。

《中华人民共和国刑法》第一百八十条规定：证券、期货交易内幕信息的知情人员或者非法获取证券、期货交易内幕信息的人员，在涉及证券的发行，证券、期货交易或者其他对证券、期货交易价格有重大影响的信息尚未公开前，买入或者卖出该证券，或者从事与该内幕信息有关的期货交易，或者泄露该信息，或者明示、暗示他人从事上述交易活动，情节严重的，处五年以下有期徒刑或者拘役，并处或者单处违法所得一倍以上五倍以下罚金；情节特别严重的，处五年以上十年以下有期徒刑，并处违法所得一倍以上五倍以下罚金。单位犯前款罪的，对单位判处罚金，并对其直接负责的主管人员和其他直接责任人员，处五年以下有期徒刑或者拘役。证券交易所、期货交易所、证券公司、期货经纪公司、基金管理公司、商业银行、保险公司等金融机构的从业人员以及有关监管部门或者行业协会的工作人员，利用因职务便利获取的内幕信息以外的其他未公开的信息，违反规定，从事与该信息相关的证券、期货交易活动，或者明示、暗示他人从事相关交易活动，情节严重的，依照前述内幕信息的规定处罚。

《中华人民共和国证券法》第七十三条规定：禁止证券交易内幕信息的知情人和非法获取内幕信息的人利用内幕信息从事证券交易活动。

《中华人民共和国证券法》第七十四条规定：证券交易内幕信息的知情人包括：发行人的董事、监事、高级管理人员；持有公司百分之五以上股份的股东及其董事、监事、高级管理人员，公司的实际控制人及其董事、监事、高级管理人员；发行人控股的公司及其董事、监事、高级管理人员；由于所任公司职务可以获取公司有关内幕信息的人员；证券监督管理机构工作人员以及由于法定职责对证券的发行、交易进行管理的其他人员；保荐人、承销的证券公司、证券交易所、证券登记结算机构、证券服务机构的有关人员；国务院证券监督管理机构规定的其他人。

《关于依法打击和防控资本市场内幕交易的意见》中对内幕信息的定义是：内幕信息，是指上市公司经营、财务、分配、投融资、并购重组、重要人事变动等对证券价格有重大影响但尚未正式公开的信息。《中华人民共和国证券法》第七十五条规定：证券交易活动中，涉及公司的经营、财务或者对该公司证券的市场价格有重大影响的尚未公开的信息，为内幕信息。下列信息皆属内幕信息：本法第六十七条第二款所列重大事件；公司分配股利或者增资的计划；公司股权结构的重大变化；公司债务担保的重大变更；公司营业用主要资产的抵押、出售或者报废一次超过该资产的百分之三十；公司的董事、监事、高级管理人员的行为可能依法承担重大损害赔偿责任；上市公司收购的有关方案；国务院证券监督管理机构认定的对证券交易价格有显著影响的其他重要信息。证券交易内幕信息的知情人和非法获取内幕信息的人，在内幕信息公开前，不得买卖该公司的证券，或者泄露该信息，或者建议他人买卖该证券。

《中华人民共和国证券法》第六十七条规定：发生可能对上市公司股票交易价格产生较大影响的重大事件，投资者尚未得知时，上市公司应当立即将有关该重大事件的情况向国务院证券监督管理机构和证券交易所报送临时报告，并予公告，说明事件的起因、目前的状态和可能产生的法律后果。

《中华人民共和国证券法》第六十七条列出的重大事件包括：公司的经营方针和经营范围的重大变化；公司的重大投资行为和重大的购置财产的决定；公司订立重要合同，可能对公司的资产、负债、权益和经营成果产生重要影响；公司发生重大债务和未能清偿到期重大债务的违约情况；公司发生重大亏损或者重大损失；公司生产经营的外部条件发生的重大变化；公司的董事、三分之一以上监事或者经理发生变动；持有公司百分之五以上股份的股东或者实际控制人，其持有股份或者控制公司的情况发生较大变化；公司减资、合并、分立、解散及申请破产的决定；涉及公司的重大诉讼，股东大会、董事会决议被依法撤销或者宣告无效；公司涉嫌犯罪被司法机关立案调查，公司董事、监事、高级管理人员涉嫌犯罪被司法机关采取强制措施；国务院证券监督管理机构规定的其他事项。

我国股市的内幕交易一直难以根除。自上海证券交易所和深圳证券交易所成立以来，中国内地股市曾经有多起内幕交易大案被曝光。仅 2010 年 1—10 月，中国证监会新增非正式调查案件 100 件，其中内幕交易 74 件；正式立案 88 件，其中内幕交易 42 件。从移送公安内幕交易案件数量看，2008 年移送 4 起，2009 年移送 8 起，2010 年 1—10 月移送 14 起。从曝光的案例看，内幕交易的手法包括但不限于以下两种：一是在有利于股价上涨的信息（例如上市公司购并重组）未公开以前，信息知情人自己或其亲属、朋友在低价位买入股票，待信息公开披露、股价上涨以后，再把股票高价抛售获利，不知情的投资者则在高位接盘被套；二是在促使股价下跌的利空信息未公开以前，知情人自己或者告知其亲属、朋友抛售股票，而不知情的投资者则接盘，当信息公开之后，股价进一步下跌，给接盘的投资者造成很大损失。

**[股票投资道德风险案例7-1] N市刘某“高淳陶瓷”股票内幕交易案**

N市刘某“高淳陶瓷”股票（600562）内幕交易案，是引起公安部、中国证监会等高层重视的全国首起国家机关工作人员涉足内幕交易的案件。高淳陶瓷股票于2003年1月上市，其股价在2009年4月份徘徊在7元左右。在高淳陶瓷停牌筹划重组前一天即2009年4月20日，高淳陶瓷股票价格于开盘后几分钟涨停，达8.13元。2009年4月21日，高淳陶瓷股票因重组而停牌。2009年5月22日，股票复牌，股价当日上涨9.96%，收于8.94元。截至2009年6月8日，该股股价一连10个交易日连续涨停至21.07元（2011年3月1日该股收盘价为46.89元）。

刘某曾于2009年2月至4月期间代表N市经委参与中国电子科技集团公司第十四研究所及其下属企业国睿集团有限公司与高淳县人民政府进行的有关高淳陶瓷股份有限公司重组的洽谈。在重组信息未披露以前，刘某将重组信息告知了其妻陈某。陈某是某证券有限责任公司职员。刘某和陈某共谋，在高淳陶瓷重组信息未公开以前，通过网上委托交易方式，先后分6次买入高淳陶瓷60.39万股，每股成本低于8元。从2009年5月22日至6月24日（该日高淳陶瓷股价收盘21.51元），两人将高淳陶瓷股票全部卖出，非法获利700多万元。

案发后，此案引起了公安部的重视，并将该案交由江苏省公安厅侦办。2009年11月23日，江苏省公安厅将两人刑事拘留；12月29日，N市十四届人大常务会议免去刘某N市经济委员会主任职务以及省十一届人大代表职务；12月30日刘某和陈某经江苏省人民检察院批准逮捕。南通中院受理此案后，成立了大要案审判领导小组，2010年12月30日上午，法院作出一审判决，刘某因内幕交易罪被判处有期徒刑五年，没收非法所得700多万

（资料来源：根据《扬子晚报》2011年1月1日作者马燕、刘璞的报道整理。）

**[股票投资道德风险案例7-2] 中山公用股票内幕交易案**

中山公用股票（代码000685），曾用名为佛山兴华、公用科技，于1997年1月23日开始在深圳证券交易所上市。

2000年，成立于1998年10月的中山公用事业集团，收购了上市公司佛

山兴华并将其改名为“公用科技”。

2007年2月，中山市政府对公用集团产业架构进行了调整，将路桥、工程施工等资产从公用集团划出。

2007年7月2日星期一，公用科技股票突然涨停，收盘价7.44元（6月29日星期五收盘价6.76元）。次日，再次涨停，收于8.18元。7月4日，该股票开始停牌。8月19日晚，该股票上市公司公布重组方案：吸收合并大股东公用集团并定向增发收购中山五家区镇的供水资产。8月20日，公用科技股票复牌，自当日一直到9月10日，股价连续14个涨停板，9月10日收盘价31.10元。2008年，公用科技股票更名为中山公用。

2010年5月30日下午，广东省纪委一位副书记找中山市市长，曾被评为“中国十大品牌市长”的李某谈话，随即，李某被中央纪委直接带走。当晚22点多，广东纪检监察网发布消息称，李某“因涉嫌严重经济违纪问题接受组织调查”。5月31日上午9时许，中山市紧急召开了处级以上干部通报会，在会上，参会者被告知：李某因涉嫌中山公用股票内幕交易而落马。2010年5月31日，中山公用股票停牌，原因是“中山公用事业集团股份有限公司发生对股价可能产生较大影响、没有公开披露的重大事项”。2010年6月2日，中山公用上市公司发布公告称，公司董事长谭某与总经理郑某均暂不能履职，授权某董事代行董事长和总经理职责。2010年7月8日，中山公用上市公司发布公告称，收到公司董事长谭某、董事总经理郑某于2010年7月2日签署的书面辞职报告，其中谭某申请辞去公司董事长、董事职务，郑某申请辞去公司董事、总经理职务。根据公司相关制度规定，两人的辞职申请已经生效，两人辞职后不再担任公司其他职务。广发证券也表示，日前，公司收到董事谭某提交的书面辞职报告，因个人原因请求辞去公司董事职务。2010年7月17日，中山公用上市公司发布公告称：7月15日收到广东省公安厅经济犯罪侦查局《关于谭某、郑某涉嫌泄露内幕信息、内幕交易案相关情况的函》，函称“谭某（原中山公用董事长）因涉嫌泄露内幕信息犯罪，郑某（原中山公用总经理）因涉嫌泄露内幕信息、内幕交易犯罪于5月29日被刑事拘留，同年7月5日经广东省人民检察院批准逮捕。”

**［股票投资道德风险案例7-3］券商内幕交易第一案**

2006年2月证监会下发了一份通报批评，指出广发证券总裁董某在没有向外界和监管机构如实披露的情况下，以他自己为实际控制人的公司受让了广发证券的股权。

2006年6月5日，上市公司延边公路发布公告，披露广发证券拟借壳上市，公司股票自该日起停牌。

2006年7月，监管层再度作出调查。董某被怀疑在广发证券借壳延边公路一事中涉嫌内幕交易，其亲属提早进入了延边公路，购买延边公路的股票达200万股。

2006年9月26日，上市公司延边公路发布公告称，延边公路将以全部资产及负债回购并注销吉林敖东所持的46.15%股权，同时，延边公路其他非流通股股东将按每10股缩为7.1股的比例单向缩股。另外，换股比例仍为每0.83股广发证券股份换1股延边公路股份，股改后广发证券原股东将成为延边公路股东。

2006年10月20日，换股方案公布后，延边公路仅上市交易了七个交易日，就于10月20日起再次停牌。

2007年4月11日，延边公路、吉林敖东公告称，广发证券借壳上市一事仍未接到监管部门的核准文件。

2007年5月，中国证监会依照相关规定将广发证券借壳上市过程中有关人员涉嫌经济犯罪线索移送公安部。公安部随即部署广东省公安机关依法进行查处。6月初，广东省公安机关立案侦查。

2007年6月12日，董某的弟弟董DW被公安机关抓获，10日后，董某也被抓获。

2007年6月21日，吉林敖东、延边公路双双发布公告称，因吉林敖东为收购深国投所持延边公路18.83%股权而未能及时履行披露义务，双方均收到中国证监会《行政处罚决定书》。中国证监会决定对吉林敖东和延边公路两家公司及其董事长等相关人员开出了总额达115万元的罚单。

2007年7月19日，经广东省检察机关批准，公安机关对涉嫌内幕交易、泄露内幕信息犯罪的董某等人执行逮捕。

据公诉机关指控，董某在2006年2月至5月间，利用其主导广发证券借壳延边公路上市的便利，向其弟董DW、同学赵某泄露内幕消息。其中董DW在2006年2月至5月，先后买入1400多万延边公路股票，共投资7000万元，从中获利5000多万元后，于2006年6月初将本金和赢利共计1亿多元提出。

经中国证监会认定，赵某在价格敏感期内买入延边公路股票49.81万股，买入金额247.8万元；卖出29.49万股，卖出金额182.49万元，账面盈利101.73万元人民币。在董某卖出延边公路的第二天，赵某开始买入。赵在法庭上说，发布澄清公告后，5月12日立即打电话给董某，但是“电话没打通”，没有求证到结果，但是还是买了。5月18日再次打电话给董某，董某如此回复：广发在借壳一共有六个备选，“延边公路只是其中之一”。

2008年7月18日，广发证券借壳涉嫌内幕交易案在广州市天河区人民法院第一次开庭审理。2008年8月1日再次开庭审理此案。

2009年1月9日上午，有中国“券商内幕交易第一案”之称的董某等3人涉嫌泄露内幕信息和内幕交易案，在广州市天河区法院作出一审判决。

据广州市天河区人民检察院指控，原广发证券总裁董某2006年将“广发证券借壳延边公路上市”的内幕信息透露给被告人董DW和赵某，董DW和赵某利用该内幕信息大量买卖延边公路股票，分别获利人民币5000多万元和101.73万元。

法官在判决时说，法院查明，2006年董某向董DW和赵某泄露广发证券借壳延边公路的内幕信息，董DW和赵某利用该内幕信息分别获利人民币22846712.42元和约100万元。为应付中国证监会调查，董DW、赵某伙同他人向中国证监会作伪证，董DW还指使多人迅速提取买卖延边公路股票的全部资金。

法院认为，董某作为广发证券借壳延边公路内幕信息的知情人员，在该内幕信息公开之前，向董DW、赵某泄露该内幕信息，情节严重，构成泄露内幕信息罪；董DW、赵某非法获取广发证券借壳延边公路的内幕信息后，在该内幕信息公开前，买入、卖出延边公路股票，情节严重，构成内幕交易罪。法院还认为，由于现有证据不足以证实董某与董DW、赵某有内幕交易的共同主观故意及客观行为，故指控董某内幕交易罪名不能成立。

2009年1月9日的一审判决中法院认为，董某作为广发证券借壳延边公路内幕信息的知情人员，在该内幕信息公开之前，向另两位被告人泄露该内幕信息，情节严重，构成泄露内幕信息罪。法院一审判处董某有期徒刑四年，并处罚金300万元。其弟董DW犯内幕交易罪，判处有期徒刑四年，并处罚金2500万元。董某的大学同学赵某同样因内幕交易罪获刑一年零九个月，罚金100万元。三名被告均不服判决，当庭表示将提起上诉。上诉理由包括被告操作延边公路股票的行为符合利用公开信息的一般投资人的习惯，以及检方未能提供董某如何向董DW泄露内幕信息的证据，即电话录音。

广州市中级人民法院于2009年3月27日下午对董某内幕交易案二审宣判，驳回三名被告的上诉，维持原判。经过书面审理，广州中院认为，董某的供述及董DW买卖延边公路股票的异常交易、事后向中国证监会作伪证等客观行为相互印证，足以证实董某向董DW泄露内幕信息、董DW利用该内幕信息买卖股票的事实。同样，董DW与赵某的供述相互印证，也能证明二人的违法行为。另外，泄露内幕信息的方式多种多样，并非只有通过电话联系这种方式，缺少通话记录一份证据并不影响事实认定。

董某等三人在听取判决结果后，情绪平稳，表示服从判决

（资料来源：根据《第一财经日报》2009年3月30日蒋飞的报道和新华网广州记者詹奕嘉2009年1月9日的报道整理。）

**[股票投资道德风险案例7－4] 杭萧钢构股票内幕交易案**

2008年2月4日，浙江省丽水市中级人民法院4日对杭萧钢构（600477）股票内幕交易案三名被告人进行一审宣判，公诉机关指控的罪名全部成立，三名被告人均被判有期徒刑。

本案审判长宣读判决书：罗某身为内幕信息知情人员，在涉及证券的发行、交易和对证券的价格有重大影响的信息尚未公开前，故意泄露内幕信息给知情人员以外的人，造成他人利用内幕信息进行内幕交易，情节严重；陈某、王某非法获取内幕信息并利用内幕信息进行股票交易，情节严重。

法院最后作出一审判决：丽水市人民检察院指控三名被告人的罪名全部成立，杭萧钢构公司年仅27岁的证券办副主任、证券事务代表罗某犯泄露内幕信息罪，被判处有期徒刑一年六个月；公司原证券办主任陈某犯内幕交易罪，被判处有期徒刑两年六个月；以炒股为业的王某犯内幕交易罪，被判处有期徒刑一年六个月，缓刑两年。陈某和王某的违法所得人民币4037万元被追缴，此外，他们还分别被处以4037万元罚金。

事件回溯到2007年1月下旬，刚刚从浙江杭萧钢构股份有限公司证券办主任岗位辞职的陈某陆续听到公司正在洽谈一个大项目。这个消息引起了陈某的极大兴趣，他急切地想知道，这个大项目会给杭萧钢构股价带来多大的“刺激”。

原来，杭萧钢构公司从2006年11月开始与中国国际基金有限公司接触，

洽谈安哥拉公房由混凝土结构改成钢结构的项目。2007 年 2 月 8 日，双方就这个项目的价格、工期和付款方式等基本内容达成一致。根据后来的公告，这个项目“整体涉及总金额人民币约 300 亿元”。

此后经中国证监会确认，2007 年 2 月 8 日为“安哥拉项目”内幕信息形成日，2 月 8 日至 2 月 14 日为“安哥拉项目”内幕信息的价格敏感期。

就在此时，陈某的触角逐步伸向了内幕信息的核心：2 月 11 日，陈某从公司事业部经理处得知，杭萧钢构公司正在洽谈安哥拉安居房建设工程项目，金额达 300 亿元。他当即通过电话将此事告诉以炒股为业的王某，王某在第二天便按照陈 YX 的指令买入杭萧钢构股票 2776996 股。

陈某与王某的“合作”早在 2003 年 12 月就已经开始。当时，还在杭萧钢构公司工作的陈某便与王某约定，由王某出资，按陈某的指令买卖股票，获利部分陈某得 30%，亏损由王某负责。三年中，王某按陈某指令炒股获利 4700 余万元。

陈某和王某更多地买入杭萧钢构股票是在他们和罗某接触之后。2007 年一二月间，时任杭萧钢构公司证券办副主任、证券事务代表的罗某在工作中了解到了“安哥拉项目”的相关情况。2 月 12 日下午，陈某为核实情况，主动打电话给罗某。在电话中，罗某违反证券法有关规定，将自己知悉的相关信息透露给了辞职不久的“老领导”。

2 月 13 日、14 日，陈某根据从罗某处获得的内幕信息，指令王某分别购入杭萧钢构股票 2398600 股和 1787300 股，并指令王某继续持有股票。

就在陈某和王某大量购入杭萧钢构股票之后，其股价如脱缰的野马，开始上演疯狂的“涨停秀”。3 月 16 日，从罗某处得知证券监管机构要调查杭萧钢构公司后，王某按陈某的指令，将杭萧钢构股票共计 6961896 股全部卖出，非法获利 4037 万元。而此时，杭萧钢构标价已从 2 月 12 日 4.55 元疯涨至 10.75 元。

案发后，丽水市人民检察院对案件经过长达数月的审查，于同年 12 月 3 日向丽水中院提交了包括杭萧钢构公司关于安哥拉安居工程相关情况的报告、中国证监会关于股票内幕交易案信息敏感期的认定函、证券资金账户对账单、证券交易流水、银行转账凭证、股票交易数据等物证和书证，以及近 50 人的证人证言、三名被告人的供述和辩解等证据

（资料来源：根据新华网杭州 2008 年 2 月 4 日朱立毅的报道整理。）

### [股票投资道德风险案例7-5] 天山股份股票内幕交易案

2007年4月28日，中国证监会公布了《关于对陈某实施市场禁入的决定》，对时任新疆天山水泥股份有限公司副总经理的陈某进行处罚。决定中称：经查明，2004年6月24日，新疆屯河投资股份有限公司（以下简称“新疆屯河”）与中国非金属材料总公司（以下简称“中材公司”）签署《股份转让协议书》，将其所持新疆天山水泥股份有限公司（以下简称“天山股份”，股票代码：000877）部分股权转让给中材公司，6月29日，天山股份、新疆屯河、中材公司发布公告披露上述股权转让事项。在该股权转让协议签订之前的2004年6月10日至15日期间，相关中介机构人员进驻天山股份，对其进行全面调查，为签署股权转让协议做准备。最迟至2004年6月15日，天山股份向下属公司，包括陈某及其所任职的江苏事业部，通报上述股权转让谈判将进入实质性阶段的情况，陈某本人在此期间也曾向天山股份询问股权转让进展情况。该股权转让及其重要进展在依法披露前属于原《证券法》第六十九条第二款第（一）项、第（三）项、第（七）项，第六十二条第二款第（八）项规定的内幕信息。该信息于2004年6月29日公开。陈某知悉上述内幕信息。陈某利用其控制的代码为34435（户名“陈某”）、36076（户名“李某”）资金账户及其下挂0101760684、0102281334、0102453453证券账户，自2004年6月21日起交易“天山股份”股票，至2004年6月29日上述信息公告前，合计买入164.6757万股，卖出19.5193万股。上述事实，有李某、陈某谈话笔录，证人证言，深圳证券交易所提供的账户盈亏统计表，相关账户开户资料及交易流水等证据证明。陈某的行为违反了原《证券法》第六十八条、第七十条的规定，构成了第一百八十三条的内幕交易行为。根据当事人违法行为的事实、性质、情节与社会危害程度，依据《证券市场禁入暂行规定》第四条第（三）项和第五条的规定，决定认定陈某为市场禁入者，自宣布决定之日起，陈某5年内不得担任任何上市公司和从事证券业务机构的高级管理人员职务

（资料来源：中国证监会网站 http://www.csrc.gov.cn。）

### [股票投资道德风险案例7-6] 黄某内幕交易案

经济观察网记者韦承武、特约记者洁琳2010年5月18日报道：北京市二中院今日认定黄某犯非法经营罪、内幕交易罪、单位行贿罪，三罪并罚，决定执行有期徒刑14年，罚金6亿元，没收财产2亿元。律师称这是中国迄今

为止最大的内幕交易案，也是1993年以来人民法院作出刑事制裁的第六起内幕交易案件（从1993年以来，中国证监会对内幕交易作出行政处罚有22起）。根据检方指控，2007年9月至11月，黄某违反国家有关规定，非法买卖港币8.22亿余元，涉嫌非法经营罪；2007年4月至9月，黄某作为北京中关村科技发展（控股）股份有限公司的实际控制人、董事，在决定该公司与其他公司资产重组、置换事项期间，指使他人使用其控制的82个股票账户，购入该公司股票，成交额累计人民币14.15亿余元。至上述资产重组、置换信息公告日，上述股票账户的账面收益额为人民币3.09亿余元，已涉嫌内幕交易罪。

### （二）来自操纵证券的道德风险

《中华人民共和国证券法》第七十七条规定，禁止任何人以下列手段操纵证券市场：①单独或者通过合谋，集中资金优势、持股优势或者利用信息优势联合或者连续买卖，操纵证券交易价格或者证券交易量；②与他人串通，以事先约定的时间、价格和方式相互进行证券交易，影响证券交易价格或者证券交易量；③在自己实际控制的账户之间进行证券交易，影响证券交易价格或者证券交易量；④以其他手段操纵证券市场。

操纵证券市场行为给投资者造成损失的，行为人应当依法承担赔偿责任。

《中华人民共和国刑法》第一百八十二条把下列4种情形列为操纵证券、期货的行为：单独或者合谋，集中资金优势、持股或者持仓优势或者利用信息优势联合或者连续买卖，操纵证券、期货交易价格或者证券、期货交易量的；与他人串通，以事先约定的时间、价格和方式相互进行证券、期货交易，影响证券、期货交易价格或者证券、期货交易量的；在自己实际控制的账户之间进行证券交易，或者以自己为交易对象，自买自卖期货合约，影响证券、期货交易价格或者证券、期货交易量的；以其他方法操纵证券、期货市场的。该条规定：操纵证券、期货市场，情节严重的，处五年以下有期徒刑或者拘役，并处或者单处罚金；情节特别严重的，处五年以上十年以下有期徒刑，并处罚金。该条还规定：单位犯前款罪的，对单位判处罚金，并对其直接负责的主管人员和其他直接责任人员，依照前款的规定处罚。

证券交易所把操纵证券的行为列为重点监控行为之一。有些行为可能影响证券交易价格或者证券交易量，被交易所列为异常交易行为。这些行为未必是操纵证券的行为，但是含有操纵证券的可能性。证券交易所列出13种行为：①可能对证券交易价格产生重大影响的信息披露前，大量或持续买入或卖出相关证券；②单个或两个以上固定的或涉嫌关联的证券账户之间，大量或频繁进行反向交易；③单个或两个以上固定的或涉嫌关联的证券账户，大笔申报、连续申报、密集申报或申报价格明显偏离该证券行情揭示的最新成交价；④单独或合谋，以涨幅或跌幅限制的价格大额申报或连续申报，致使该证券交易价格达到或维持涨幅或跌幅限制；⑤频繁申报和撤销申报，或大额申报后撤销申报，以影响证券交易价格或误导其他投资者；⑥集合竞价期间以明显高于前收盘价的价格申报买入后又撤销申报，随后申报卖出该证券，或以明显低于前收盘价的价格申报卖出后又撤销申报，随后申报买入该证券；⑦对单一证券品种在一段时期内进行大量且连续交易；⑧同一证券账户、同一会员或同一证券营业部的客户大量或频繁进行日内回转交易；⑨大量或者频繁进行高买低卖交易；⑩在证券价格敏感期内，通过异常申报，影响相关证券或其衍生品的交易价格、结算价格或参考价值；⑪ 单独或合谋，在公开发布投资分析、预测或建议前买入或卖出有关证券，或进行与自身公开发布的投资分析、预测或建议相背离的证券交易；⑫在综合协议交易平台进行虚假或其他扰乱市场秩序的申报；⑬交易所认为需要重点监控的其他异常交易行为。

操纵证券的行为其实就是操纵股价的行为：当处于多方地位时，操纵者利用自己的资金和信息优势拉抬某种证券价格，诱导其他投资者在不了解事实真相的情况下跟风买入该种证券，然后再高价位卖出获利，变为空方，接着制造恐慌气氛，故意打压该种证券价格，一直打压到很低的价位，重新在低价位买入。

当操纵证券的不道德行为足以影响证券价格时，就会出现证券价格暴涨暴跌的情形，其结果就是其他投资者遭受损失。

### （三）来自虚假信息编造和传播的道德风险

《中华人民共和国证券法》第七十八条规定：禁止国家工作人员、传播媒介从业人员和有关人员编造、传播虚假信息，扰乱证券市场；禁止证券交易所、证券公司、证券登记结算机构、证券服务机构及其从业人员，证券业协会、证券监督管理机构及其工作人员，在证券交易活动中作出虚假陈述或者信息误导；各种传播媒介传播证券市场信息必须真实、客观，禁止误导。

《中华人民共和国刑法》第一百六十条规定：在招股说明书、认股书、公司、企业债券募集办法中隐瞒重要事实或者编造重大虚假内容，发行股票或者公司、企业债券，数额巨大、后果严重或者有其他严重情节的，处五年以下有期徒刑或者拘役，并处或者单处非法募集资金金额百分之一以上百分之五以下罚金。单位犯前款罪的，对单位判处罚金，并对其直接负责的主管人员和其他直接责任人员，处五年以下有期徒刑或者拘役。

《中华人民共和国刑法》第一百六十一条规定：依法负有信息披露义务的公司、企业向股东和社会公众提供虚假的或者隐瞒重要事实的财务会计报告，或者对依法应当披露的其他重要信息不按照规定披露，严重损害股东或者其他人利益，或者有其他严重情节的，对其直接负责的主管人员和其他直接责任人员，处三年以下有期徒刑或者拘役，并处或者单处二万元以上二十万元以下罚金。

《中华人民共和国刑法》第一百八十一条规定，编造并且传播影响证券交易的虚假信息，扰乱证券交易市场，造成严重后果的，处五年以下有期徒刑或者拘役，并处或者单处一万元以上十万元以下罚金。证券交易所、证券公司的从业人员，证券业协会或者证券管理部门的工作人员，故意提供虚假信息或者伪造、变造、销毁交易记录，诱骗投资者买卖证券，造成严重后果的，处五年以下有期徒刑或者拘役，并处或者单处一万元以上十万元以下罚金；情节特别恶劣的，处五年以上十年以下有期徒刑，并处二万元以上二十万元以下罚金。单位犯前两款罪的，对单位判处罚金，并对其直接负责的主管人员和其他直接责任人员，处五年以下有期徒刑或者拘役。

**[股票投资道德风险案例7－7]“二邓”操纵证券和发布虚假信息案**

2011年1月10日，中国证监会公布了对邓XB、邓XY的行政处罚决定书。该决定书称：邓XB和邓XY均系具有证券投资咨询资格的人员，二人存在操纵证券市场和发布虚假信息的事实。在操纵证券市场方面，2008年1月至7月期间，二人共同采用“先买入股票，再推荐股票，后卖出股票”的行为模式谋求获利，具体过程为：2008年1月10日至7月8日期间，根据事先沟通和约定，邓XB、邓XY二人同时在东方财富网、中华金融在线等网络媒体上对同一只股票发表观点相同、内容相似的推荐文章36篇。在上述推荐文章公开前，邓XB、邓XY分别通过其代理的证券账户买入二人共同推荐的股票，再在推荐文章公开后卖出该股票。在上述期间，邓XB通过其代理的杨SX、杨SF证券账户交易二人共同推荐的“美都控股”等20只股票，最终获利1859929.42元；邓XY通过其代理的陆ZQ、万DM和刘SM证券账户交易二人共同推荐的“万家乐”等27只股票，最终获利2478379.46元。在发布虚假信息方面，2008年7月8日，邓XB、邓XY二人分别在东方财富网刊载题为《深圳华强：激光新能源 创投新科技》《深圳华强：深圳本地新能源追逐强势大方A》的文章。两篇文章内容基本相同，声称上市公司深圳华强实业股份有限公司（以下简称深圳华强）与三洋合资成立了深圳三洋华强能源公司，从事新能源开发，三洋公司成功开发出了电池转换效率高达21%的HIT太阳能电池单元，使太阳能发电量提高了50%，深圳华强因此拥有正宗的新能源题材，深圳华强和三洋合作，如果能吸收到该项技术，将有机会问鼎中国太阳能的王者宝座。经查，邓XB和邓XY刊载的上述信息系虚假信息。2008年7月10日，深圳华强针对上述两篇文章发布澄清公告，重申“本公司与三洋合资成立的深圳三洋华强能源公司的合资合同已于2006年6月到期，双方股东不再续签合资合同。该公司已于2006年终止经营并进行清算。目前，本公司没有从事新能源开发的相关项目及有关筹划。”上述违法事实，有相关股票推荐文章网页、证券账户资料、交易流水、资金划转凭证、当事人询问笔录等证据证明，足以认定。邓XB和邓XY在推荐股票前买入相关股票，在推荐股票后卖出的行为，违反了《中华人民共和国证券法》第七十七条第一款第（四）项关于“以其他手段操纵证券市场”的规定，构成了《中华人民共和国证券法》第二百零三条所述的“操纵证券市场”的行为。邓XB和邓XY发布虚假信息的行为，违反了《中华人民共和国证券法》第七十八条第二款关于“禁止证券交易所、证券公司、证券登记结算机构、证券服务机构及其从业人员，证券业协会、证券监督管理机构及其工作人员，在证券交易活动中作出虚假陈述或者信息误导”的规定，构成了《中华人民共和国证券法》第二百零七条所述“在证券交易活动中作出虚假陈述或者信息误导”的行为。

根据当事人违法行为的事实、性质、情节与社会危害程度，依据《中华人民共和国证券法》第二百零三条、第二百零七条的规定，证监会决定：责令邓XB改正违法行为，并处以33万元罚款；责令邓XY改正违法行为，并处以43万元罚款。上述当事人应自收到本处罚决定书之日起15日内，将罚款汇交中国证券监督管理委员会，并将注有当事人名称的付款凭证复印件送中国证券监督管理委员会稽查局备案。当事人如果对本处罚决定不服，可在收到本处罚决定书之日起60日内向中国证券监督管理委员会申请行政复议，也可在收到本处罚决定书之日起3个月内直接向有管辖权的人民法院提起行政诉讼。复议和诉讼期间，上述决定不停止执行。

### （四）来自证券诈骗的道德风险

在股票为纸质的时代，利用股票进行诈骗的手法主要是印制出售假股票。在股票为电子化的时代，利用股票进行诈骗的手法主要有以下几种。

**1. 非法发行股票**

非法发行股票，就是未经政府部门核准，私自决定发行股票的行为。诈骗者往往以高额分红或者未来上市交易欺骗投资者，使投资者造成严重损失。

按照《中华人民共和国证券法》第三条的规定，“证券的发行、交易活动，必须实行公开、公平、公正的原则”；第十条规定，“公开发行证券，必须符合法律、行政法规规定的条件，并依法报经国务院证券监督管理机构或者国务院授权的部门核准；未经依法核准，任何单位和个人不得公开发行证券。”

《中华人民共和国刑法》第一百七十九条规定：未经国家有关主管部门批准，擅自发行股票或者公司、企业债券，数额巨大、后果严重或者有其他严重情节的，处五年以下有期徒刑或者拘役，并处或者单处非法募集资金金额百分之一以上百分之五以下罚金。单位犯前款罪的，对单位判处罚金，并对其直接负责的主管人员和其他直接责任人员，处五年以下有期徒刑或者拘役。

**2. 通过虚假的证券经纪业务骗钱**

主要手法是：以信息咨询公司的名义从事虚假的证券经纪业务。行为人购置一些二手电脑，声称与证券交易所证券交易系统联网，并以高额投资回报、中午免费赠送盒饭为诱饵，骗得投资者在其公司开立交易账户，其实这个账户根本就没有进入真实的证券交易系统。当投资者“持有”的股票价格上涨时，“交易系统”就出故障；当股价下跌时，投资者“割肉”卖出，其实所赔的钱进入了行为人的腰包。更有甚者，行为人向投资者“融资”，即允许投资者透支买股票，这样会加速投资者资金流入行为人腰包的进程。

投资者应该到知名的、正规的证券公司所设立的营业部开立证券账户、资金帐户，并办理第三方（银行）存管手续。

**3. 通过虚假的投资代理业务骗钱**

主要手法是：以“炒股高手”自居，通过开设具有欺骗性的“官方网站”，以高收益率为诱饵，声称为投资者进行投资代理，资金至少某某万元，收益率不低于某某数，诱骗投资者把资金汇入行为人指定的账户，然后卷款走人。

如果你看到这样的帖子：“我发现了一个挺不错的股票网站，从此以后就不赔钱了”，千万不要上当。

**4. 以代理境外投资为幌子骗钱**

以设立“理财公司”为幌子，鼓动投资者从事境外证券期货交易和委托理财，协助投资者到境外证券期货公司开立个人账户，在投资者将资金汇入境外账户后，劝诱投资者将账户交给其代为操作，并签订“理财协议”约定盈亏分成，控制客户账户后，为贪图佣金分成，就对客户账户进行频繁买卖操作，致使客户支付高额佣金费用。

**[股票投资道德风险案例 7-8] 股吧中的涨停板骗局**

股民张先生炒股以来，亏多赚少。两个月前，他在东方财富网的股吧上发现一篇文章，标题是《明日重大利好消息出台〈敬请关注〉》，他很好奇，点击一看，是“中信证券公司”的网站，网站顶部写着“公司经过中国证监会批准”，并有电子版的批准证书。张某拨打了网站底部显示的手机号码，业务员陈某说公司有专人研究分析股票，近期几只大牛股都抓住了。张先生心动不已，按要求向中信证券的业务员陈某账户缴纳了一个季度的服务费 4380 元，对方也传真了一份已盖章的服务合同，并口头保证 15 个交易日获利 120%，总获利不低于 360%。张先生交钱后，这家“中信证券公司”推荐的股票便只跌不涨，张先生很后悔，想讨回服务费，但再也无法联系到业务员陈某，该公司的电话也一直处于无人接听状态。

作案手法剖析：不法分子常常利用网络平台假冒合法证券公司设立山寨

网站和冒牌机构，网址大多为数字与英文的组合，或采用与合法证券公司相类似的域名。为诱骗投资者上当，不法分子还声称公司经过证券监督管理部门的批准，有的甚至刊登虚假的资质证书。在收取投资者服务费时，往往要求投资者将款项汇到个人银行账户中

（资料来源：海峡都市报，记者林可。）

**［股票投资道德风险案例 7－9］兰州证券黑市**

2005 年 1 月 10 日，兰州中级人民法院以集资诈骗罪判处王成死刑，剥夺政治权利终身，没收全部财产。从 1998—2001 年，王成先后组织成立了甘肃国泰财经服务有限公司、甘肃中亚财经服务有限公司、甘肃华信投资咨询有限公司、兰州华陇财经信息服务有限公司。这些公司的经营范围为财务、会计、审计的咨询服务和计算机软件的开发，均未包括证券业务。但是这些公司却不但经营股票经纪业务，而且其股票经纪业务是虚假的，股票买卖成交是虚拟的，未进入真实的交易系统。中国经济时报记者王子恢和王克勤对兰州黑市诈骗手段作了如下描述：

诈骗者往往在兰州市的高楼大厦租赁整层的写字楼，然后精心装修，再购买几十台电脑，连接一个局域网，在楼顶架一个卫星接收天线，先准备一个“股市”硬件基础。这些公司有一个共同的特点：装修十分漂亮，“大户室”“中户室”的牌子引人注目。

**披上“合法”外衣，招募“专业”杀手**

他们往往是注册一个“投资咨询”“经济信息”乃至“五金交电”“商贸流通”等类的公司，招一些经纪人和工作人员，总投资不过二三十万，如果做得好，一年可以“赚”到数百万、数千万元。还有一些诈骗者更直接，干脆连公司都不用注册，就“开张营业”了（出事后可以不留痕迹一走了之）。在证券黑市记者还发现，来来往往的工作人员、经纪人一个个西装革履、胸别徽牌、温文尔雅地向客户们介绍着消息股及各种操盘知识，俨然是一个个行家里手。

证券黑市诱人上钩法种种。

“场”建起来了，建“场”的目的是为了“洗钱”。据“场”内资深的经纪人介绍，“做”股票与“做”传销是类同的，不同的是传销让人尚能得到一两件东西，但“做”股票客户最后将会被“做”得一干二净。然而二者招

揽客户的手法却惊人的相似。

**“托儿”套客户**

每当设了新“场子”，这些公司总是先放出去一些“托儿”到各个合法证券市场拉客户，说自己做股票赚了多少，回报率有多高。

**亲友套亲友**

一些不明真相的经纪人、工作人员和新客户，都盲目地认为在这里有消息股、有专业人士指点，一定会大赚特赚。于是一个串一个，把自己的亲戚朋友介绍到了这里来做股票。

**经纪人拉客户**

证券诈骗者雇用的经纪人就像猎人养的鹰犬，为得到主人赐予的一块瘦肉（提成），不惜咬死善良的绵羊。据对受害“股民”综合调查发现大约有85%以上的“股民”都是被经纪人的花言巧语、甜言蜜语哄进黑市的。

**“好条件”诱客户**

这里的经纪人给新“猎物”开出的的优惠条件包括：一是5万元的小投资人，可享受大户待遇，单人单机；二是有专业人士帮助操盘，而且有消息股；三是保证回报率高达30%～80%，或更高；四是可以提供1∶4到1∶9的融资；五是每天中午给每个客户都提供免费午餐。

**证券黑市的种种洗钱法**

新客户上门交钱之日，也就是无辜“股民”的投资“顺理成章”交给诈骗者的日子。自此，这些投资（诈骗者称之为“保证金”）已全部落入诈骗者的个人腰包，压根就没有进入股市。接下来诈骗者就运用电脑操作技巧，传播实时行情（或卫视信号或因特网信号）、介绍最新信息，进而编造各种买卖票据，煞有介事地与广大“股民”玩着根本没有资金交易的“炒股”游戏，双方最“实际”的交流就是双方“认可的”“合理的”很不完整的骗人的单据，使广大客户“理所当然”地认为是自己“炒赔”了。这样诈骗的目的就达到了。

一般他们采取以下手段“洗”钱。

**“洗手续费税”法**

对新入市的“股民”经纪人往往会非常热情地进行“技术指导”，以透露消息票为诱饵，催促客户频繁地买卖股票，且每次不得少于1000股，这叫作“频繁交易”。仅“手续费”一项这些公司每天就可以从入“市”的几十甚至上百个“股民”那里“洗”进几万元甚至几十万元。

**“洗亏损”法**

兰州“股民”周逸珠2000年8月因车祸在家休息，当时自有资金不足1万元。8月15日被经纪人“融资”以19元的价格买入3000股“首创科技”，当涨到20多元时也没有卖出，等到10月10日该公司却通知周补资金，周未补。该公司随后就将周的股票以15.3元的价格分别抛出，这样一进一出就使周“亏损”加“融资”“利息”共损失6000多元。每个非法券商在“股票”上涨的时候，总以“死机”“停电”“报单没有成交”等种种理由使股票不能卖出，而在下跌的时候以“还要下跌”为由“劝导”没“融资”者“止损出局”，已“融资”者“强行平仓”。

**“洗利息”法**

非法券商针对股民的不同情况，动员他们“融资”。“融资”利息是每万元日利息8元，10天为一个借款周期。这10天且不论股票涨与跌，仅利息就足以“洗”掉“股民”大量血汗钱。况且其所谓的“融资”不过是他们为“股民”又设计的一个陷阱，仅仅只是在“股民”的账户上写上了一串数字、开了一张“借钱”纸条而已。

**“热情劝离”“无赖恐吓”**

非法券商当发现有些“股民”已经被洗得所剩不多时，就开始热情地劝导这些“股民”回去休息，养精蓄锐、来年再炒。

（五）来自委托代理的道德风险

在股票市场，委托代理主要有4种情形。

一是投资者委托证券公司代为管理资产。按照《中华人民共和国证券法》的规定：证券公司可以从事证券资产管理业务。资产管理业务，是指证券公司作为资产管理人，依照有关法律法规及有关规定与客户签订资产管理合同，根据资产管理合同约定的方式、条件、要求及限制，对客户资产进行经营运作，为客户提供证券及其他金融产品的投资管理服务的行为。

二是投资者把资金交给其他机构，委托其他机构代为进行股票投资。例如，投资者把资金交给某咨询机构或资产管理公司或投资顾问公司，由受托人代为进行资金运作。

三是投资者把资金交给其他个人，由其他个人代为进行股票投资。

四是投资者自己掌握资金账户存取，但把账户密码告知他人，委托他人代为办理买卖股票的业务。

在证券公司受托管理资产过程中，由于证券公司不承诺保本或最低收益率，投资风险完全由委托人独自承担，证券公司没有投资效益压力，也没有债务负担，所以，道德素质较低的证券公司就不会全心全意为委托人着想，不会为了提高客户的收益而尽职尽责。最糟糕的情形就是利用委托人的资金谋取自己的利益，比如用委托人资金为自己炒股获利；用自己的资金低价买入股票，再用委托人资金在高价位接盘，自己将股票高价抛出获利。

投资者把资金交给其他机构或个人，其道德风险大多也表现为受托人利用委托人资金为自己炒股票获利，或者用委托人资金在高价位接过受托人账户的股票。

投资人自己掌控账户，风险相对较低，其委托代理风险主要是受托人故意高买低卖，使委托人遭受重大损失；或者用假身份证将委托人资金账户中的资金取出，卷款潜逃。

### （六）来自股票发行的道德风险

来自股票发行的道德风险包括4种情形。

第一种情形是股票发行公司进行虚假包装以骗取股票发行资格。

第二种情形是会计师事务所、资产评估事务所、律师事务所等中介服务机构不尽职尽责，应发现而未发现股票发行公司招股说明书存在的问题，或者中介服务机构与发行人合谋，虚估企业净资产值，编造和披露虚假信息，误导投资者。

第三种情形是在股票发行推荐、承销的工作中，保荐人和承销商不尽职尽责，或者与发行人合谋，做虚假的财务报表，公布不真实消息，抬高股票发行价格，股票上市后跌破发行价，给投资者造成重大损失。

第四种情形是上市公司通过定向增发股票的方式，把关系人的烂资产变成上市公司股票，这些股票高价卖出获取暴利，实际是对股票投资者财富的掠夺行为。

### （七）来自上市公司经营管理的道德风险

来自上市公司经营管理的道德风险包括上市公司在经营中不能尽职尽责

从而导致公司亏损；在全流通条件下把所有股票全部抛出获利，然后脱离上市公司，使上市公司业绩下滑，股票价格下跌；利用发行股票筹集的资金大搞福利，或供大股东挥霍，或者盲目进行企业扩张，或把资金转移到个人账户上，企业最终破产倒闭，其发行的股票被退市，给投资者造成巨大损失。

### （八）来自上市公司大股东掏空行为的道德风险

大股东掏空上市公司，导致股票投资者持有的股票贬值。大股东掏空上市公司的方式主要有：挪用上市公司资金；上市公司虚报利润，通过利润分配方式将发行股票所筹资金输送给大股东；大股东通过关联交易从上市公司收“货款”；上市公司通过投资方式将资金转给大股东等。

### （九）来自证券承销和保荐的道德风险

来自证券承销的道德风险主要有：承销商夸大宣传，或以虚假广告等不正当手段诱导、误导投资者；操纵发行定价；劝诱网下投资者抬高报价；以自有资金或者变相通过自有资金参与网下配售等。

根据中国证监会2009年修订发布的《证券发行上市保荐业务管理办法》规定，证券发行人应当就下列事项聘请具有保荐机构资格的证券公司履行保荐职责：①首次公开发行股票并上市；②上市公司发行新股、可转换公司债券；③中国证券监督管理委员会认定的其他情形。保荐机构履行保荐职责，应当指定取得保荐代表人资格的个人具体负责保荐工作。保荐机构及其保荐代表人应当遵守法律、行政法规和中国证监会的相关规定，恪守业务规则和行业规范，诚实守信，勤勉尽责，尽职推荐发行人证券发行上市，持续督导发行人履行规范运作、信守承诺、信息披露等义务。保荐机构及其保荐代表人不得通过从事保荐业务谋取任何不正当利益。保荐代表人应当遵守职业道德准则，珍视和维护保荐代表人职业声誉，保持应有的职业谨慎，保持和提高专业胜任能力。保荐代表人应当维护发行人的合法利益，对从事保荐业务过程中获知的发行人信息保密。保荐代表人应当恪守独立履行职责的原则，不因迎合发行人或者满足发行人的不当要求而丧失客观、公正的立场，不得唆使、协助或者参与发行人及证券服务机构实施非法的或者具有欺诈性的行为。保荐代表人及其配偶不得以任何名义或者方式持有发行人的股份。我国证券发行上市保荐人产生于2004年，由中国证监会负责保荐代表人的注册许可。根据《国务院关于第六批取消和调整行政审批项目的决定》（国发〔2012〕52号）的有关规定，保荐代表人注册行政许可取消，保荐代表人的注册和变更执业机构登记工作由中国证券业协会进行自律管理。2014年10月15日，中国证券业协会以中证协发〔2014〕177号文发布了《关于进一步完善保荐代表人管理的通知》，规定保荐代表人胜任能力考试科目由原两个考试科目（证券知识综合考试和投资银行业务专业考试）调整为一个考试科目，名称为“投资银行业务考试”，将报考条件降低为“完成执业注册的在职证券从业人员均可参加考试”（以前必须同时满足3种条件：已取得证券从业资格，是证券公司从事证券发行承销、收购兼并、固定收益等投资银行相关业务的正式工作人员，两年以上的相关工作经验）。

来自保荐的道德风险主要是保荐人承诺保荐成功，然后弄虚作假，向中国证监会、证券交易所提交的与保荐工作相关的文件存在虚假记载、误导性陈述或者重大遗漏，唆使、协助或者参与发行人及证券服务机构提供存在虚假记载、误导性陈述或者重大遗漏的文件，致使不符合证券发行上市条件的公司取得了证券发行与上市的资格，误导投资者买入其保荐的股票。

### （十）来自证券经纪的道德风险

证券公司等在证券经纪业务中，诱导客户进行频繁的交易，目的是增加证券交易量、获取佣金收益；违背代理人的指令买卖证券；在自营业务中挪用客户所委托买卖的股票和账户的资金；通过连续双向交易，对某一只股票又买又卖，造成虚假繁荣，以此来抬高或压低股价，或者与利益相关者串通，一方作交易委托，另一方用相似价格作相反委托，影响股价的变动；证券公司柜台人员工作不认真，致使某一投资者账户上的资金被冒领等。比较突出的不道德行为就是挪用客户保证金。

《中华人民共和国刑法》第七十九条规定禁止证券公司及其从业人员从事下列损害客户利益的欺诈行为：①违背客户的委托为其买卖证券；②不在规定时间内向客户提供交易的书面确认文件；③挪用客户所委托买卖的证券或者客户账户上的资金；④未经客户的委托，擅自为客户买卖证券，或者假借客户的名义买卖证券；⑤为牟取佣金收入，诱使客户进行不必要的证券买卖；⑥利用传播媒介或者通过其他方式提供、传播虚假或者误导投资者的信息；⑦其他违背客户真实意思表示，损害客户利益的行为。欺诈客户行为给客户造成损失的，行为人应当依法承担赔偿责任。

**［股票投资道德风险案例 7－10］广东证券挪用客户保证金案**

2010 年 12 月 16 日，中国证监会公布了市场禁入决定书，对钟某、符某等 7 名挪用客户保证金的责任人员做出市场禁入的处罚决定。该决定书称：被处罚的当事人是时任广东证券股份有限公司（以下简称广东证券）董事长和总裁的钟某、时任广东证券财务总监的符某、时任广东证券广州西华路营业部总经理的吴某、时任广东证券北京长春桥营业部总经理的饶某、时任广东证券北京长春桥营业部副总经理的朱某、时任广东证券河源营业部总经理的叶某、时任广东证券副总裁的黄某。经查明，广东证券存在如下挪用客户资金的违法事实：

（1）自 2003 年 10 月 24 日至 2005 年 11 月 4 日，广东证券累计挪用客户保证金 647934.94 万元。其中：①通过从客户资金银行存款账户直接划款到广东证券自有资金银行存款账户的方式挪用客户保证金，累计发生 5 笔，共计金额 135000 万元；②通过将在中国证券登记结算公司的客户保证金以自有资金名义划款到广东证券自有资金银行存款账户的方式挪用客户保证金，累计发生 72 笔，共计金额 431289.18 万元；③直接将资金从广东证券的保证金专户中转账到云南冶金集团，用于支付非客户交易事项，造成挪用客户保证金，累计金额 20000 万元；④因经济纠纷被光大银行从广东证券的保证金专户划出资金，累计金额 17624 万元；⑤西华路营业部、长春桥营业部、江宁路营业部与福华一路营业部，通过柜台交易系统在“泰怡轩 15254”“宁禄投资 14943”“泰诚咨询 800138”“德源投资 17694”与“广东兆源 24423”5 个账户，虚假标准券套取资金造成挪用客户保证金，累计金额 40578.76 万元；⑥河源营业部及叶某直接从客户保证金银行账户提取资金用于对外借贷或者支付非客户交易事项，造成挪用客户保证金，累计金额 3443 万元。

截至 2005 年 11 月 4 日，广东证券客户保证金缺口为 193968.5 万元。

（2）在 2003 年 10 月 24 日、2004 年 9 月 30 日、2005 年 10 月 24 日和 2005 年 11 月 4 日 4 个时点分别挪用客户国债 66031.043 万元、89055.364 万元、68182.896 万元和 68477.25 万元。

广东证券挪用客户保证金、客户国债行为，违反了原《中华人民共和国证券法》第七十三条关于“在证券交易中，禁止证券公司及其从业人员从事下列损害客户利益的欺诈行为：（三）挪用客户所委托买卖的证券或者客户账户上的资金”和第一百三十二条关于“严禁挪用客户交易结算资金”的规定，构成了原《中华人民共和国证券法》第一百九十三条规定的行为。

钟某作为广东证券挪用客户保证金行为的决策人及组织者，并在部分涉及挪用客户保证金的资金划拨单和内部签报上签字，是对广东证券挪用客户保证金行为直接负责的主管人员。钟某还招揽GHQ到广东证券进行国债回购，没有对GHQ控制账户的国债回购规模和回购资金的使用情况进行有效监督和控制，放任GHQ控制账户挪用客户国债，是GHQ控制账户挪用客户国债的其他直接责任人员。

符某作为公司财务总监，主管和协调计划财务部和清算中心业务，负责挪用客户保证金的使用调配和拆借资金掩盖客户保证金缺口的安排，在大量挪用客户保证金的内部资金划拨单和部分内部签报上签字，是广东证券挪用客户保证金行为的主要执行者和直接负责的主管人员。

吴某作为广东证券西华路营业部总经理，直接给员工下指令在“泰怡轩15254”账户进行虚存标准券和买入融资操作，并在挪用客户国债融资所形成资金的划款通知书等凭证上签字，是GHQ控制账户挪用客户国债的其他直接责任人员。

饶某作为广东证券长春桥营业部总经理，直接给员工下指令在“泰诚咨询800183”账户进行虚存标准券和买入融资操作，并在挪用客户国债融资所形成资金的划款通知书等凭证上签字，是GHQ控制账户挪用客户国债的其他直接责任人员。

朱某作为广东证券长春桥营业部副总经理，直接给员工下指令或亲自在“泰诚咨询800183”账户进行虚存标准券和买入融资的操作，并在挪用客户国债融资所形成资金的划款通知书等凭证上签字，是GHQ控制账户挪用客户国债的其他直接责任人员。

叶某作为广东证券河源营业部总经理，擅自挪用河源营业部的客户保证金，累计挪用金额为3443万元，是对该营业部挪用客户保证金行为直接负责的主管人员。

黄某在任广东证券副总裁期间，曾主管国债部、投资部，对投资部开展资产管理业务进行审批，是对广东证券开展有保底承诺资产管理业务直接负责的主管人员。

上述情况，有账户开户资料、交易记录、相关合同、询问笔录等证据证明，足以认定犯罪事实。

钟伟华在申辩材料中提出，他未主动招揽GHQ到公司做国债回购业务，没有管理各营业部的具体工作和各项业务，曾经主动化解公司危机、减少损失、如实向有关部门报案，请求减轻处罚。

证监会查明，GHQ在询问笔录中称，他于1997年年底到海南开会认识了钟某，之后钟某邀请他去广东证券“做国债”，条件是手续费按0.1%计算，广东证券席位上标准券借给他用；钟某在调查中也承认，GHQ曾和广东证券高层谈过开展国债业务的优惠条件的事情，他本人表示只要GHQ业务量达到一定规模，就给予低佣金的优惠。因此，钟某未主动招揽GHQ到广东证券做国债回购业务的申辩理由不能成立。证监会认为，钟某担任广东证券董事长兼总裁期间，是挪用客户保证金行为的决策人及组织者，是公司资产管理业务的领导者和管理者，钟某没有管理各营业部的具体工作和各项业务的申辩理由不影响对其责任的认定；广东证券的违法违规行为涉案金额巨大，情节特别严重，证监会已于2005年11月4日对广东证券作出了关闭的行政处罚，钟某作为最主要的责任人，其主动化解公司危机等理由不足以减轻其应当承担的责任。

符某在申辩材料中提出，公司的资金往来划拨调配，是按公司规定的操作程序，由公司各相关业务职能部门及各人员办理相关手续，其本人不是公司挪用客户保证金行为的主要执行人员，请求减轻处罚。

证监会认为，符某在担任广东证券财务总监期间，主管和协调计划财务部和清算中心业务，负责挪用客户保证金的使用调配和拆借资金掩盖客户保证金缺口的安排，在大量挪用客户保证金的内部资金划拨单和部分内部签报上签字。符某关于其本人不是公司挪用客户保证金行为主要执行人员的辩解与事实不符，其应对广东证券相关违法行为承担相应的责任。

黄某在申辩材料中提出，广东证券的内部管理机制并不正常，其任职期间虽分管国债部，但这个部门的业务活动，并非全部向其请示与审批，他曾对国债回购明确表示过反对意见并进行抵制。

证监会查明，黄某作为分管国债部的公司副总裁，明知公司国债回购明显违规，仅仅在内部进行所谓的“反对”“抵制”，该情节不影响对其责任的认定。

根据当事人违法行为的事实、性质、情节与社会危害程度，依据原《中华人民共和国证券法》第一百九十三条及《证券市场禁入暂行规定》第六条、第七条的规定，证监会决定：

一、认定钟WH、符某为市场禁入者，自证监会宣布决定之日起，永久性不得从事任何证券业务。

二、认定吴某、饶某、朱某为市场禁入者，自证监会宣布决定之日起，10年内不得从事任何证券业务和担任上市公司高级管理人员。

三、认定叶某、黄某为市场禁入者，自证监会宣布决定之日起，5年内不得从事任何证券业务和担任上市公司高级管理人员。

当事人如果对本决定不服，可在收到本决定书之日起60日内向中国证券监督管理委员会申请行政复议，也可在收到本决定书之日起3个月内直接向有管辖权的人民法院提起行政诉讼。复议和诉讼期间，上述决定不停止执行。

（十一）来自媒体的道德风险

来自媒体的道德风险主要有两种：一是媒体为某人造声势，把某人打造成“股神”“预言家”“荐股高手”“证券界名人”，然后由某人牵头，出书售书，作分析报告，骗取钱财。之所以是骗取钱财，是因为其“赚钱绝招”之类的书及其“精彩”的分析报告对投资者并没有多大实际意义。二是媒体散布虚假信息，误导投资者买卖某种证券。投资者不要盲目相信这个“神”那个“星”，股市本无神；不要盲目相信别人的“赚钱绝招”和“精彩分析”，那些东西离开了大众捧场就一钱不值；炒股也需要脚踏实地。

（十二）来自投资咨询的道德风险

来自投资咨询的道德风险主要有3种：一是证券分析人员与股价操纵者相互勾结，误导其他投资者在高价位买入某种证券，以达到损人利己的目的。当操纵者持有大量某种股票需要卖出获利时，就通过“著名股评人士”向投资者建议买入该股票，操纵者乘机在高价位把股票抛给了广大投资者，投资者被套牢受损，操纵者则与股评人士分享收益。二是通过虚报业绩诱骗投资者入会以骗取“会费”。主要手法是：编造虚假的荐股成功事例，声称以前推荐某股票，涨幅高达某某数，说什么某某会员根据推荐意见炒股赚了多少多少钱，以此诱骗投资者入会交费。如果你在网上、电视上、报纸上看（听）到有人声称他以前推荐的某某股票成为大黑马，涨幅达多少多少，不要轻信；如果有人要求你交费入会然后再给他打电话索要“黑马股”名单，不要轻信。三是投资分析人士不负责任，或者水平不高，分析质量低劣，判断失误，给投资者造成损失。投资者不要对股评产生依赖，要养成独立思考的习惯。能否把股评看作一家之言仅供参考？不能，因为人有一个弱点，这就是经不起别人的忽悠，你只要看（听）了股评，想不受影响是办不到的。

### （十三）来自证券监管的道德风险

来自证券监管的道德风险是指因证券监管者的不道德行为而给证券投资者造成损失的可能性。例如，在股票发行核准制下股票发行申请人向监管部门某人员行贿，使不合格申请人蒙混过关，给投资者造成损失。

### （十四）来自理论研究的道德风险

来自理论研究的道德风险是指由错误的理论而给投资者带来损失的可能性。比较典型的错误理论是在新股发行定价市场化过程中一度成为主流理论的“核准制下市场定价”理论。新股发行定价市场化，应该是股票的供应量与股票的定价均实行市场化。股票供应量市场化的标志是新股发行注册制；股票定价市场化的标志是由股票买卖双方自愿竞价产生成交价格。这就要求对新股发行市场化完整方案进行统一设计，根据市场化条件统一部署。如果具备条件，那就同时实施新股发行定价市场化与新股供给市场化；如果不具备条件，那就新股发行定价市场化与新股供给市场化均不实施。如果量与价的市场化不能同步，则市场化的顺序应该是先量后价，也就是先在条件具备时实施新股供给市场化，由现在的新股发行核准制改为注册制，然后在条件具备时实施新股发行定价市场化。这也是一条对各方都公平对待的路径。无论是量价同步市场化还是先量后价市场化，都是为投资者负责的市场化，不会给投资者造成来自制度的损失，同时给投资者充分的选择权。在这两种市场化条件下，新股发行价格都会控制在合理水平，股价接近于股票价值，不会给股市留下后患。这两种市场化均能充分发挥资源配置作用，不会造成资源浪费（超募），惠及的企业面广，对发行人公平，不会产生“发行权垄断”现象。但是有人鼓吹在股票发行量核准制下先实施发行价格市场化，结果导致发行价格奇高的圈钱现象，造成对投资者财产的合法掠夺。

（十五）来自“空手套白狼”的道德风险

在股市背后有一种人专门搞“空手套白狼”的游戏掠夺投资者的财富。

**［案例模拟］利用“定增”和“理财”空手套白狼**

赵某得知上市公司甲要通过定向增发4亿新股的方式募集货币资金10亿元，便与公司甲取得联系，表示愿意出资5亿元购买2亿新股。双方商定：保底年收益率10%，若低于10%，差价由上市公司支付；若在约定日期二级市场每股股价低于2.5元，则大股东与上市公司协助赵某拉抬股价，赵某在3元以上价位出售股票；若股价上不去，则由上市公司大股东按照2.5元通过大宗交易通道收购赵某所持剩余股票（为什么有时大股东不按照低价从二级市场买股票而是按照高价通过大宗交易购买股票，原因就在这里）。之后，赵某又找到证券公司A，由证券公司A发行一款理财产品，总规模为5亿元，其中优先级4.5亿元，保本年收益率8%，对客户发行，次级0.5亿元，由赵某出资，理财收益先保证客户的8%，剩余收益全部归赵某。赵某用发行理财产品所获4.5亿元和自己通过其他途径得到的0.5亿元共计5亿元支付上市公司甲发行的2亿定向增发新股。这部分股票过了限售期可以上市流通后，赵某又找到私募基金管理人张某，合谋拉抬上市公司甲发行的股票。在股票价格上涨过程中，赵某多次放出无法证伪的消息，刺激股价上涨。后来，上市公司甲的股票涨到10元上方，赵某在两个月之内将2亿股票全部卖出，平均价格10.55元，共得资金21.1亿元。

## 第三节　股票投资道德风险事故的危害及风险控制

### 一、股票投资道德风险事故的危害

（一）降低资金运用效益

股票投资道德风险事故会从3个方面降低资金运用效益。一是股票发行者集聚了巨额的社会资金，但是这些资金在发行者手里没有发挥其创造财富的效益，反而被挥霍掉，或者流向国外私人账户，或者变成烂尾楼。二是资金集聚到实施不道德行为的少数投资者手中，他们将资金从股票市场转移出去，使其不再发挥稳定市场的作用。三是破坏了股票市场优化资源配置的功能，使资金不能完全流向效益好、对国民经济发展有推动作用的企业或项目。股票投融资道德风险事故导致社会资源大量浪费。例如，股票发行公司用虚假信息骗取投资者信任，高价发行股票，筹集了巨额资金。由于公司实际上经营业绩很差，市场无销路，因此把所筹集的巨额资金挥霍一空，没有发挥资金应有的作用。

### （二）打击投资者信心

股票市场中的道德风险事故使股票价格暴涨暴跌，广大投资者遭受重大损失，对股票市场失去了信心，纷纷离场，场外投资者则不敢入市，股票市场低迷不振，融资功能降低，股票市场发展停滞，最终必然影响整个国民经济的发展。

### （三）使股票市场晴雨表的功能减弱

股票价格的变化应该大体反映国民经济发展周期和股票发行企业的经济效益状况，但是股票市场中的道德风险事故使股票价格失真，股票价格变化脱离经济发展和企业经营状况，其晴雨表的功能被减弱。

### （四）加大了股票市场运行成本

股票市场中的道德风险事故使股票市场运行成本大大增加，因为道德风险事故迫使投资者投入更多的时间、精力和财力来分析、防范道德风险及处理道德风险事故损失，法院等部门要投入更多的时间、精力和财力来处理相关案件，对于倒闭的证券公司，政府还要投入大量的财力进行善后处理。

### （五）导致不公平现象产生

股票市场中的道德风险事故所造成的不公平现象主要有 3 个方面：一是使社会资金在不同的投资者之间进行不公平的再分配，少数投资者敛得巨额财富，而多数投资者变成贫困户；二是使社会资金在不同的企业之间进行不公平的分配，好企业未分得资金，而劣质企业获得巨额资金；三是使社会资金在证券公司之间不公平的分配，劣质证券公司受到政府资金资助，好的证券公司未获得额外资助。

### （六）制造不稳定因素

股票市场中的道德风险事故造成股票市场不稳定，情况严重时会导致社会不稳定，例如，使投资者对政府能力的信任度降低；在股票投资中亏损严重者会实施破坏性的行为等。

### （七）引发金融危机

在证券公司资金、银行资金、保险资金、劳动保障基金和证券投资基金大量进入股票市场的前提下，股票市场中的道德风险事故能够导致大量的金融机构破产，从而导致金融危机的发生。

## 二、控制股票投资道德风险的措施

### （一）监管者的控制措施

**1. 实行合理的股票发行注册制**

股票发行注册制的优点是可以使股票发行价格接近合理水平，大大减少通过提高发行价格来恶意圈钱的现象，使更多的企业获得资金，更充分地发挥货币资源的使用价值。由核准制变为注册制是股票发行制度演变的必然趋势，但是实行注册制需要具备一定的条件，其中全社会信用管理体系的建立、法制的完善、监督体系的完备是重要的 3 个条件，如果不具备这 3 个条件，可以暂不实行注册制，而是改进核准制。改进核准制的主要思路是建立公开核查制度、举报制度、公示制度，完善责任追究制度。公开核查就是向全社会公布核查专家的姓名及其核查意见，以便明确责任，接受社会监督。举报制度则要求实名举报，并为举报人保密。举报制度主要是为抑制证券发行申请企业编造假材料而建立的。公示制度就是把证券发行申报材料全部公开，接受社会监督。核查以前公示一次，核查通过之后再公示一次。完善责任追究制度就是要明确各个环节各类材料的责任者及其应负的责任，所有相关者都要在相关材料上签名，以便于明确责任。

如果要实行注册制，则需要同时建立严厉的虚报信息责任追究制度、对因上市公司披露虚假信息造成的投资者损失实行赔偿制度、严密的虚报瞒报信息行为监督制度。

**2. 完善重要人员约束机制**

所谓重要人员是指对上市公司、证券公司、基金管理公司公款具有支配权、对公司经营具有决策权的人员，例如上述公司的高级管理人员。对于上述人员的违规行为，应该及时掌握信息，及时处罚。应建立重要人员财产申报制度和出国监控制度，目的是为了防止个别腐败分子贪占和转移公款，逃避惩罚。

**3. 完善股票市场监管机制**

完善股票市场监管制度，首先要完善道德风险跟踪制度、市场信息反馈制度；其次是建立不良行为有偿举报制度；再次是进一步明确股票监管部门的权利和责任；最后是建立监管网络，使所有上市公司、证券公司、基金管理公司、对同一上市公司持股100万股以上的投资者均置于严密的监控之下。

### （二）立法和执法部门的控制措施

要建立股票市场专业法庭，因为股票市场规模已经很大，股票市场有比较完善的法律法规，股票市场中的违法行为表现多样，认定起来有较多难度，所以有必要建立专门的股票市场或证券市场专业法庭，一旦因发生道德风险事故造成相关主体经济损失，受害者索赔，法庭及时受理进行调解或判决，保护受害者的合法利益；如果发生既违背道德规范又触犯法律甚至涉嫌犯罪，则由证券监管部门及时移交司法部门依法处理。

应该完善股票市场赔偿制度。要有比较系统的股票市场赔偿法律或者法规，具体规定赔偿责任的认定办法、赔偿的条件、赔偿额的确定、赔偿额的支付等。

### （三）证券交易所的控制措施

证券交易所可以在控制证券市场道德风险方面发挥更大的作用，因为其有技术优势，便于及时通过证券价格异动迹象发现问题。证券交易所可以实行专人盯市跟踪监督制度，把证券市场中的道德风险事故损失降到最低。

### （四）股票投资者的控制措施

**1. 尽可能多而及时地收集信息并进行分析**

股票价格是对各种信息的反映。投资者应该通过阅读和分析上市公司招股说明书、股票上市公告书、上市公司季报和年报、上市公司重大事项公告、证券交易所网站公布的股票发行与交易规则、证监会网站公布的股市监管政策和违规事件处置措施、中国人民银行公布的货币政策措施等多种渠道了解上市公司信息、股市管理信息和宏观经济信息，以便做出正确的投资决策，控制股票投资道德风险。

对于上市公司披露的财务信息，投资者应该进行全面对比分析。例如负债情况、应收账款情况、主营业务收入和利润情况、资产收益率及每股净资产情况、关联交易和资产重组情况等。如果财务数据造假，总会发现蛛丝马迹。

**2. 自主、理性而谨慎地进行投资决策**

自主投资决策就是不听信媒体和身边人的股票投资推荐，而是依靠自己的分析判断进行投资决策，因为媒体的推荐者和身边人有可能有自己的特殊目的，未必都能够为投资者着想，而且，其分析能力未必强于所有投资者。当然对于关系非常亲密者，其投资建议可以作为参考。理性投资决策就是将投资决策建立在理性分析基础之上，而不是建立在赌博心理或者情绪化基础之上。谨慎投资决策就是采用保守策略，以资金安全为前提，不求暴富，但求收益水平超出同期定期储蓄存款利率即满足。具体可以按照以下原则进行投资决策：股票价格在 5 元以下；上市公司近三年每股税后收益为正，且未出现递减状态；股本规模在 100 亿股以下；每股净资产值在 1 元以上；近三年每年均分红；买股时，股票价格在本轮行情中总涨幅未到 100%；不在涨停板买入股票，一般在下跌并且初步判断已经跌到阶段性底部时买入；不在牛市行情已经持续半年以上，市场已经出现看空声音时买入股票。

# 第八章　债券与可转换公司债券投融资的道德风险

［**开章语**］本章站在债券投资者的角度研究债券与可转换公司债券的道德风险，也就是由于相关主体的不道德行为给投资者造成损失的可能性。有些金融工具具有债务证明的性质，例如中央银行发行的票据、商业票据、金融机构向特定对象发行的次级债、混合资本债，企业以资产为支持发行的证券和金融机构以信贷资产为支持的证券（称为资产支持证券）等，由于对社会公众而言，他们很少接触这些金融工具，所以本章研究的债券范围仅限于社会公众投资范围的政府债券、公司债券和企业债券。从投融资方式来看，债券投融资可分为现券交易和回购交易。债券回购交易是指债券买卖双方在成交的同时就约定于未来某一时间以某一价格双方再进行反向交易的行为。债券回购券种只能是国库券和经中国人民银行批准发行的金融债券。本章只研究现券交易。研究债券与可转换公司债券的道德风险，有利于投资者回避风险。

## 第一节　债券与可转换公司债券的投融资现状

### 一、我国政府债券的投融资现状

#### （一）国债

政府债券分为中央政府债券和地方政府债券。社会公众对中央政府债券的投资主要是国债。国债是中央政府为筹集财政资金而发行的一种政府债券，是中央政府向投资者出具的、承诺在一定时期支付利息和到期偿还本金的债权债务凭证。国债分为记账式国债、凭证式储蓄国债、电子式储蓄国债、特别国债。20 世纪 80 年代流行实物国债即纸质印刷国债，这种国债需要支付设计成本、印刷成本、运输成本、保管成本、回收成本、销毁成本，在电子计算机普及的现代已经没有存在的必要。

记账式国债（Book - entry Treasure Bonds），又称无纸化国债，是指财政部通过记账式国债承销团向社会各类投资者发行的以电子方式记录债权的可流通国债。中国从 1994 年推出记帐式国债品种。记账式国债发行先由国债承销团向财政部投标，站在财政部角度称为招标。招标通过财政部国债发行招投标系统（以下简称招标系统）进行。招标系统包括中心端和客户端。记账式国债承销团成员（以下简称国债承销团成员）通过客户端远程投标。国债承销团成员由财政部会同中国人民银行和中国证监会确定。例如，经存量考核、增量竞争、专家评审、社会公示、签订国债承销主协议等环节，财政部会同中国人民银行、证监会确定工商银行等 38 家机构为 2015—2017 年储蓄国债承销团成员，工商银行等 50 家机构为 2015—2017 年记账式国债承销团成员。招标实行竞争性招标，招标标的为利率或价格，中标原则是按照低利率或高价格优先的原则对有效投标逐笔募入，直到募满招标额或将全部有效标位募完为止。

竞争性招标方式包括单一价格（又称为荷兰式招标）、多重价格（又称为美式招标）和单一价格与多重价格结合的混合式（以下简称混合式招标）。根据《2015 年记账式国债招标发行规则》，10 年期（不含）以上记账式国债采用单一价格招标方式，1 年期（不含）以下记账式国债采用多重价格招标方式，1 ~ 10 年期（含）采用混合式招标方式。

若采用单一价格招标并且标的为利率，则全场最高中标利率为当期国债票面利率，各中标国债承销团成员（以下简称中标机构）均按面值承销。假设财政部本期发行国债的计划募资额为 100 亿元，承销商甲投标的利率为 2.9%，投标金额为 10 亿元，承销商乙投标利率为 3%，投标金额为 30 亿元，承销商丙投标利率为 3.1%，投标金额为 30 亿元，承销商丁投标利率为 3.2%，投标金额为 30 亿元，承销商戊投标利率为 3.5%，投标金额为 20 亿元，则承销商甲、乙、丙、丁均中标，最高中标利率为 3.2%，作为该期国债票面利率，甲乙丙丁都按照 3.2% 的票面利率（单一价格）认购国债，实际上是按照面值与财政部结算，将 100 亿元划入财政部指定账户。承销商戊落标。在此种招标方式中，若有投标者资金量投标的很大，投标利率压得很低，那么最后确定的票面利率就会很低，其他投标者中标的可能性就不大。

若采用单一价格招标并且标的为价格，则全场最低中标价格为当次国债发行价格，各中标机构均按发行价格承销。

若采用多重价格招标方式并且标的为利率，则全场加权平均中标利率为当期国债票面利率，中标机构按各自中标标位利率与票面利率折算的价格承销。假设标的为利率，仍以上例说明，最高中标利率为3.2%，全场中标利率为：2.9%有10亿元，3%有30亿元，3.1%有30亿元，3.2%有30亿元，则国债的票面利率计算如下：

$$票面利率=(2.9\%\times10+3\%\times30+3.1\%\times30+3.2\%\times30)/(10+30+30+30)\times100\%=3.08\%$$

承销商甲的中标标位利率2.9%小于票面利率3.08%，差额为-0.18%，应折算价格10.02亿元承销，将10.02亿元划入财政部指定账户；承销商乙的中标标位利率为3%，小于票面利率3.08%，差额为-0.08%，应折算价格30.024亿元承销；承销商丙的中标标位利率3.1%大于票面利率3.08%，差额为0.02%，应折算价格29.994亿元承销，将29.994亿元划入财政部指定账户；承销商丁的中标标位利率为3.2%，大于票面利率3.08%，差额为0.12%，应折算价格29.964亿元承销。

若采用多重价格招标方式并且标的为价格时，全场加权平均中标价格为当次国债发行价格，中标机构按各自中标标位的价格承销。

若采用混合式招标方式并且标的为利率时，全场加权平均中标利率为当期国债票面利率，低于或等于票面利率的中标标位，按面值承销；高于票面利率的中标标位，按各中标标位的利率与票面利率折算的价格承销。如前例，全场加权平均中标利率为3.08%，作为该期国债票面利率，低于或等于票面利率的中标标位有承销商甲的10亿元，中标标位利率2.9%，承销商乙的30亿元，中标标位利率为3%，均可分别按照面值10亿元和30亿元承销；高于票面利率的中标标位是丙的30亿元和丁的30亿元，中标标位利率分别是3.1%和3.2%，分别按照29.994亿元和29.964亿元承销。

若采用混合式招标方式并且标的为价格时，全场加权平均中标价格为当次国债发行价格，高于或等于发行价格的中标标位，按发行价格承销；低于发行价格的中标标位，按各中标标位的价格承销。

各中标机构应通过招标系统填制“债权托管申请书”，在中央国债登记结算有限责任公司（以下简称国债登记公司），中国证券登记结算有限责任公司（以下简称证券登记公司）上海、深圳分公司选择托管。逾时未填制的，系统默认全部在国债登记公司托管。国债登记公司，证券登记公司上海、深圳分公司根据招标结果办理券种注册，根据各中标机构选择的债券托管数据为各中标机构办理承销额度注册。财政部收到发行款后，通知国债登记公司确立债权。具体按以下方式处理：债权登记日，国债登记公司办理总债权登记、为认购人办理债权托管，证券登记公司上海、深圳分公司为认购人办理分托管部分的债权登记和托管。债权登记日为发行款缴款截止日次一个工作日。财政部收到发行款后债权债务关系确立。

国债承销商中标后要办理对外分销业务。记账式国债分销，是指招标结束后至缴款日（含缴款日），中标机构转让中标的全部或部分国债债权额度的行为。关键期限国债（是指首次发行期限为 1、3、5、7、10 年期的记账式国债）分销方式为场内挂牌、场外签订分销合同、试点商业银行柜台销售。非关键期限国债分销方式为场内挂牌、场外签订分销合同。分销对象为在证券登记公司开立股票和基金账户，在国债登记公司、试点商业银行开立债券账户的各类投资者。国债承销团成员间不得分销。非国债承销团成员通过分销获得的国债债权额度，在分销期内不得转让。国债承销团成员根据市场情况自定分销价格。

分销之后即可安排上市交易。关键期限国债在全国银行间债券市场（含试点商业银行柜台）、证券交易所债券市场上市交易。非关键期限国债在全国银行间债券市场（不含试点商业银行柜台）、证券交易所债券市场上市交易。交易方式为现券买卖和回购，其中试点商业银行柜台为现券买卖。上市后，各期国债可在各交易场所间相互转托管。通过试点商业银行柜台购买的国债，可以在债权托管银行质押贷款，具体办法由各试点商业银行制订。财政部委托国债登记公司、证券登记公司上海、深圳分公司及试点商业银行办理利息支付及到期偿还本金等事宜。

例如，财政部发行 2014 年记账式 2 年期固定利率附息（三十期）国债 250 亿元（面值总额），2014 年 12 月 24 日采用混合式招标方式招标，标的为利率，经招标确定的票面年利率为 3.39%，12 月 25 日开始计息，招标结束至 12 月 26 日进行分销，12 月 30 日起上市交易，每年 12 月 25 日（节假日顺延，下同）支付利息，2016 年 12 月 25 日偿还本金并支付最后一次利息，发行手续费为承销面值的0.05%。中标承销团成员于2014年12月26日前（含12月26日），将发行款一次缴入财政部指定账户。上市后，该国债证券编码为“101430”，证券简称“国债1430”，标准交易单位为“10张”或称“1手”，“10张”或“1手”的面值为1000元。

储蓄式国债是指财政部通过储蓄式国债承销团成员向储蓄存款客户发行的记录债权的不可流通人民币债券。2015—2017年储蓄国债承销团成员有38家，分别为中国工商银行、中国农业银行、中国银行、中国建设银行、交通银行、中信银行、中国光大银行、华夏银行、上海浦东发展银行、兴业银行、中国民生银行、招商银行、平安银行、北京银行、上海银行、南京银行、广发银行、天津银行、河北银行、杭州银行、青岛银行、成都银行、西安银行、富滇银行、宁波银行、哈尔滨银行、徽商银行、汉口银行、大连银行、乌鲁木齐市商业银行、恒丰银行、晋商银行、江苏银行、包商银行、中国邮政储蓄银行、北京农村商业银行、上海农村商业银行、青岛农村商业银行。储蓄客户可以通过38家银行的营业网点办理储蓄式国债购买业务。

储蓄式国债分为电子式与凭证式两种。

储蓄国债（电子式）是我国财政部通过储蓄式国债承销团成员向个人投资者发行的以电子方式记录债权的不可流通人民币债券。储蓄国债（电子式）分期付息，一般是按年付息。我国从2006年开始正式发行，首批代销试点电子式储蓄国债的有中国银行、中国工商银行、中国建设银行、中国农业银行、中国交通银行、招商银行、北京银行7家商业银行。根据《中华人民共和国财政部公告2014年第16号》的规定：储蓄国债（电子式）在发行期内按面值向个人发行，以100元为单位办理各项相关业务；储蓄国债（电子式）不可流通转让，可按照相关规定提前兑取、质押贷款和非交易过户；投资者可通过2012—2014年储蓄国债承销团成员（以下简称承销团成员）在全国已经开通储蓄国债（电子式）业务处理系统的营业网点柜台认购储蓄国债（电子式），并办理其他各项业务；同时，还可通过储蓄国债（电子式）网上银行销售试点银行（以下简称网银试点银行）的网上银行认购储蓄国债（电子式），并办理个人国债账户开户和查询业务；投资者需使用个人国债账户和对应的资金清算账户（存折或银行卡）认购储蓄国债（电子式），单一个人国债账户购买单期储蓄国债（电子式）最高限额为500万元；个人国债账户实行实名制，不收开户费和托管服务费用，开立后可以重复使用；投资者通过承销团成员营业网点柜台开立个人国债账户，需出示本人有效身份证件；投资者通过网银试点银行网上银行开立个人国债账户、认购储蓄国债（电子式）时所使用的资金清算账户的网上银行功能必须通过营业网点柜台开通；如投资者已在承销团成员开有个人国债账户用于记账式国债柜台交易，可直接使用该账户办理储蓄国债（电子式）业务，无须重复开户；投资者可于发行期结束后的规定时间内，到原购买国债的承销团成员提前兑取其持有的部分或全部当期储蓄国债（电子式）。投资者办理提前兑取，按当期国债提前兑取条件计息，承销团成员可按照提前兑取本金的1‰向投资者收取手续费；付息日或到期日前7个法定工作日（不含）起，停止办理当期国债提前兑取、非交易过户等与债权转移相关业务和国债质押，付息日（含）起恢复办理；财政部于付息日或还本日通过承销团成员将当期储蓄国债（电子式）利息或本金支付至投资者资金清算账户；投资者可通过个人国债账户所在承销团成员营业网点柜台和服务电话查询个人国债账户储蓄国债（电子式）变动情况及余额，还可通过中央国债登记结算有限责任公司语音复核查询电话（400－666－5000）查询个人国债账户截至上一日的储蓄国债（电子式）余额。

根据《财政部 中国人民银行关于2014年储蓄国债（电子式）发行兑付有关事宜的通知》的规定：各期国债初始基本代销额度和机动代销额度分别为各期最大发行额的70%和30%；发行期间，各省、自治区、直辖市、计划单列市财政厅（局）和中国人民银行上海总部，各分行、营业管理部、省会（首府）城市中心支行、副省级城市中心支行，应于规定的报表报送日下午3：00前，分别利用财政部内网系统（或传真）和中国人民银行NOTES电子邮件系统（或传真），分别向财政部和中国人民银行报送行政区域内承销团成员分支行的各期国债累计发行数额；规定的报送日为发行期首日后一工作日、发行期首周结束后一工作日、发行期结束后一工作日，各规定报送的累计发行数据截至日分别为发行期首日、发行期首周结束日、发行期结束日；如某一期国债发行工作在上一个报送日前已经完成，后续报表无须报送；各期国债手续费为发行面值的4.225‰，分配比例为：承销团成员4‰，中央国债登记结算有限责任公司0.15‰，中国人民银行0.075‰，中国人民银行手续费纳入部门预算，专款专用。

**［案例分析］2014 年第九期和第十期储蓄国债（电子式）**

2014 年第九期储蓄国债（电子式）（以下简称第九期）和 2014 年第十期储蓄国债（电子式）（以下简称第十期）两期国债均为固定利率、固定期限品种，最大发行总额 300 亿元。第九期期限 3 年，票面年利率 5%，最大发行额 180 亿元；第十期期限 5 年，票面年利率 5.41%，最大发行额 120 亿元。两期国债发行期均为 2014 年 10 月 10 日至 10 月 19 日，2014 年 10 月 10 日起息，按年付息，每年 10 月 10 日支付利息。第九期和第十期分别于 2017 年 10 月 10 日和 2019 年 10 月 10 日偿还本金并支付最后一年利息。从 2014 年 10 月 10 日开始计算，投资者持有两期国债不满 6 个月提前兑取不计付利息，满 6 个月不满 24 个月按发行利率计息并扣除 180 天利息，满 24 个月不满 36 个月按发行利率计息并扣除 90 天利息；持有第十期满 36 个月不满 60 个月按发行利率计息并扣除 60 天利息。两期国债由 38 家承销团成员通过其网点柜台代销。中国工商银行、中国农业银行、中国银行、中国建设银行、交通银行、招商银行、北京银行、上海银行和广发银行等网银成员可以同时通过网上银行为投资者办理两期国债认购、个人国债账户开户和查询业务。各承销团成员初始基本代销额度比例由财政部和中国人民银行分配。10 月 10 日至 10 月 11 日，网银成员通过网上银行代销两期国债的额度上限为其当期国债初始基本代销额度的 40%；10 月 12 日至 10 月 19 日，网银成员在其取得的代销额度内合理分配网点柜台和网银额度比例。2014 年 10 月 13 日营业结束后，各承销团成员未售出的基本代销额度与中央国债登记结算有限责任公司（以下简称国债登记公司）核对一致后全部调减为零。调减出的基本代销额度纳入机动代销额度，自 2014 年 10 月 14 日起供各承销团成员抓取。两期国债的发行款项分两次上缴中央总金库（户名为“国家金库总库”），缴款日期以到账日为准，10 月 10 日至 10 月 14 日的发行款于 10 月 15 日上缴，10 月 15 日至 10 月 19 日的发行款于 10 月 20 日上缴，汇款附言注明国债简称、缴款批次和缴款机构代码。投资者提前兑取两期国债一级资金清算方式为定期清算，财政部委托国债登记公司办理一级资金清算本息资金支付。

储蓄国债（凭证式）是我国财政部通过储蓄式国债承销团成员向个人投资者发行的以“中华人民共和国凭证式国债收款凭证”记录债权的不可流通

人民币债券。我国从1994年开始正式发行储蓄国债（凭证式）。根据《中华人民共和国财政部公告2014年第10号》的规定：凭证式国债为记名国债，记名方式采用实名制，可以挂失，但不能更名，不能流通转让；凭证式国债在发行期内通过储蓄国债承销团成员（以下简称承销团成员）按面值面向个人发行，发行面值以100元为单位；承销团成员应向投资者提供“中华人民共和国凭证式国债收款凭证”；投资者购买的凭证式国债从购买之日开始计息，到期一次还本付息，不计复利，逾期兑付不加计利息。各期凭证式国债发行公告日至发行结束日，如遇中国人民银行调整金融机构人民币存款基准利率，利率调整日（含）以后发行的当期凭证式国债利率按同期限整存整取定期存款基准利率调整的百分点作同向调整；投资者购买凭证式国债后，可到原购买国债的承销团成员办理提前兑取、质押贷款。投资者办理提前兑取，按当期国债实际持有时间和相应的利率档次计息，同时需按提前兑取本金的0.1%向承销团成员支付手续费。

例如，2014年凭证式（四期）国债，财政部规定最大发行额度为300亿元，其中，3年期180亿元，票面年利率为5.00%，5年期120亿元，票面年利率为5.41%。该期国债发行期为2014年11月10日至2014年11月19日。投资者提前兑取本期国债按实际持有时间和相对应的分档利率计付利息，具体为：从购买之日起，3年期和5年期本期国债持有时间不满半年不计付利息，满半年不满1年按1.74%计息，满1年不满2年按3.47%计息，满2年不满3年按4.49%计息；5年期本期国债持有时间满3年不满4年按4.99%计息，满4年不满5年按5.13%计息。

从期限看，储蓄国债（包括凭证式与电子式）期限一般较短，多为1年和3年期限，个别有5年期限。记账式附息国债的期限比较长，记账式贴现国债的期限较短。例如2009年，财政部共发行国债72期（含续发行1期），总计发行面值16229.21亿元。其中：记账式附息国债33期（含续发行1期），总计发行面值8831.7亿元，其中：1年期品种4期，面值1119.9亿元，3年期品种4期，面值1097.9亿元，5年期品种6期（含续发行1期），面值1677亿元，7年期品种7期，面值1874.8亿元，10年期品种6期，面值1642.1亿元，15年期品种1期，面值280亿元，20年期品种2期，面值480亿元，30年期品种2期，面值460亿元，2009年11月首次尝试发行50年期超长期品种1期，面值200亿元。发行记账式贴现国债26期，总计发行面值

3886.4 亿元，其中：91 天品种 12 期，面值 1674.8 亿元，182 天品种 8 期，面值 1235.1 亿元，273 天品种 6 期，面值 976.5 亿元。发行储蓄国债（凭证式）5 期，2000 亿元，其中，1 年期品种 350 亿元，3 年期品种 1360 亿元，5 年期品种 290 亿元。发行储蓄国债（电子式）8 期，1511.11 亿元，其中，1 年期品种 350 亿元，3 年期品种 1008.98 亿元，5 年期品种 152.13 亿元。2010 年发行的第 14 期和 37 期记账式附息国债，期限为 50 年，第 3 期、18 期、23 期、26 期、40 期记账式附息国债，期限为 30 年。2010 年发行的记账式贴现国债，期限有 91 天、182 天和 273 天，共计 3 种。

特别国债是财政部发行的具有特定用途的国债。我国曾于 1998 年和 2007 年发行过两次国债。经第八届全国人大常委会第三十次会议审议批准，财政部于 1998 年 8 月向四大国有独资商业银行发行了 2700 亿元长期特别国债，所筹集的资金全部用于补充国有独资商业银行资本金；2007 年十届全国人大常委会第二十八次会议决定：批准发行 15500 亿元特别国债，用于购买约 2000 亿美元外汇，作为国家外汇投资公司的资本金。以 2007 年特别国债（八期）为例。本期国债通过全国银行间债券市场和试点商业银行柜台面向社会各类投资者发行。试点商业银行包括中国工商银行、中国农业银行、中国银行和中国建设银行在全国已经开通国债柜台交易系统的分支机构（以下简称试点银行）。本期国债计划发行 263.5 亿元，实际发行面值金额为 263.18 亿元。本期国债期限 10 年，经投标确定的票面年利率为 4.41%，2007 年 12 月 17 日开始发行并计息，12 月 20 日发行结束，12 月 24 日起在全国银行间债券市场和试点银行柜台上市交易。本期国债交易方式为现券买卖和回购，试点银行柜台为现券买卖。通过试点银行柜台购买的本期国债，可以在债权托管银行质押贷款，具体办法由各试点银行制订。本期国债为固定利率附息债，每半年付息一次，利息支付日为每年 6 月 17 日、12 月 17 日（节假日顺延，下同），2017 年 12 月 17 日偿还本金并支付最后一次利息。本期国债在 2007 年 12 月 17 日至 12 月 20 日的发行期内，采取签订分销合同和试点银行柜台销售的方式分销，分销对象为在中央国债登记结算有限责任公司、试点银行开立债券账户的各类投资者。通过试点银行柜台发售部分的分销价格区间为每百元面值 99.80 ~ 100.20 元，其他分销部分由承销机构根据市场情况自定价格。

自 2000—2014 年，我国国债各年发行额如表 8 - 1 所示。

表 8 - 1　　2000—2014 年国债发行额　　单位：亿元

| 时间 | 记账式国债 | 储蓄国债凭证式 | 储蓄国债电子式 | 特别国债 | 总量 |
| --- | --- | --- | --- | --- | --- |
| 2000 年 | 2720 | 1937 | — |  | 4657 |
| 2001 年 | 3354 | 1530 | — |  | 4884 |
| 2002 年 | 4461 | 1473 | — |  | 5934 |
| 2003 年 | 3775.5 | 2504.6 | — |  | 6280.1 |
| 2004 年 | 4366 | 2510 | — |  | 6876 |
| 2005 年 | 5042 | 2000 | — |  | 7042 |
| 2006 年 | 6533.3 | 1950 | 400 | — | 8883.3 |
| 2007 年 | 6347 | 1600 | 34 | 15502.28 | 23483.28 |
| 2008 年 | 6665 | 1300 | 593.21 | — | 8558.21 |
| 2009 年 | 12718.1 | 2000 | 1511.11 |  | 16229.21 |
| 2010 年 | 14581.9 | 1900 | 1296.27 |  | 17778.17 |
| 2011 年 | 12446.5 | 1400 | 1600 |  |  |
| 2012 年 | 12032.8 | 800 | 1700 |  |  |
| 2013 年 | 13574.4 | 1400 | 2200 |  |  |
| 2014 年 | 14363.3 | 1500 | 1884.05（计划 1900） |  |  |

资料来源：根据多方面数据整理。

### （二）地方政府债券

地方政府债券有狭义和广义之分。狭义的地方政府债券是指经国务院批准同意，以省、自治区、直辖市和计划单列市政府为发行和偿还主体，由财政部代理发行并代办还本付息和支付发行费的可流通记账式债券。地方政府债券由财政部代理发行，通过全国银行间债券市场和证券交易所债券市场（以下简称各交易场所）面向社会各类投资者发行。以 2014 年地方政府债券（十三期）为例。本期债券计划发行面值为 207 亿元，实际发行面值为 207 亿元。其中天津、内蒙古、辽宁、大连、吉林、宁波、安徽、厦门、湖南、海南、西藏、贵州省（区、市）额度分别为 10 亿元、25 亿元、21 亿元、6 亿元、25亿元、6亿元、35亿元、4亿元、38亿元、12亿元、3亿元、22亿元。各省（区、市）额度以2014年地方政府债券（十三期）名称合并发行、合并托管上市交易。本期债券期限为7年，经投标确定的票面年利率为4.12%，2014年9月25日开始计息，招标结束后至9月28日进行分销，9月30日起在各交易场所以现券买卖和回购的方式上市交易。现券交易的证券编码“109158”，证券简称“地债1413”。本期债券为固定利率附息债，利息按年支付，利息支付日为每年的9月25日（节假日顺延，下同），2021年9月25日偿还本金并支付最后一年利息。本期债券还本付息事宜由财政部代为办理。本期债券采取场内挂牌和场外签订分销合同的方式分销，分销对象为在中国证券登记结算有限责任公司开立股票和基金账户及在中央国债登记结算有限责任公司开立债券账户的各类投资者。通过各交易场所分销部分，由承销机构根据市场情况自定价格。站在投资者角度，从承销商那里通过分销获得债券，属于一级市场发行申购行为，或称为一级市场投资。上市交易后，在投资者之间买卖属于二级市场投资。广义的地方政府债券还包括地方政府自发自还的债券。例如，2014年上海市政府债券（三期）由上海市财政局发行，为10年期固定利率附息式地方政府债，票面利率为4.33%，利息每年支付一次；本期债券起息日为2014年9月12日，每年9月12日支付利息（逢节假日顺延，下同），2024年9月12日偿还本金并支付最后一次利息。根据财政部通知，本期债券于2014年9月18日起在上海证券交易所上市交易，证券编码“109155”，证券简称“上海1403”，标准交易单位“10张”。

表8－2、表8－3、表8－4分别是2009年、2010年和2014年财政部代理地方政府发行债券情况。

**表8－2　　2009年地方政府债券发行情况**

| 品种 | 发行面值（亿元） | 期限（年） | 票面利率（%） | 发行时间 |
|---|---|---|---|---|
| 2009年新疆维吾尔自治区政府债券（一期） | 30.00 | 3 | 1.610 | 3月30日 |
| 2009年安徽省政府债券（一期） | 40.00 | 3 | 1.600 | 4月1日 |
| 2009年河南省政府债券（一期） | 50.00 | 3 | 1.630 | 4月7日 |
| 2009年四川省政府债券（一期） | 90.00 | 3 | 1.650 | 4月8日 |

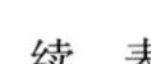

续 表

| 品种 | 发行面值（亿元） | 期限（年） | 票面利率（%） | 发行时间 |
|---|---|---|---|---|
| 2009 年重庆市政府债券 | 58.00 | 3 | 1.700 | 4 月 13 日 |
| 2009 年辽宁省政府债券（一期） | 30.00 | 3 | 1.750 | 4 月 14 日 |
| 2009 年天津市政府债券 | 26.00 | 3 | 1.780 | 4 月 14 日 |
| 2009 年山东省政府债券（一期） | 30.00 | 3 | 1.800 | 4 月 20 日 |
| 2009 年江苏省政府债券 | 84.00 | 3 | 1.820 | 4 月 20 日 |
| 2009 年吉林省政府债券（一期） | 30.00 | 3 | 1.820 | 4 月 23 日 |
| 2009 年青岛市政府债券 | 11.00 | 3 | 1.820 | 4 月 23 日 |
| 2009 年青海省政府债券 | 29.00 | 3 | 1.820 | 4 月 23 日 |
| 2009 年湖北省政府债券（一期） | 50.00 | 3 | 1.820 | 4 月 23 日 |
| 2009 年河北省政府债券（一期） | 40.00 | 3 | 1.800 | 4 月 30 日 |
| 2009 年内蒙古自治区政府债券（一期） | 30.00 | 3 | 1.800 | 4 月 30 日 |
| 2009 年陕西省政府债券（一期） | 36.00 | 3 | 1.800 | 4 月 30 日 |
| 2009 年黑龙江省政府债券（一期） | 30.00 | 3 | 1.770 | 5 月 11 日 |
| 2009 年云南省政府债券 | 84.00 | 3 | 1.770 | 5 月 11 日 |
| 2009 年浙江省政府债券（一期） | 40.00 | 3 | 1.770 | 5 月 11 日 |
| 2009 年大连市政府债券 | 10.00 | 3 | 1.710 | 5 月 14 日 |
| 2009 年四川省政府债券（二期） | 90.00 | 3 | 1.710 | 5 月 14 日 |
| 2009 年湖北省政府债券（二期） | 31.00 | 3 | 1.710 | 5 月 14 日 |
| 2009 年广西壮族自治区政府债券（一期） | 35.00 | 3 | 1.670 | 5 月 25 日 |
| 2009 年北京市政府债券 | 56.00 | 3 | 1.670 | 5 月 25 日 |
| 2009 年上海市政府债券（一期） | 40.00 | 3 | 1.670 | 5 月 25 日 |
| 2009 年河南省政府债券（二期） | 38.00 | 3 | 1.670 | 5 月 25 日 |
| 2009 年湖南省政府债券 | 82.00 | 3 | 1.700 | 6 月 9 日 |
| 2009 年宁夏回族自治区政府债券 | 30.00 | 3 | 1.700 | 6 月 9 日 |
| 2009 年福建省政府债券 | 26.00 | 3 | 1.700 | 6 月 9 日 |

续　表

| 品种 | 发行面值（亿元） | 期限（年） | 票面利率（%） | 发行时间 |
|---|---|---|---|---|
| 2009年江西省政府债券 | 62.00 | 3 | 1.720 | 6月15日 |
| 2009年贵州省政府债券 | 64.00 | 3 | 1.720 | 6月15日 |
| 2009年安徽省政府债券（二期） | 37.00 | 3 | 1.720 | 6月15日 |
| 2009年广东省政府债券 | 85.00 | 3 | 1.750 | 6月23日 |
| 2009年厦门市政府债券 | 8.00 | 3 | 1.750 | 6月23日 |
| 2009年海南省政府债券 | 29.00 | 3 | 1.750 | 6月23日 |
| 2009年甘肃省政府债券 | 65.00 | 3 | 1.760 | 6月29日 |
| 2009年山西省政府债券 | 53.00 | 3 | 1.760 | 6月29日 |
| 2009年宁波市政府债券 | 15.00 | 3 | 1.790 | 7月7日 |
| 2009年新疆维吾尔自治区政府债券（二期） | 25.00 | 3 | 1.790 | 7月7日 |
| 2009年山东省政府债券（二期） | 29.00 | 3 | 1.790 | 7月7日 |
| 2009年辽宁省政府债券（二期） | 26.00 | 3 | 1.790 | 7月7日 |
| 2009年深圳市政府债券 | 24.00 | 3 | 1.790 | 7月7日 |
| 2009年吉林省政府债券（二期） | 25.00 | 3 | 2.360 | 8月31日 |
| 2009年黑龙江省政府债券（二期） | 30.00 | 3 | 2.360 | 8月31日 |
| 2009年内蒙古自治区政府债券（二期） | 27.00 | 3 | 2.360 | 8月31日 |
| 2009年广西壮族自治区政府债券（二期） | 30.00 | 3 | 2.360 | 8月31日 |
| 2009年河北省政府债券（二期） | 20.00 | 3 | 2.240 | 9月9日 |
| 2009年上海市政府债券（二期） | 36.00 | 3 | 2.240 | 9月9日 |
| 2009年浙江省政府债券（二期） | 27.00 | 3 | 2.240 | 9月9日 |
| 2009年陕西省政府债券（二期） | 27.00 | 3 | 2.240 | 9月9日 |
| 合计 | 2000.00 | 3 | | |

资料来源：根据财政部地方政府债券发行文件整理。

表 8-3　**2010 年地方政府债券发行情况**

| 品种 | 发行面值（亿元） | 期限（年） | 票面利率（%） | 发行时间 | 发债地区 |
|---|---|---|---|---|---|
| 1 期 | 286 | 3 | 2.77 | 6 月 21 日 | 江西、湖南、广西、重庆、甘肃、青海、新疆、厦门 |
| 2 期 | 152 | 5 | 2.90 | 6 月 21 日 | 江西、湖北、湖南、广西、重庆、甘肃、青海、新疆、厦门 |
| 3 期 | 232 | 3 | 2.33 | 7 月 19 日 | 北京、福建、山东、青岛、广东、海南、云南 |
| 4 期 | 284 | 3 | 2.37 | 8 月 10 日 | 天津、山西、吉林、江苏、河南、湖北 |
| 5 期 | 186 | 5 | 2.67 | 8 月 10 日 | 北京、天津、山西、吉林、江苏、福建、青岛、河南、广东、海南、云南 |
| 6 期 | 195 | 3 | 2.37 | 8 月 24 日 | 河北、上海、深圳、贵州、陕西 |
| 7 期 | 206 | 3 | 2.36 | 9 月 7 日 | 安徽、宁夏、四川 |
| 8 期 | 152 | 5 | 2.67 | 9 月 7 日 | 上海、安徽、深圳、四川、贵州、宁夏、陕西 |
| 9 期 | 181 | 3 | 3.23 | 11 月 15 日 | 内蒙古、辽宁、大连、浙江、宁波、黑龙江 |
| 10 期 | 126 | 5 | 3.70 | 11 月 15 日 | 河北、内蒙古、辽宁、大连、黑龙江、浙江、宁波、山东 |
| 合计 | 2000 | | | | |

资料来源：根据财政部地方政府债券发行文件整理。

表 8-4　**2014 年地方政府债券发行情况**

| 发行期次 | 期限（年） | 票面年利率% | 发行总面值（亿元） | 发行面值分配（亿元） |
|---|---|---|---|---|
| 1 | 3 | 4.00 | 258 | 新疆 44；甘肃 45；四川 80；福建 46；广西 43 |
| 2 | 5 | 3.99 | 258 | 新疆 44；甘肃 45；四川 80；福建 46；广西 43 |

续　表

| 发行期次 | 期限（年） | 票面年利率% | 发行总面值（亿元） | 发行面值分配（亿元） |
|---|---|---|---|---|
| 3 | 7 | 4.10 | 183 | 新疆 22；甘肃 23；四川 40；福建 24；广西 22；青海 21；湖北 31 |
| 4 | 3 | 4.01 | 260 | 青海 43；陕西 55；山西 42；河北 59；湖北 61 |
| 5 | 5 | 4.12 | 261 | 青海 43；陕西 55；山西 42；河北 59；湖北 62 |
| 6 | 3 | 4.15 | 234 | 重庆 39；河南 70；黑龙江 51；湖南 74 |
| 7 | 5 | 4.28 | 234 | 重庆 40；河南 70；黑龙江 50；湖南 74 |
| 8 | 7 | 4.50 | 198 | 陕西 27；重庆 20；河南 36；黑龙江 25；山西 21；河北 30；云南 39 |
| 9 | 3 | 4.10 | 242 | 云南 77；贵州 45；西藏 5；厦门 6；安徽 69；辽宁 40 |
| 10 | 5 | 4.16 | 247 | 云南 77；广西 3；湖北 2；贵州 45；西藏 5；厦门 6；安徽 69；辽宁 40 |
| 11 | 3 | 4.14 | 163 | 海南 24；宁波 11；吉林 48；大连 9；内蒙古 50；天津 21 |
| 12 | 5 | 415 | 163 | 海南 24；宁波 11；吉林 48；大连 9；内蒙古 50；天津 21 |
| 13 | 7 | 4.12 | 207 | 贵州 22；西藏 3；海南 12；湖南 38；厦门 4；安徽 35；宁波 6；吉林 25；大连 6；辽宁 21；内蒙古 25；天津 10 |

资料来源：根据财政部公告整理。

## 二、公司债券和企业债券

从广义上来说，公司债券也是企业债券。企业债券是企业依照法定程序发行并约定在一定期限内还本付息的有价证券。狭义的企业债券是指企业债券中除了公司债券、金融债券以外的债券。公司债券是指股份有限公司和有限责任公司依照法定程序发行、约定在一定期限还本付息的有价证券。金融债券是由银行和非银行金融机构依照法定程序发行并约定在一定期限内还本付息的有价证券。本章所称的企业债券是狭义的企业债券。

从企业所有制主体看，公司债券和企业债券可分为城投债券和普通债券。城投债券有地方政府背景，但此处均划归为公司债券和企业债券，因为从表面上看，城投债券是由企业发行的债券。

按照可否在证券交易所上市流通，公司债券和企业债券可分为上市债券和非上市债券。此处主要研究上市债券。在上海证券交易所和深圳证券交易所均有大量的公司债券和企业债券上市交易。例如，2001 年 11 月 8 日中国长江三峡工程开发总公司发行的 30 亿元 15 年期债券，2016 年 11 月 8 日到期，票面利率为 5.21%，债券信用评级为 AAA 级，2002 年 4 月 19 日在上海证券交易所上市交易，交易代码为 120102，证券简称为 01 三峡债，2015 年 2 月 10 日收盘价为 100.99 元。

根据上海证券交易所网站发布数据，该所于 2007 年、2008 年、2009 年、2010 年、2011 年、2012 年、2013 年各年公司债券现券成交金额为 3.74 亿元、267.37 亿元、435.57 亿元、585.43 亿元、960.61 亿元、2101.28 亿元；从 1996—2012 年，各年企业债券和金融债券现券成交金额为 0.53 亿元、10.82 亿元、9.01 亿元、24.43 亿元、39.13 亿元、56.40 亿元、51.04 亿元、316.04 亿元、95.88 亿元、124.88 亿元、124.61 亿元、312.68 亿元、1139.01 亿元、365.56 亿元、909.13 亿元、1352.62 亿元、2769.21 亿元。

根据深圳证券交易所公布的数据，该所公司债券 2013 年全年成交金额为 1493.24 亿元，2014 年全年成交金额为 1913.16 亿元，企业债券 2013 年全年成交金额为 224.08 亿元，2014 年全年成交金额为 202.08 亿元。

## 三、普通可转换公司债券与可分离交易可转换公司债券

普通可转换公司债券（简称可转换债券）是指发行人依照法定程序发行，在一定期限内依据约定的条件可以转换为股份的公司债券。

2015 年 2 月 10 日，上海证券交易所有 19 只可转换公司债券上市交易，分别为 110009 双良转债、110011 歌华转债、110012 海运转债、110015 石化转债、110017 中海、110018 国电、110019 恒丰转债、110020 南山转债、110022 同仁转债、110023 民生转债、110027 东方转债、110028 冠城转债、110029 浙能转债、110030 格力转债、113001 中行转债、113002 工行转债、113006 深燃转债、113007 吉视转债、113501 洛钼转债。

上海证券交易所1998—2012年各年可转换公司债券成交金额为22.29亿元、21.41亿元、52.43亿元、11.60亿元、22.82亿元、445.31亿元、338.55亿元、321.68亿元、169.03亿元、211.83亿元、301.69亿元、418.32亿元、1300.20亿元、2041.14亿元、2177.36亿元。

深圳证券交易所可转换公司债券2013年全年成交金额为166.16亿元，2014年全年成交金额为311.79亿元。

可分离交易可转换公司债券是指上市后分离为纯债券和认股权证的可转换公司债券。普通可转换公司债券转成股份时，投资者不必另外缴纳股票款，而是将可转换公司债券按照面值和转股价格折算为股票。例如1000元面值可转换公司债券，转股价格每股5元，则可转为200股股票，转股后，可转换公司债券就不存在了。而可分离交易可转换公司债券上市后，认股权证单独存在，假如认股价格为每股5元，每份认股权证可购1股股票，如果持有认股权者愿意行使认股权利，那就要按照每股5元价格向发行人缴纳股款，债券则可持有到期或者卖掉。

上海证券交易所从2009—2012年各年可分离债（认股权证已分离出去，剩下纯债券）成交金额为602.13亿元、512.04亿元、496.1亿元、448.24亿元。

另外，从2012年5月起，我国允许发行中小企业私募债。所谓私募债就是向特定投资者发行的债。

## 第二节　债券和可转换公司债券投融资道德风险的形成环节

### 一、债券和可转换公司债券的设计决策环节

在债券和可转换公司债券的设计环节中，投资者面临3种风险。

一种是债券利率设计产生的风险。如果设计者只考虑发行人的利益，则在预期债券存续期间内市场利率可能上涨的情况下，会采用固定且较低的利率，然后造舆论，宣传市场利率有下降趋势。如果投资者在对利率的变动趋势无法确定的情况下被误导购买了债券或可转换公司债券，则在市场利率上涨情况下会遭受相对损失。

一种是转股价格设计产生的风险。如果设计者想尽量缩小股本扩张规模，就会尽可能在投资者可接受的范围内提高转股价格，这样同样多的可转换债券面值所转换的股本数量就会减少。每单位可转换公司债券的转股数量可以称为转换比例。例如，转股价格为 5 元，每 100 元面值的可转换公司债券可以转换成 20 股股票，则转换比例是 20∶1。转股价格越高，转换比例就越低。转换比例越低，投资者要求标的股票的市场价格越高，因为在其他条件不变时，标的股票市场价格越高，转换价值越大。而股票市场价格上涨比较困难，因此，行权价格过高，可能会超过标的股票市场价格，从而使投资者转股不合算，导致投资者放弃转股权，其结果是投资者购买可转换公司债券仅仅得到很低的利息。

一种是分离交易可转换公司债券行权价格设计产生的风险。分离交易可转换公司债券上市后，债券与认购权证分离，两种证券分别单独交易。在权证行权期，行权价格（即股票认购价格）越高，意味着同样多的股份可以使证券发行人获得更多的资金。所以，分离交易可转换公司债券的设计者会千方百计提高权证的行权价格。当然，如果行权价格高于标的股票市场价格，权证持有者就会放弃认购股票的权利，发行人就筹集不到资金。为了促使权证持有者行权，发行人有可能会串通机构投资者拉抬标的股票市场价格，使之高于行权价格，诱使投资者按照较高的行权价行权，增大认股成本。

## 二、债券和可转换公司债券的发行决策环节

在债券发行决策环节，决策人应该考虑债券到期后的还本付息能力。在可转换公司债券发行决策环节，发行人既应该考虑投资者持有到期后发行人还本付息的能力，又要考虑投资者行使转股权利后发行人股本规模扩张对公司经济效益的影响。在此环节常见的道德风险是决策者只考虑自己在任期内的资金需求，而不考虑未来在他人任期内还本付息的压力，超信用能力大量发行长期债券。这种道德风险，既存在于公司债、企业债、金融债发行决策中，也存在于国债、地方债发行决策中。

在对外投资活动中，就中国投资者而言，债券和可转换公司债券发行环节的道德风险来自国外的发行决策。来自美国国债发行决策环节的道德风险比较典型。2011 年 4 月 6 日，美国财政部部长蒂莫西·盖特纳说，美国最迟

将在 5 月 16 日达到 14.29 万亿美元的债务限额。根据美国财政部 2010 年 2 月 16 日公布的国际资本流动报告（TIC）显示，截至 2009 年 12 月末，中国共持有 7554 亿美元美国国债，与 11 月份相比大幅减持 342 亿美元，由美国国债最大海外持有者转成为第二大海外持有者；日本在 2009 年 12 月份增持 115 亿美元美国国债，以 7688 亿美元持有量成为美国国债的第一大海外持有者；英国 2009 年 12 月大幅增持美国国债 249 亿美元，持有量达 3025 亿美元，仍为第三大海外持有者。根据美国财政部 2011 年 2 月 28 日公布的报告显示，截至 2010 年 12 月底，外国债权人持有的美国国债总额接近 4.44 万亿美元，其中中国持有 11601 亿美元，日本持有 8823 亿美元，英国持有 2721 亿美元。截至 2011 年 2 月，中国持有美国国债 11541 亿美元，日本持有美国国债 8903 亿美元，英国持有美国国债 2955 亿美元，中国香港持有美国国债 1246 亿美元。截至 2014 年 11 月，中国持有美国国债 1.25 万亿美元，为美国海外最大持有国，日本持有 1.24 万亿美元，为第二大持有国。美国政府过度发行国债，并游说中国购买美国国债。美国是世界上负债最多的国家，中国购买的美国国债存在巨大的信用风险。

地方政府债券发行决策环节的道德风险主要表现为决策者因不承担还款责任而过度举债。该种道德风险的形成主要有 4 个原因。

第一个原因是政府官员任期制和流动制。决策者在任期内为了完成 GDP 增长目标或者完成某项政绩工程，需要筹集巨额资金。在任期制和流动制条件下，债务偿还义务被推给了后任官员，决策者不必担责。有的决策者还不希望后任者政绩比自己优。这就促使政府官员过度举债。

第二个原因是责任模糊。如果实行“谁举债，谁还款”的制度，无论债券发行决策者走到哪里，都必须承担其在原单位举借的债务，否则免去新职，这就会对地方政府债券发行决策形成比较有力的约束。

第三个原因是地方政府政绩考核指标体系给地方政府官员带来过大压力。特别是把 GDP 增长率列入地方政府的政绩考核指标体系，迫使地方政府千方百计筹集资金。2009—2010 年，中国政府推出了 4 万亿元人民币投资计划，要求地方政府尽快落实投资项目，地方政府的筹资需求急速加大。

第四个原因是地方财源狭窄，收不抵支。按照中国目前的财政收支划分，中央政府的一般预算收入比较充裕，而地方政府的一般预算收入比较紧张。中央和地方的收支划分可见表 8－5 和表 8－6。

表 8-5　中央与地方一般预算收入划分

| 归属 | 项目 |
| --- | --- |
| 中央固定收入 | 关税，海关代征消费税和增值税，消费税，铁道部门、各银行总行、各保险公司总公司等集中缴纳的收入（包括营业税、利润和城市维护建设税），未纳入共享范围的中央企业所得税、中央企业上缴的利润等 |
| 中央与地方共享收入 | 增值税中央分享 75%，地方分享 25%；纳入共享范围的企业所得税和个人所得中央分享 60%，地方分享 40%；资源税按不同的资源品种划分，海洋石油资源税为中央收入，其余资源税为地方收入；证券交易印花税中央分享 97%，地方（上海、深圳）分享 3% |
| 地方固定收入 | 营业税（不含铁道部门、各银行总行、各保险公司总公司集中缴纳的营业税），地方企业上缴利润，城镇土地使用税，城市维护建设税（不含铁道部门、各银行总行、各保险公司总公司集中缴纳的部分），房产税，车船使用税，印花税，耕地占用税，契税，遗产和赠予税，烟叶税，土地增值税，国有土地有偿使用收入等 |

资料来源：中华人民共和国财政部网站 http：//yss. mof. gov. cn/zhuantilanmu。

表 8-6　中央与地方支出责任划分

| 归属 | 项目 |
| --- | --- |
| 中央财政支出 | 国防、武警经费，外交和援外支出，中央级行政管理费，中央统管的基本建设投资，中央直属企业的技术改造和新产品试制费，地质勘探费，中央安排的农业支出，中央负担的国内外债务的还本付息支出，以及中央本级负担的公检法支出和文化、教育、卫生、科学等各项事业费支出 |
| 地方财政支出 | 地方行政管理费，公检法经费，民兵事业费，地方统筹安排的基本建设投资，地方企业的改造和新产品试制经费，农业支出，城市维护和建设经费，地方文化、教育、卫生等各项事业费以及其他支出 |

资料来源：中华人民共和国财政部网站 http：//yss. mof. gov. cn/zhuantilanmu。

从表 8-5 来看，税额较大的共享收入项目，地方分成比例少，中央分成比例大；铁道部门、各银行总行、各保险公司总公司的营业税、利润和城市维护建设税以及中央企业的所得税和利润，其规模较大，划归中央；地方企业规模小、数量少、效益差，其利润交地方，该项收入没有保障；房产税，车船使用税，印花税，耕地占用税，契税，遗产和赠予税，烟叶税，土地增值税的收入规模不大。

从表 8 - 6 来看，地方安排的基本建设支出、城市维护和建设经费支出均为大额支出。以上收支项目的划分，使得地方政府收不抵支，于是，地方政府被迫提高卖地收入水平，导致房价过快上涨；大量举债，使得负债水平大大超过其偿还能力。据人民网北京 2010 年 6 月 23 日电（记者常红 贾玥）报道："审计调查的 18 个省、16 个市和 36 个县本级截至 2009 年年底，政府性债务余额合计 2.79 万亿元。其中：2009 年以前形成的债务余额为 1.75 万亿元，占 62.72%；当年新增 1.04 万亿元，占 37.28%。在这些新增债务中，仅有 8.92% 用于中央扩内需新增投资项目的配套资金，还有相当部分用于建设 2008 年前已开工的交通、市政等基础设施。这些地区共有各级融资平台公司 307 家，其政府性债务余额分别占省、市、县本级政府性债务总额的 44.07%、71.36% 和 78.05%，余额共计 1.45 万亿元。""上述地方政府性债务中，政府负有直接偿债责任、担保责任及兜底责任的债务分别为 1.8 万亿元、0.33 万亿元和 0.66 万亿元，分别占债务总额的 64.52%、11.83% 和 23.65%。从债务余额与当年可用财力的比率看，省、市本级和西部地区债务风险较为集中，有 7 个省、10 个市和 14 个县本级超过 100%，最高的达 364.77%。从偿债资金来源看，2009 年这些地区通过举借新债偿还债务本息 2745.46 亿元，占其全部还本付息额的 47.97%，财政资金偿债能力不足。"

## 三、债券和可转换公司债券的评级环节

在评级环节存在的道德风险主要有两种，一种是由评级机构不真实的评级给投资者带来的风险；一种是由评级机构不真实的评级给债券发行人带来的风险。当评级机构与发行人相互勾结，将较低信用级别的债券或可转换公司债券评为较高信用级别的债券或可转换公司债券时，投资者有可能会因债券或可转换公司债券的还本付息出现困难而造成损失，或者在持有债券或可转换公司债券期间，因所持债券或可转换公司债券的真实信用状况被曝光，债券或可转换公司债券的市场价格大跌而遭受损失。相反的情形是，当评级机构将较高信用级别的债券或可转换公司债券评为较低信用级别的债券或可转换公司债券时，可能会导致债券或可转换公司债券发行失败，或者迫使发行人不得不依靠提高利息率来吸引投资者，此种情况下遭受损失的是发行人。

## 四、债券和可转换公司债券的信息报告环节

在债券或可转换公司债券的信息报告环节存在的道德风险存在于发行前

与发行后两个阶段，其中发行前又分为报批环节和发行公告环节。

在发行报批环节，道德风险来源于发行人“提供虚假信息”的行为。

按照《中华人民共和国证券法》的规定，公开发行公司债券，应当符合下列条件：①股份有限公司的净资产不低于人民币三千万元，有限责任公司的净资产不低于人民币六千万元；②累计债券余额不超过公司净资产的百分之四十；③最近三年平均可分配利润足以支付公司债券一年的利息；④筹集的资金投向符合国家产业政策；⑤债券的利率不超过国务院限定的利率水平；⑥国务院规定的其他条件。该法还规定：申请公开发行公司债券，应当向国务院授权的部门或者国务院证券监督管理机构报送下列文件：①公司营业执照；②公司章程；③公司债券募集办法；④资产评估报告和验资报告；⑤国务院授权的部门或者国务院证券监督管理机构规定的其他文件。依照本法规定聘请保荐人的，还应当报送保荐人出具的发行保荐书。有下列情形之一的，不得再次公开发行公司债券：①前一次公开发行的公司债券尚未募足；②对已公开发行的公司债券或者其他债务有违约或者延迟支付本息的事实，仍处于继续状态；③违反本法规定，改变公开发行公司债券所募资金的用途。

上市公司发行可转换为股票的公司债券，除应当符合规定的条件外，还应当符合证券法关于公开发行股票的条件，并报国务院证券监督管理机构核准。发行人申请公开发行股票、可转换为股票的公司债券，依法采取承销方式的，或者公开发行法律、行政法规规定实行保荐制度的其他证券的，应当聘请具有保荐资格的机构担任保荐人。设立股份有限公司公开发行股票，应当符合《中华人民共和国公司法》规定的条件和经国务院批准的国务院证券监督管理机构规定的其他条件，向国务院证券监督管理机构报送募股申请和下列文件：①公司章程；②发起人协议；③发起人姓名或者名称，发起人认购的股份数、出资种类及验资证明；④招股说明书；⑤代收股款银行的名称及地址；⑥承销机构名称及有关的协议。依照本法规定聘请保荐人的，还应当报送保荐人出具的发行保荐书。法律、行政法规规定设立公司必须报经批准的，还应当提交相应的批准文件。公司公开发行新股，应当符合下列条件：①具备健全且运行良好的组织机构；②具有持续盈利能力，财务状况良好；③最近三年财务会计文件无虚假记载，无其他重大违法行为；④经国务院批准的国务院证券监督管理机构规定的其他条件。上市公司非公开发行新股，应当符合经国务院批准的国务院证券监督管理机构规定的条件，并报国务院证券监督管理机构核准。公司公开发行新股，应当向国务院证券监督管理机构报送募股申请和下列文件：①公司营业执照；②公司章程；③股东大会决议；④招股说明书；⑤财务会计报告；⑥代收股款银行的名称及地址；⑦承销机构名称及有关的协议。依照本法规定聘请保荐人的，还应当报送保荐人出具的发行保荐书。

当发行人编造假材料并放入申报文件，骗取债券或者可转换公司债券发行权利时，就有可能到期不能完全履行责任，从而给投资者带来损失。

发行公告环节的道德风险是报批环节道德风险的延续，是指发行人将含有虚假信息的发行公告通过合法途径公开后给投资者带来损失的可能性。

债券或可转换公司债券在发行后的道德风险主要是指在债券或可转换公司债券上市流通、存续期间，发行人公告了虚假信息，误导投资者在高价位买入债券或可转换公司债券，一旦真相暴露，导致债券或可转换公司债券市场价格暴跌，给投资者造成损失。

## 五、债券和可转换公司债券的招标环节

如果债券和可转换公司债券的发行人采用招标方式选择承销人，则有可能产生对招标人或投标人不利的招标道德风险，一般表现为投标方人员向招标方人员行贿，套取标底，招标方向行贿的投标方倾斜，使招标人不能获得应该实现的结果。对于投标一方而言，在投标环节产生的道德风险表现为负责编制投标文件的业务人员对投标机构不忠诚，编制投标书不认真，有漏洞，导致不中标的结果。

## 六、债券和可转换公司债券的投资环节

债券和可转换公司债券投资环节的道德风险主要存在于投资委托代理业务中。在我国，以债券和可转换公司债券为投资对象的投资委托代理业务，主要有 7 种类型。

第一种类型是国家委托公司代理投资。一般是由国家出资成立专门的投资公司，由公司负责国家资金的投资运作，购买国外的债券和可转换公司债券。

第二种类型是契约型证券投资基金的持有人委托基金管理人进行证券投资运作，基金将债券和可转换公司债券作为投资对象。

第三种类型是企业类机构投资者委托特定员工进行具体的投资操作，进行债券和可转换公司债券的投资业务。

第四种类型是企业或个人将资金委托给证券公司或资产管理公司或投资公司进行债券和可转换公司债券的投资。

第五种类型是自然人之间建立委托代理关系，由受托人代理委托人进行投资操作。

第六种类型是企业或个人将资金交给信托投资公司，由信托公司代为进行债券和可转换公司债券投资。

第七种类型是个人购买银行的理财产品，理财产品的投资对象是债券和可转换公司债券。

当投资风险由委托人全部承担时，委托人会面临受托人的道德风险。受托人有可能不对作为投资对象的债券进行认真的风险评估就决定投资，或者已经认识到了投资对象的风险但依然决定投资，从而给委托人造成较大损失。

## 七、债券和可转换公司债券的流通环节

记账式债券可以在证券交易所上市流通。可转换公司债券全部在证券交易所上市流通。在流通环节产生的道德风险，主要是指有人操纵债券或可转换公司债券的市场价格，引诱投资者追涨杀跌，使投资者在价格的暴涨暴跌中遭受重大损失。这其中又分为两种情况。一种情况是投资者在高价位买入债券或可转换公司债券后，债券或可转换公司债券的市场价格由涨势转为跌势，投资者忍痛割肉，造成投资损失。另一种情况是投资者在较低价位卖出债券或可转换公司债券后，债券或可转换公司债券的价格一路飙升，使投资者踏空。

## 八、债券和可转换公司债券的付息环节

该环节的道德风险表现就是发行人不能按照约定的日期足额偿付利息，给投资者造成损失。

不能付息的主要原因有两种。第一种原因是发行人有经济实力，但是故意拖延付息时间，给投资者带来时间价值的损失。如果投资者持券面值不大，则投资者不会在意该种时间价值损失；如果投资者持券面值很大，则投资者

丧失的货币时间价值就不可小视。利息的时间价值其实就是投资者可以运用利息进行再投资所能够获得的收益，或者投资者可以利用利息进行消费，由于利息支付拖延，导致消费延期，消费品在被延期购买之后市价上涨，这上涨的价格部分就是利息的时间价值。第二个原因是发行人出现财务困境，无力支付利息，从而给投资者带来损失。

发行人不能按期足额支付利息，有两种被允许的处理方法：一种是投资者可以起诉发行人，要求发行人或其担保人履行还债义务；一种是投资者无权起诉，只能默许发行人延期支付利息。例如，商业银行发行的混合资本债券，是一种带有一定股本性质，又带有一定债务性质的资本工具。当核心资本充足率低于4%时，银行可以延期支付利息；若同时盈余公积与未分配利润之和为负且最近12个月内未支付普通股现金股利，银行必须延期支付利息。递延的利息将根据本期债券的利率计算利息。在不满足延期支付利息的条件时，银行应立即支付欠息及欠息产生的利息。

**[违约案例]“11CR债”“13HZ债”利息违约事件**

2014年3月4日，上海C科技股份有限公司发布公告称，由于公司流动性危机尚未化解，通过公司自身生产经营无法按期全额支付“11CR债”第二期利息8980万元，该期债券成为债券市场首例违约案件。好在该期债券最终仍然实现兑付，2014年12月17日，C公司公告称公司将以2014年12月22日作为还本付息日，对每手“11CR债”面值1000元派发本息合计1116.40元（含税），“11CR债”原定的5年存续期提前终止。

H有限公司发行的中小企业私募债“13HZ债”发行于2013年8月23日，发行总额为8000万元，第一年票面利率为10%，证券代码：118123。因2014年8月23日为周六，该债券第一期利息顺延后应于2014年8月25日支付，总共支付额度为800万元，但未能如期付息。该私募债的担保方是Z担保有限公司。

## 九、可转换公司债券的转股环节或行权环节

普通的可转换公司债券持有人可以在转股期内按照可转换公司债券面值和约定的转股价格将可转换公司债券转换成股票。分离交易的可转换公司债券，在上市之后，分成了债券与认购权证，两种证券分别单独交易。债券到

期后发行人向持券人还本付息，权证持有人则在行权期内可以行权认购标的股票，也可以放弃行权。

普通可转换公司债券在转股期间存在的道德风险主要是转股价格过高，投资者有可能在转股后遭受损失。

### 十、债券和可转换公司债券的还本环节

在债券和可转换公司债券还本环节的道德风险表现为发行人拒不偿还全部本金或者只偿还部分本金，或者由于主观原因经营不善导致本企业丧失还款能力。

**[违约案例]“12JTL”本金违约事件**

“12JTL”于2013年1月28日在上海证券交易所挂牌，是由TLFC有限公司发行的一笔中小企业私募债，债券金额5000万，票面利率9%，期限为两年。由天津HT投资担保有限责任公司承担不可撤销连带担保责任。“12JTL”原计划于2014年7月28日回售到期。所谓回售到期，即7月28日，“12JTL”的持有人可以把债券回售给发行人TLFC。TLFC及其母公司TL集团均陷入困境，TL集团董事长W选择“失联”，“12JTL”债违约。

## 第三节　债券与可转换公司债券投融资道德风险的控制

### 一、投资者改变“国内债券无违约”的观念

在投资者的潜意识中，我国国内债券不会发生违约事故。投资者之所以会有这种潜意识，有4个原因。一是自中华人民共和国成立以来，我国从国债到企业债，从未发生违约事件，良好的信用品牌是几十年形成的。二是债券的质量优良，国债是金边债券，企业债发行人则均为业绩优良者。三是发债者多为国有单位，在债券背后有国家信誉支撑。四是从国内债务总量看，尚在风险可控范围。

但是，在中国国内债券今后的构成中，私人企业发行的公募债和中小企业发行的私募债所占的比例会呈上升趋势，这些债券的总量会呈扩大趋势，其中不乏业绩不稳定、到期不能还本付息的企业，国家也不会和不应该为这

些企业承担最后还款的义务，这意味着投资者要按照市场规则自担风险。所以，投资者需要树立风险意识，对债券违约风险进行充分评估。

## 二、投资者对债券评级不能有依赖思想

债券评级对投资者有重要参考价值，但不能完全依赖债券评级，原因有2个。一个原因是债券评级所依据的资料主要是债券发行人的历史资料，而债券发行人的经营状况处在不断变化之中，有许多不确定因素是评级者难以预料的。另一个原因是评级者本身也有失误之时，也不排除评级机构出于某种原因故意造假。所以，投资者应该在了解债券评级结论的同时，尽量多收集债券发行人的信息，自己做出判断。

## 三、将债券流动性作为债券投资决策重要参考

债券的流动性是指债券变现的特性，可以用债券变现率和变现速率来表示。债券的变现率是指投资者将债券变成现金所实际获得的金额与应得债券本息的百分率，计算公式如下：

债券变现率＝债券变现后实际所得金额/应得债券本息×100%

例如，张华通过上海证券交易所按照面值购买大山公司发行的5年期可流通债券10000元，年利息率5%，按年付息。持有3年整后，张华获3年利息1500元，按照每张债券99元的结算价格将10000元面值债券全部出售，得款9900元（本题忽略交易费用，投资者实际计算时可扣除交易费用）。则张华投资的债券实际变现率为：

变现率＝（1500＋9900）/（1500＋10000）×100%

＝11400/11500×100%

＝99%

上例中，应得债券本息是11500元而不是12500元，即排除了后2年的利息，是因为张华持有期只有3年，后2年利息不应该归张华所有。

债券的变现率一般不超过百分之百。越是接近百分之百，流动性越强，风险越小。

变现速率是指投资者期望的变现时间与实际变现时间的百分率。公式如下：

债券变现速率 = 期望变现时间/实际变现时间 × 100%

例如，王华期望所持债券 1 天内变现，实际用了 3 天才完成变现计划，则变现速率为：

债券变现速率 = 1 天/3 天 × 100%

= 33%

假设王华持有的债券不可流通，某日需要 1 天内变现，但离到期日尚余 800 天，只好等到期后变现，则变现速率为：

变现速率 = 1 天/800 天 × 100%

= 0.125%

变速率越高越好。理论上，变速率可以超过百分之百，但是超百分之百没有实际意义，所以投资者期望变现时间可以按照 1 天计算，实际变现时间最小值限定为 1 天，这样变速率的最大极限值就是百分之百。

债券的流动性越强，道德风险事故损失就越小，因为投资者可以通过变现来转移债券投资的道德风险。

考虑债券流动性因素后，可以按照风险大小对债券进行排序，排序越靠后，风险越大。换言之，排序越靠前，安全性越高。

（1）分期付息可流通短期国债；

（2）分期付息可流通长期国债；

（3）到期一次还本付息可流通短期国债；

（4）到期一次还本付息可流通长期国债；

（5）分期付息不可流通短期国债；

（6）分期付息不可流通长期国债；

（7）到期一次还本付息不可流通短期国债；

（8）到期一次还本付息不可流通长期国债；

（9）分期付息可流通短期国有企业债；

（10）分期付息可流通长期国有企业债；

（11）到期一次还本付息可流通短期国有企业债；

（12）到期一次还本付息可流通长期国有企业债；

（13）分期付息不可流通短期国有企业债；

（14）分期付息不可流通长期国有企业债；

（15）到期一次还本付息不可流通短期国有企业债；

（16）到期一次还本付息不可流通长期国有企业债；

（17）分期付息可流通短期上市公司债；

（18）分期付息可流通长期上市公司债；

（19）到期一次还本付息可流通短期上市公司债；

（20）到期一次还本付息可流通长期上市公司债；

（21）分期付息不可流通短期上市公司债；

（22）分期付息不可流通长期上市公司债；

（23）到期一次还本付息不可流通短期上市公司债；

（24）到期一次还本付息不可流通长期上市公司债；

（25）分期付息可流通短期非上市非国有大型企业债；

（26）分期付息可流通长期非上市非国有大型企业债；

（27）到期一次还本付息可流通短期非上市非国有大型企业债；

（28）到期一次还本付息可流通长期非上市非国有大型企业债；

（29）分期付息不可流通短期非上市非国有大型企业债；

（30）分期付息不可流通长期非上市非国有大型企业债；

（31）到期一次还本付息不可流通短期非上市非国有大型企业债；

（32）到期一次还本付息不可流通长期非上市非国有大型企业债；

（33）分期付息可流通短期非上市非国有中小企业债；

（34）分期付息可流通长期非上市非国有中小企业债；

（35）到期一次还本付息可流通短期非上市非国有中小企业债；

（36）到期一次还本付息可流通长期非上市非国有中小企业债；

（37）分期付息不可流通短期非上市非国有中小企业债；

（38）分期付息不可流通长期非上市非国有中小企业债；

（39）到期一次还本付息不可流通短期非上市非国有中小企业债；

（40）到期一次还本付息不可流通长期非上市非国有中小企业债。

以上排序不是绝对的，例如有的上市公司可能会违约，有的非上市非国有小企业可能守约。之所以把上市公司的安全性排在非上市企业前面，是因为上市公司的信息透明度比非上市企业高。当然，上市公司的信息有虚假成分，但是也有真实成分，而且上市公司出现问题后被公开揭示的更及时。对投资者而言，债券发行企业的信息越透明，安全性相对越高。

## 四、关注债券有无担保

没有担保的债券可称之为信用债券。一般而言，有担保的债券其安全性高于信用债券。在有担保的债券中，抵押担保的债券比质押担保的债券安全，质押担保的债券比保证人担保的债券安全，保证人担保的债券比信用债券安全。当然也不是绝对的，也要具体问题具体分析。例如，可能有的信用债券发行人非常讲究遵守信用，而有的债券由某担保公司作保证人，而该担保公司超过自己的担保能力承揽担保业务，或者守约意识比较差，导致其担保的债券信用风险加大。

## 五、政府加强对债券的监管

债券发行与偿还能否实行完全的市场化？不可以。任何市场化都只能是有限度的，政府具有不可推卸的监管责任。这里有一个监管边界与市场化边界的合理衔接问题。对于债券，政府可以“五管五不管”。“五管”包括：管利率最高限、管发债登记备案制、管发债所筹资金用途是否与发行前承诺不一致、管信息是否真实而充分地披露、管是否按约定还本付息。“五不管”包括：不管发行资格、不管发行规模、不管发行时机、不管担保方式、不管向谁发行。这样，政府不该管的交给市场，该管的一定要管好，如此一来，投资者面临的风险就会大大降低。

# 第九章　证券投资基金中的道德风险

［**开章语**］2000 年 10 月 5 日，《财经》杂志刊登了一篇署名“特约撰稿人平湖”“本刊记者李箐”的长文《基金黑幕——关于基金行为的研究报告分析》（以下简称《基金黑幕》），文章通过跟踪 1999 年 8 月 9 日至 2000 年 4 月 28 日期间，22 家证券投资基金在上海证券交易所的交易状况，得出证券投资基金存在大量违规违法操作的结论。10 天后，博时等 10 家基金管理公司联合发表声明，指责《基金黑幕》“对中国基金业两年来的试点成果给予全盘否定，其中颇多不实之词和偏颇之论，严重误导了投资者。”时至今日，人们对证券投资基金运作存在黑幕的判断已经达成共识。本章对证券投资基金道德风险进行研究，对于提高投资者风险意识具有积极意义。

## 第一节　证券投资基金的发展现状

### 一、证券投资基金的含义

证券投资基金是指通过公开或者非公开方式募集资金设立的、由基金托管人托管、基金管理人管理和运用、为基金份额持有人的利益用于证券投资活动的基金。

证券投资基金在美国称之为“共同基金”，在英国和中国香港特别行政区称之为“单位信托基金”，在中国台湾地区和日本称之为“证券投资信托基金”。

理解证券投资基金的含义需要了解 6 个概念。

第一个概念是“公开募集”，简称“公募”，又叫“公开发行”。按照《中华人民共和国证券法》的界定，有下列情形之一的，为公开发行：向不特定对象发行证券的；向特定对象发行证券累计超过二百人的；法律、行政法规规定的其他发行行为。

第二个概念是“非公开募集”，简称“私募”。按照对“公募”的界定，私募就是向不足200人的特定对象发行证券或直接募集资金的行为。

第三个概念是基金托管人。基金托管人是指受基金管理人委托保管证券投资基金并依法设立的商业银行或者其他金融机构。其中，商业银行担任基金托管人的，由国务院证券监督管理机构会同国务院银行业监督管理机构核准；其他金融机构担任基金托管人的，由国务院证券监督管理机构核准。《中华人民共和国证券投资基金法》规定，基金托管人应当履行下列职责：安全保管基金财产；按照规定开设基金财产的资金账户和证券账户；对所托管的不同基金财产分别设置账户，确保基金财产的完整与独立；保存基金托管业务活动的记录、账册、报表和其他相关资料；按照基金合同的约定，根据基金管理人的投资指令，及时办理清算、交割事宜；办理与基金托管业务活动有关的信息披露事项；对基金财务会计报告、中期和年度基金报告出具意见；复核、审查基金管理人计算的基金资产净值和基金份额申购、赎回价格；按照规定召集基金份额持有人大会；按照规定监督基金管理人的投资运作；国务院证券监督管理机构规定的其他职责。托管费按前一日基金资产净值一定比例（一般为0.25%）的年费率计提，逐日累计至每月月底，按月支付。

第四个概念是基金管理人。基金管理人是指负责证券投资基金发行和投资运作的机构。公开募集基金的基金管理人，由基金管理公司或者经国务院证券监督管理机构按照规定核准的其他机构担任。《中华人民共和国证券投资基金法》规定，公开募集基金的基金管理人应当履行下列职责：依法募集资金，办理基金份额的发售和登记事宜；办理基金备案手续；对所管理的不同基金财产分别管理、分别记账，进行证券投资；按照基金合同的约定确定基金收益分配方案，及时向基金份额持有人分配收益；进行基金会计核算并编制基金财务会计报告；编制中期和年度基金报告；计算并公告基金资产净值，确定基金份额申购、赎回价格；办理与基金财产管理业务活动有关的信息披露事项；按照规定召集基金份额持有人大会；保存基金财产管理业务活动的记录、账册、报表和其他相关资料；以基金管理人名义，代表基金份额持有人利益行使诉讼权利或者实施其他法律行为；国务院证券监督管理机构规定的其他职责。设立私募基金管理机构和发行私募基金不设行政审批，允许各类发行主体在依法合规的基础上，向累计不超过法律规定数量的投资者发行私募基金。各类私募基金管理人应当根据基金业协会的规定，向基金业协会申请登记，报送以下基本信息：工商登记和营业执照正副本复印件；公司章程或者合伙协议；主要股东或者合伙人名单；高级管理人员的基本信息；基金业协会规定的其他信息。基金业协会应当在私募基金管理人登记材料齐备后的20个工作日内，通过网站公告私募基金管理人名单及其基本情况的方式，为私募基金管理人办理登记手续。基金管理费按照基金净值的一定比例计提，一般为年费率1.5%。实践中一般每日计提，按前一日基金资产净值1.5%的年费率计提，逐日累计至每月月底，按月支付。

第五个概念是基金份额持有人。基金份额持有人是指认购、申购证券投资基金或者在二级市场进行基金交易的主体。认购是指在基金发行环节购买基金。申购是指在柜台购买开放式证券投资基金。交易是指在证券交易所证券交易系统买卖上市的证券投资基金的行为。依照《中华人民共和国证券投资基金法》的规定，基金份额持有人享有下列权利：分享基金财产收益；参与分配清算后的剩余基金财产；依法转让或者申请赎回其持有的基金份额；按照规定要求召开基金份额持有人大会或者召集基金份额持有人大会；对基金份额持有人大会审议事项行使表决权；对基金管理人、基金托管人、基金服务机构损害其合法权益的行为依法提起诉讼；基金合同约定的其他权利。公开募集基金的基金份额持有人有权查阅或者复制公开披露的基金信息资料；非公开募集基金的基金份额持有人对涉及自身利益的情况，有权查阅基金的财务会计账簿等财务资料。基金份额持有人大会由全体基金份额持有人组成，行使下列职权：决定基金扩募或者延长基金合同期限；决定修改基金合同的重要内容或者提前终止基金合同；决定更换基金管理人、基金托管人；决定调整基金管理人、基金托管人的报酬标准；基金合同约定的其他职权。按照基金合同约定，基金份额持有人大会可以设立日常机构，行使下列职权：召集基金份额持有人大会；提请更换基金管理人、基金托管人；监督基金管理人的投资运作、基金托管人的托管活动；提请调整基金管理人、基金托管人的报酬标准；基金合同约定的其他职权。

《私募投资基金监督管理暂行办法》规定，私募基金份额持有人必须为“合格投资者”。私募基金的合格投资者是指具备相应风险识别能力和风险承担能力，投资于单只私募基金的金额不低于100万元且符合下列相关标准的单位和个人：净资产不低于1000万元的单位；金融资产不低于300万元或者最近三年个人年均收入不低于50万元的个人。所称金融资产包括银行存款、股票、债券、基金份额、资产管理计划、银行理财产品、信托计划、保险产品、期货权益等。下列投资者视为合格投资者：社会保障基金、企业年金等养老基金，慈善基金等社会公益基金；依法设立并在基金业协会备案的投资计划；投资于所管理私募基金的私募基金管理人及其从业人员；中国证监会规定的其他投资者。

第六个概念是证券投资活动。按照《中华人民共和国证券投资基金法》的规定，基金财产应当用于下列投资：上市交易的股票、债券；国务院证券监督管理机构规定的其他证券及其衍生品种。基金财产不得用于下列投资或者活动：承销证券；违反规定向他人贷款或者提供担保；从事承担无限责任的投资；买卖其他基金份额，但是国务院证券监督管理机构另有规定的除外；向基金管理人、基金托管人出资；从事内幕交易、操纵证券交易价格及其他不正当的证券交易活动；法律、行政法规和国务院证券监督管理机构规定禁止的其他活动。非公开募集基金财产的证券投资，包括买卖公开发行的股份有限公司股票、债券、基金份额，以及国务院证券监督管理机构规定的其他证券及其衍生品种。

## 二、我国证券投资基金的种类

证券投资基金可以从不同角度分类，常见的分类有以下5种。

### （一）按照募集方式分为公募基金和私募基金

私募基金是指以非公开方式向不足200人的特定投资者募集的以证券为投资对象的基金。

公募基金是指以公开方式向社会公众投资者募集的以证券为投资对象的基金。

### （二）按组织形式分为公司型基金和契约型基金

公司型基金可以理解为：通过公开或非公开募集基金设立证券投资基金公司，认购基金的投资者既是证券投资基金份额持有人，也是证券投资基金公司的股东，而证券投资基金同时也是公司的注册资本金，这样的证券投资基金就是公司型基金。

契约型基金可以理解为：由基金管理公司发行的证券投资基金，该基金不属于基金管理公司的注册资本，基金份额持有人也不是基金管理公司的股东，基金份额持有人与基金管理公司的关系是契约关系，可以视为基金份额持有人委托基金管理公司代为进行证券投资操作，这样的证券投资基金就是契约型基金。

### （三）按基金运作方式或者按基金份额是否固定分为封闭式基金与开放式基金

封闭式基金（Closed – end Funds）是指经核准的基金份额总额在基金合同期限内固定不变，基金份额可以在依法设立的证券交易场所交易，但基金份额持有人不得申请赎回的基金。封闭式基金有 4 个特征。一是期限封闭，即期限固定，通常在 5 年以上，一般为 10 年或 15 年，经受益人大会通过并经主管机关同意可以适当延长期限。二是规模封闭，即发行量固定不变。三是转让渠道只有二级市场交易这一条，投资者只能在证券交易所交易系统通过投资者之间的交易进行变现。四是转让价格随行就市，由买卖双方竞价形成。

开放式基金（Open – end Funds）是指基金份额总额不固定、基金存续无时间限制，基金份额可以在基金合同约定的时间和场所申购或者赎回的基金。开放式基金也有 4 个特征。一是无固定期限，若投资者看好，可以无限期存续，若看不好，短期内就会夭折。二是规模可变，若投资者愿意申购，规模就会越滚越大，若投资者厌弃，纷纷要求赎回，则规模会趋于缩小。三是转让渠道有两个：一个渠道是由发行人赎回，另一个渠道是经批准在证券交易所交易系统在投资者之间进行交易。四是变现价格的形成有两种方式：一种方式是在采用赎回方式变现时，变现价格由发行人根据基金的净资产值和赎回手续费标准确定后挂牌公示，另一种方式与封闭式基金一样，在证券交易所二级市场交易时通过投资者之间的竞价形成。

开放式证券投资基金又具体分为多种。例如 LOF、ETF、申赎型基金等。

LOF，英文全称是“Listed Open – ended Fund”，汉语称为“上市型开放式基金”。这种基金在发行结束后，投资者既可以在指定网点申购与赎回基金份额，也可以在交易所买卖该基金。不过投资者如果是在指定网点申购的基金份额，想要上网抛出，须办理一定的转托管手续；同样，如果是在交易所网上买进的基金份额，想要在指定网点赎回，也要办理一定的转托管手续。

可见 LOF 是普通的开放式基金增加了交易所的交易方式。

ETF，英文全称是“Exchange Traded Funds”，汉语称为“交易所交易型基金”。如果该基金跟踪某一股票价格指数，投资对象是纳入该指数的一揽子货币，则称为“交易型开放式指数证券投资基金”，简称“交易型开放式指数基金”，是经依法募集的，投资特定证券指数所对应组合证券的开放式基金，其基金份额用组合证券（或有少量现金）进行申购、赎回，并在证券交易所上市交易。ETF 本质上是指数型的开放式基金，在申购和赎回时，ETF 与投资者交换的是基金份额和“一篮子”股票。如果该基金跟踪黄金价格，投资对象是单一实物黄金，则称为“黄金 ETF”。中国证监会于 2013 年 1 月 25 日发布《黄金交易型开放式证券投资基金暂行规定》，将黄金 ETF 定义为“将绝大部分基金财产投资于上海黄金交易所挂盘交易的黄金品种，紧密跟踪黄金价格，使用黄金品种组合或基金合同约定的方式进行申购赎回，并在证券交易所上市交易的开放式基金”。黄金 ETF 的运行原理为：由大型黄金生产商向基金管理公司寄售实物黄金，基金管理公司以此实物黄金为依托，在证券交易所内公开发行基金份额，商业银行担任基金托管人和实物保管人，投资者在基金存续期间内可以自由赎回。黄金 ETF 在证券交易所上市，交易费用较低。投资者购买黄金 ETF 的好处是不必交黄金的保管费、储藏费和保险费等费用，只需缴纳通常约为 0.3% ~0.4% 的管理费用，而其他黄金投资渠道的费用平均为 2% ~3% 。黄金 ETF 一般以 1 克作为一份基金单位，每份基金单位的净资产值是 1 克现货黄金价格减去应计的管理费用，其在证券市场的交易价格以每股净资产值为基准。货币 ETF 投资于法律法规及监管机构允许投资的金融工具，具体包括：现金；通知存款；短期融资券；1 年以内（含 1 年的银行定期存款、协议存款、大额存单；期限在 1 年以内（含 1 年）的中央银行票据；期限在 1 年以内（含 1 年）的债券回购；剩余期限在 397 天以内（含 397 天）的国债、金融债、中期票据、资产支持证券等债券品种；中国证监会或中国人民银行认可的其他具有良好流动性的货币市场工具。债券 ETF 跟踪某一债券指数，投资于指数范围内的债券。

### （四）按基金结构分为单一基金和分级基金

单一基金是同一批次发行的基金份额之间其基金净值相同、收益分配标准也完全一样的普通基金。

分级基金又称为结构型基金，是同一批次发行的基金分为两类份额，两类份额之间的净值不同、收益分配标准也存在差异的基金。两类份额一般分别称为A类份额与B类份额。两类基金之和一般称为母基金，而两类基金被称为子基金。A类份额一般属于优先份额，B类份额一般属于进取份额。所谓优先，是指按照事先约定的收益率优先分得基金收益，所谓进取，是指基金收益可能超过优先份额，但也可能比优先份额低，因为母基金扣除A份额的本金及应计收益后的全部剩余资产都归B份额，亏损以B份额的资产净值为限，由B份额持有人承担。如果母基金的总体收益水平高，则扣除了优先分配给A类份额的收益后，B类份额基金就可获得高收益。如果母基金的总体收益水平低，则扣除了优先分配给A类份额的收益后，B类份额基金所获得的收益就会很低甚至无收益。换言之，如果把A份额和B份额的资产作为一个整体投资，那么其中持有B份额的人每年向A份额的持有人支付约定利息，支付利息后的总体投资盈亏都由B份额承担。基于此，所以当母基金净值下跌时，B份额（进取）净值下跌的幅度高于母基金净值的下跌幅度，当母基金净值上升时，B份额（进取）净值上升的幅度也要高于母基金净值的上升幅度。总之，进取份额的变动幅度大于母基金和优先份额的净值变动幅度，理论界将进取份额的这种特征称为分级基金的杠杆机制，所以人们把进取类份额基金称为杠杆基金。A类份额基金有几种具体类型，例如“有期限A类约定收益份额基金”“永续型A类约定收益份额基金”。B类份额基金常见的具体类型有“有期限杠杆指数基金”（跟踪某一指数）“永续性杠杆指数基金”“有期限杠杆债券基金”“永续型杠杆债券基金”。

### （五）按投资对象分为股票基金、债券基金、黄金基金、货币基金

股票基金以投资股票为主；债券基金以投资债券为主；黄金基金以黄金投资为主；货币基金主要投资于以下金融工具：现金、通知存款、短期融资券、剩余期限在一定天数以内的债券、1年以内（含1年）的银行定期存款和大额存单、期限在1年以内（含1年）的债券回购、剩余期限在一定天数以内的资产支持证券、剩余期限在一定天数天以内的中期票据、期限在1年以内（含1年）的中央银行票据（以下简称“央行票据”）以及中国证监会、中国人民银行认可的其他具有良好流动性的货币市场工具。有一种“申赎型货币基金”，是一种不上市交易、只通过柜台申购赎回的货币基金。

## 三、我国证券投资基金的发展历程

我国香港的证券投资基金起步于1960年，当时由汇丰银行推出了第1个期限为10年的单位信托。到2000年，中国香港共有基金数目899只，基金资产总值为2229.63亿美元。中国香港的投资基金沿袭了英国的传统，统称为“集合投资计划”或简称为“计划”，主要包括单位信托和互惠基金两种，其中以单位信托为主。根据投资组合的不同，单位信托可以分为债券基金、股票基金、多元化基金和货币市场基金等品种。根据集中投资国别的不同，可分为日本股票基金、亚太股票基金、中国基金等。中国基金是指主要投资于中国大陆境内公司股票的基金，如纯中国基金（B股和H股的投资比例在45%以上）、大中华基金（投资组合包括中国香港地区、中国台湾地区甚至韩国）、直接投资基金（投资于中国非上市公司的封闭式基金）等。中国香港投资基金的国际化程度高。

1983年10月，台湾国际投资信托公司的成立标志着台湾第1家证券投资基金的产生。1991年，中国台湾开始允许外国投资者以机构法人的身份参与投资，即QFII（合格的境外机构投资者），1996年，对外国自然人开放。1997年，台湾的投资信托业对外资银行全面开放。2000年，台湾的证券投资基金280只，资产总值达388.96亿美元。

我国大陆的证券投资基金起步于1991年。1991年10月，“武汉证券投资基金”和“深圳南山风险投资基金”分别由中国人民银行武汉分行和深圳南山区政府批准成立，成为第1批投资基金。1992年有37家投资基金经各级人民银行或其他机构批准发行，其中，“淄博乡镇企业基金”经中国人民银行总行批准，于1993年8月在上海证券交易所挂牌交易，成为第1只上市交易的投资基金。1993年年初，建业、金龙、宝鼎三只教育基金经中国人民总行批准在上海发行，当年年底在上海证券交易所上市交易。

1997年11月5日国务院批准、1997年11月14日国务院证券委员会发布、同日起开始实施的《证券投资基金管理暂行办法》，把中国大陆的证券投资基金带入到了一个规范发展阶段。

1998年3月，金泰、开元证券投资基金的设立，标志着规范的证券投资基金开始成为中国基金业的主导方向。

2001年，华安创新投资基金作为第1只开放式基金，成为中国基金业发展的又一个阶段性标志。与此同时，对原有的投资基金进行了清理，经改制后重新挂牌交易，成为新的证券投资基金。例如，原天骥基金停止交易后经改制成为“基金融鑫”，于2002年9月2日在深圳证券交易所恢复上市交易，同月扩募至8亿份，基金存续期延长5年，共15年，至2008年2月4日止。

截至2001年年底，共有14家正式成立的规范化运作的基金管理公司，管理了48只契约型封闭式证券投资基金和3只开放式基金，其中封闭式证券投资基金发行规模达到669亿元，历年合计分红超过200亿元。

2002年2月28日，马年首只封闭式基金——科瑞证券投资基金上网定价发行，拉开了2002年中国基金业大扩容的序幕。

2002年4月，南方稳健成长基金首次分红，成为中国基金业发展史上的第一只分红的开放式基金。

2002年6月3日，中国证监会发布《外资参股基金管理公司设立规则》。

2002年8月1日，国内首家代销封闭式基金的商业银行——中国建设银行正式代销封闭式基金——银丰证券投资基金。

2002年8月14日，中国证监会发布《关于证券公司办理开放式基金代销业务有关问题的通知》。

2002年8月23日，证券投资基金法草案首次提交全国人大常委会审议。

2002年9月2日，国内首只具有“安全型”概念的开放式基金——博时价值增长基金正式发行。

2002年9月24日，中国证监会发布《证券投资基金销售活动管理暂行规定》。

2002年9月27日，首家由信托投资公司作为主发起人的基金管理公司——泰信基金管理有限公司获准筹建。

2002年10月17日，经中国证监会批准，我国第一家合资基金管理公司——国安基金管理公司正式获准筹建。

2002年10月23日，我国首只开放式纯债券型基金——华夏债券投资基金正式成立。

2002年11月8日，我国首只开放式指数型基金——华安上证180指数增强型证券投资基金正式成立。

2002年11月18日，中国证券监督管理委员会与对外经济合作部联合发布《关于实施〈外资参股证券公司设立规则〉和〈外资参股基金管理公司设立规则〉有关问题的通知》。

2002 年 11 月 27 日，国内首只标准化指数开放式基金——天同 180 指数基金经中国证监会批准获准设立。

2002 年 12 月 9 日，中国证券业协会证券投资基金业委员会在深圳成立。

截至 2002 年 12 月 31 日，共有 54 只封闭式基金在交易所交易，开放式基金已达 8 只。

2003 年 3 月，招商基金管理公司推出了我国第一只系列基金。

2003 年 5 月，南方基金管理公司成立了国内第一只上市型开放式基金（LOF）——南方基金配置基金。

2004 年 6 月 1 日，《中华人民共和国证券投资基金法》开始实施。

2004 年 11 月 18 日，中银国际中国精选混合型开放式证券投资基金开始公开发售，这是中国首家中外合资基金管理公司成立后发行的第一支基金产品，标志着中国按照入世承诺开放本土证券市场又迈出实质性的一步。

2004 年年底，华夏基金管理公司推出了国内首只 ETF——华夏上证 50ETF。

2007 年 7 月，国投瑞银基金管理公司推出第一只分级基金“国投瑞银瑞福分级基金”。

2012 年 12 月 28 日，第十一届全国人民代表大会常务委员会第三十次会议修订通过了《中华人民共和国证券投资基金法》，自 2013 年 6 月 1 日开始实施。本次修订增加了私募基金的内容。

2014 年 6 月 30 日，中国证券监督管理委员会第 51 次主席办公会议审议通过了《私募投资基金监督管理暂行办法》，2014 年 8 月 21 日公布，自公布之日起实施。

2013 年 3 月，上海证券交易所推出了 ETF 质押式回购市场。该所 2013 年先后推出了货币 ETF、申赎型货币基金、债券 ETF、行业 ETF、黄金 ETF 5 类创新产品。

## 四、我国证券投资基金的现状

2013 年，上海证券交易所基金市场整体交易量为 19975 亿元。2013 年年末，上海证券交易所挂牌基金 291 只，其中，ETF 挂牌 49 只（其中股票 ETF

43 只，债券 ETF 2 只，黄金 ETF 2 只，货币 ETF 2 只)，申赎型货币基金 7 只，ETF 回购交易 2 只，封闭式基金 9 只，上证基金通 224 只。2013 年年末上海证券交易所基金市场整体市值规模为 3687 亿元。2014 年年末，上海证券交易所基金上市 68 个品种，发行量 631.88 亿份，市价总值 1755.65 亿元，成交 37479.25 亿元。

截至 2013 年年末，深圳证券交易所挂牌基金 291 只，其中 LOF 116 只，ETF 32 只，分级基金 133 只，封闭式基金 10 只，发行量 1442.4 亿份，年末基金总市值 1354.27 亿元，基金累计成交 5796.68 亿元。2014 年，深圳证券交易所挂牌基金 339 只，其中 LOF130 只，ETF37 只，分级基金 169 只，封闭式基金 3 只，发行量 1653.47 亿份，年末基金总市值 2227.09 亿元，基金累计成交 9753.40 亿元。

表 9－1、表 9－2、表 9－3、表 9－4、表 9－5、表 9－6 是上海证券交易所和深圳证券交易所部分挂牌的证券投资基金。

**表 9－1　　上海证券交易所上市封闭式基金一览表**

| 序号 | 基金名称 | 基金代码 | 基金类别 | 基金管理公司 |
|---|---|---|---|---|
| 1 | 基金金泰 | 500001 | 契约型封闭式基金 | 国泰基金管理有限公司 |
| 2 | 基金泰和 | 500002 | 契约型封闭式基金 | 嘉实基金管理有限公司 |
| 3 | 基金安信 | 500003 | 契约型封闭式基金 | 华安基金管理有限公司 |
| 4 | 基金汉盛 | 500005 | 契约型封闭式基金 | 富国基金管理有限公司 |
| 5 | 基金裕阳 | 500006 | 契约型封闭式基金 | 博时基金管理有限公司 |
| 6 | 基金兴华 | 500008 | 契约型封闭式基金 | 华夏基金管理有限公司 |
| 7 | 基金安顺 | 500009 | 契约型封闭式基金 | 华安基金管理有限公司 |
| 8 | 基金金鑫 | 500011 | 契约型封闭式基金 | 国泰基金管理有限公司 |
| 9 | 基金汉兴 | 500015 | 契约型封闭式基金 | 富国基金管理有限公司 |
| 10 | 基金兴和 | 500018 | 契约型封闭式基金 | 华夏基金管理有限公司 |
| 11 | 基金通乾 | 500038 | 契约型封闭式基金 | 融通基金管理有限公司 |
| 12 | 基金科瑞 | 500056 | 契约型封闭式基金 | 易方达基金管理有限公司 |
| 13 | 基金银丰 | 500058 | 契约型封闭式基金 | 银河基金管理有限公司 |

表 9－2　　上海证券交易所上市交易所交易基金一览表

| 序号 | 基金名称 | 基金代码 | 基金类别 | 基金管理公司 |
|---|---|---|---|---|
| 1 | 治理 ETF | 510010 | 交易所交易基金 | 交银施罗德基金管理有限公司 |
| 2 | 超大 ETF | 510020 | 交易所交易基金 | 博时基金管理有限公司 |
| 3 | 价值 ETF | 510030 | 交易所交易基金 | 华宝兴业基金管理有限公司 |
| 4 | 50ETF | 510050 | 交易所交易基金 | 华夏基金管理有限公司 |
| 5 | 央企 ETF | 510060 | 交易所交易基金 | 工银瑞信基金管理有限公司 |
| 6 | 民企 ETF | 510070 | 交易所交易基金 | 鹏华基金管理有限公司 |
| 7 | 责任 ETF | 510090 | 交易所交易基金 | 建信基金管理有限责任公司 |
| 8 | 周期 ETF | 510110 | 交易所交易基金 | 海富通基金管理有限公司 |
| 9 | 中盘 ETF | 510130 | 交易所交易基金 | 易方达基金管理有限公司 |
| 10 | 消费 ETF | 510150 | 交易所交易基金 | 招商基金管理有限公司 |
| 11 | 小康 ETF | 510160 | 交易所交易基金 | 南方基金管理有限公司 |
| 12 | 商品 ETF | 510170 | 交易所交易基金 | 国联安基金管理有限公司 |
| 13 | 180ETF | 510180 | 交易所交易基金 | 华安基金管理有限公司 |
| 14 | 龙头 ETF | 510190 | 交易所交易基金 | 华安基金管理有限公司 |
| 15 | 综指 ETF | 510210 | 交易所交易基金 | 富国基金管理有限公司 |
| 16 | 中小 ETF | 510220 | 交易所交易基金 | 华泰柏瑞基金管理有限公司 |
| 17 | 红利 ETF | 510880 | 交易所交易基金 | 华泰柏瑞基金管理有限公司 |

表 9－3　　深圳证券交易所上市创新型封闭式基金一览表

| 序号 | 基金名称 | 基金代码 | 基金类别 | 基金管理公司 |
|---|---|---|---|---|
| 1 | 瑞福进取 | 150001 | 创新型封闭式基金 | 国投瑞银基金管理有限公司 |
| 2 | 大成优选 | 150002 | 创新型封闭式基金 | 大成基金管理有限公司 |
| 3 | 建信优势 | 150003 | 创新型封闭式基金 | 建信基金管理有限责任公司 |
| 4 | 同庆 A | 150006 | 创新型封闭式基金 | 长盛基金管理有限公司 |
| 5 | 同庆 B | 150007 | 创新型封闭式基金 | 长盛基金管理有限公司 |
| 6 | 国泰优先 | 150010 | 创新型封闭式基金 | 国泰基金管理有限公司 |
| 7 | 国泰进取 | 150011 | 创新型封闭式基金 | 国泰基金管理有限公司 |
| 8 | 汇利 A | 150020 | 创新型封闭式基金 | 富国基金管理有限公司 |

续 表

| 序号 | 基金名称 | 基金代码 | 基金类别 | 基金管理公司 |
|---|---|---|---|---|
| 9 | 汇利 B | 150021 | 创新型封闭式基金 | 富国基金管理有限公司 |
| 10 | 申万收益 | 150022 | 创新型封闭式基金 | 申万菱信基金管理有限公司 |
| 11 | 申万进取 | 150023 | 创新型封闭式基金 | 申万菱信基金管理有限公司 |
| 12 | 景丰 A | 150025 | 创新型封闭式基金 | 大成基金管理有限公司 |
| 13 | 景丰 B | 150026 | 创新型封闭式基金 | 大成基金管理有限公司 |
| 14 | 添利 B | 150027 | 创新型封闭式基金 | 天弘基金管理有限公司 |
| 15 | 鹏华丰润 | 160617 | 创新型封闭式基金 | 天弘基金管理有限公司 |

**表 9－4　　　　深圳证券交易所上市契约型开放式基金一览表**

| 序号 | 基金名称 | 基金代码 | 基金类别 | 基金管理公司 |
|---|---|---|---|---|
| 1 | 瑞和小康 | 150008 | 契约型开放式基金 | 国投瑞银基金管理有限公司 |
| 2 | 瑞和远见 | 150009 | 契约型开放式基金 | 国投瑞银基金管理有限公司 |
| 3 | 双禧 A | 150012 | 契约型开放式基金 | 国联安基金管理有限公司 |
| 4 | 双禧 B | 150013 | 契约型开放式基金 | 国联安基金管理有限公司 |
| 5 | 信诚 500A | 150028 | 契约型开放式基金 | 信诚基金管理有限公司 |
| 6 | 信诚 500B | 150029 | 契约型开放式基金 | 信诚基金管理有限公司 |
| 7 | 银华金利 | 150030 | 契约型开放式基金 | 银华基金管理有限公司 |
| 8 | 银华鑫利 | 150031 | 契约型开放式基金 | 银华基金管理有限公司 |
| 9 | 多利优先 | 150032 | 契约型开放式基金 | 嘉实基金管理有限公司 |
| 10 | 多利进取 | 150033 | 契约型开放式基金 | 嘉实基金管理有限公司 |
| 11 | 鹏华收益 | 160603 | 契约型开放式基金 | 鹏华基金管理有限公司 |
| 12 | 鹏华 50 | 160605 | 契约型开放式基金 | 鹏华基金管理有限公司 |

**表 9－5　　　　深圳证券交易所上市型开放式基金一览表**

| 序号 | 基金名称 | 基金代码 | 基金类别 | 基金管理公司 |
|---|---|---|---|---|
| 1 | 合润 A | 150016 | 上市型开放式基金 | 兴业全球基金管理有限公司 |
| 2 | 合润 B | 150017 | 上市型开放式基金 | 兴业全球基金管理有限公司 |
| 3 | 银华稳进 | 150018 | 上市型开放式基金 | 银华基金管理有限公司 |

续 表

| 序号 | 基金名称 | 基金代码 | 基金类别 | 基金管理公司 |
|---|---|---|---|---|
| 4 | 银华锐进 | 150019 | 上市型开放式基金 | 银华基金管理有限公司 |
| 5 | 南方积配 | 160105 | 上市型开放式基金 | 南方基金管理有限公司 |
| 6 | 南方高增 | 160106 | 上市型开放式基金 | 南方基金管理有限公司 |
| 7 | 南方 500 | 160119 | 上市型开放式基金 | 南方基金管理有限公司 |
| 8 | 国泰小盘 | 160211 | 上市型开放式基金 | 国泰基金管理有限公司 |
| 9 | 国泰价值 | 160215 | 上市型开放式基金 | 国泰基金管理有限公司 |
| 10 | 华夏蓝筹 | 160311 | 上市型开放式基金 | 华夏基金管理有限公司 |
| 11 | 华夏行业 | 160314 | 上市型开放式基金 | 华夏基金管理有限公司 |
| 12 | 博时主题 | 160505 | 上市型开放式基金 | 博时基金管理有限公司 |
| 13 | 鹏华价值 | 160607 | 上市型开放式基金 | 鹏华基金管理有限公司 |
| 14 | 鹏华动力 | 160610 | 上市型开放式基金 | 鹏华基金管理有限公司 |
| 15 | 鹏华治理 | 160611 | 上市型开放式基金 | 鹏华基金管理有限公司 |
| 16 | 鹏华创新 | 160613 | 上市型开放式基金 | 鹏华基金管理有限公司 |
| 17 | 鹏华 300 | 160615 | 上市型开放式基金 | 鹏华基金管理有限公司 |
| 18 | 鹏华 500 | 160616 | 上市型开放式基金 | 鹏华基金管理有限公司 |
| 19 | 嘉实 300 | 160706 | 上市型开放式基金 | 嘉实基金管理有限公司 |
| 20 | 嘉实 50 | 160716 | 上市型开放式基金 | 嘉实基金管理有限公司 |
| 21 | 恒生 H 股 | 160717 | 上市型开放式基金 | 嘉实基金管理有限公司 |
| 22 | 长盛同治 | 160805 | 上市型开放式基金 | 嘉实基金管理有限公司 |

**表 9-6　　深圳证券交易所上市交易所交易基金一览表**

| 序号 | 基金名称 | 基金代码 | 基金类别 | 基金管理公司 |
|---|---|---|---|---|
| 1 | 深 100ETF | 159901 | 交易所交易基金 | 易方达基金管理有限公司 |
| 2 | 中小板 | 159902 | 交易所交易基金 | 华夏基金管理有限公司 |
| 3 | 深成 ETF | 159903 | 交易所交易基金 | 南方基金管理有限公司 |
| 4 | 深红利 | 159904 | 交易所交易基金 | 工银瑞信基金管理有限公司 |
| 5 | 深成长 | 159905 | 交易所交易基金 | 大成基金管理有限公司 |

## 第二节　证券投资基金道德风险的来源

### 一、来自证券投资基金管理人的道德风险

对于证券投资基金投资人即基金份额持有人来说，购买基金最大的道德风险来源于证券投资基金管理人的道德风险。主流理论认为，证券投资基金管理人是投资专家，是理智型投资运作者，其投资的收益率较高，分散的中小投资者属于非理智性投资者，进行股票、债券等证券交易带有很大的盲目性，总是亏损；证券投资基金管理人会通过运用证券投资基金来发挥稳定证券市场的作用，而中小投资者习惯于投机，买卖频繁，造成证券市场波动；如果中小投资者通过购买证券投资基金的方式把自己的资金交给证券投资基金管理人，不但不会亏损，而且收益率远远超过自己亲自进行投资运作的收益率。然而事实并非如此。证券投资基金管理人不道德的行为归纳起来有6种。

#### （一）建“老鼠仓”

基金管理人员通过建“老鼠仓”搞利益输送以获得暴利，常见的有以下两种手法。

一是“股票对股票”。公募基金管理人员用本人帐户或私募基金账户或者基金管理公司账户或者其他利益相关人账户的资金在低位建仓购入股票，然后用所管理的基金拉抬该股票价格，在股价达到目标高价位后，把本人帐户或私募基金账户或基金管理公司账户或其他利益相关人账户的股票全部卖给自己所管理的公募基金，这样，本人或私募基金或基金管理公司或其他利益相关人获得暴利，但是公募基金套在了高位，股价极容易下跌，给公募基金造成重大损失，极大损害了公募基金份额持有人的利益。

二是“股票对股指期货”。公募基金管理人员在股指期货市场利用本人帐户或私募基金账户或者基金管理公司账户或者其他利益相关人账户做空股指期货合约，然后利用公募基金在股票市场大量抛售权重股股票，促使股指下行，然后在股指期货市场平仓获利。

以上所说的“本人账户或私募基金账户或者基金管理公司账户或者其他

利益相关人账户”的仓位就是“老鼠仓”。

（二）“倒仓”

这里所说的“倒仓”是指同一家基金管理公司将所管理的 A 基金持有的股票卖给所管理的 B 基金的行为，或者是甲基金管理公司将所管理的基金持有的股票卖给乙基金管理公司所管理的基金的行为。“倒仓”可以达到输送利益的效果，输出账户是获利者，输入账户是受损者。如果输出账户和输入账户归属于同一基金管理人，则“倒仓”的目的一般是调节不同账户的盈亏，以牺牲一个账户投资者利益为代价而成全另一个账户，这对于被牺牲账户的投资者而言是不公平的。如果输出账户和输入账户归属于不同的基金管理人，则“倒仓”的原因一般是两个基金管理公司的有关人员有利益关系，双方合谋，以牺牲一个基金管理公司投资者利益为代价而提高另一个基金管理公司管理基金的效益，这对于被牺牲基金的投资者而言也是不公平的。

（三）“对倒”

这里所说的“对倒”是指基金管理人利用自己管理的不同基金的账户互相频繁买卖同一股票、拉抬股价的行为，以及不同的基金管理人之间合谋互相频繁买卖同一股票、拉抬股价的行为。“对倒”的目的是提高基金的净值水平，因为基金净值是按照基金所持证券的市值计算的。提高基金净值水平的目的有两个。一个目的是多提管理费，因为基金管理费是按照基金净值和管理费率计提的。二是提高基金业绩水平进而提升自己的声誉，吸引投资者申购现有开放式基金或认购新发行的基金。“对倒”的前提是对倒者能够操纵股价。对倒的结果是基金管理人以管理费名义大量侵吞基金。等到需要计算基金分红金额的时候，停止对倒，股价大幅下跌，基金净值随之缩小，甚至出现亏损，基金份额持有人颗粒无收。

（四）投资违规

根据法律规定，基金财产不得用于下列投资或者活动：①承销证券；②向他人贷款或者提供担保；③从事承担无限责任的投资；④买卖其他基金份额，但是国务院另有规定的除外；⑤向其基金管理人、基金托管人出资或者买卖其基金管理人、基金托管人发行的股票或者债券；⑥买卖与其基金管理人、基金托管人有控股关系的股东或者与其基金管理人、基金托管人有其他重大利害关系的公司发行的证券或者承销期内承销的证券；⑦从事内幕交易、操纵证券交易价格及其他不正当的证券交易活动。

在以上投资活动中，“承销证券”一般会获得较高收益率，其收益来源主要是承销手续费。如果这种收益归基金份额持有人，对基金份额持有人来说是好事。如果收益归基金管理人，则等于基金管理人利用基金为自己谋利，这对基金份额持有人而言是不公平的。“向他人贷款或者提供担保”可获得贷款利息收入和担保费收入。如果这些收入归基金份额持有人，这对基金份额持有人而言还算公平，但是基金份额持有人要承担信用风险，并且这种信用风险会因基金管理人的道德风险（如不考虑借款人还款能力或者搞人情贷款、人情担保）而加大。如果这些收入归基金管理人，则对基金份额持有人不公平。“从事承担无限责任的投资”，理论上会把基金赔得一干二净。“买卖其他基金份额”要具体问题具体分析。根据《私募投资基金监督管理暂行办法》的规定：私募投资基金可以投资于公募基金份额。根据《中华人民共和国证券投资基金法》的规定：公募基金不能投资于其他公募基金。如果允许公募基金之间互相投资，则可能存在公募基金互相挽救或者互相制造申购、交易繁荣假象的问题。“向其基金管理人、基金托管人出资或者买卖其基金管理人、基金托管人发行的股票或者债券”会导致基金被挪用、占用、高位套牢、承担信用风险。“买卖与其基金管理人、基金托管人有控股关系的股东或者与其基金管理人、基金托管人有其他重大利害关系的公司发行的证券或者承销期内承销的证券”有利有弊，当证券发行价格低于上市后的二级市场交易价格时，会增加基金份额收益，但对于其他投资者不公平；当证券发行价格高于上市后的二级市场交易价格时，会导致基金份额亏损。“从事内幕交易、操纵证券交易价格及其他不正当的证券交易活动”会冲击证券市场秩序，对基金份额持有人未必不利。

### （五）披露信息违规

根据法律规定，基金管理公司公开披露基金信息，不得有下列行为：①虚假记载、误导性陈述或者重大遗漏；②对证券投资业绩进行预测；③违规承诺收益或者承担损失；④诋毁其他基金管理人、基金托管人或者基金份额发售机构。以上行为中“虚假记载、误导性陈述或者重大遗漏、对证券投资业绩进行预测”可能会导致基金份额持有人错误判断基金业绩，从而做出错误的投资决策。“不得违规承诺收益或者承担损失”这一条禁令，其实是保护基金管理人利益的，而不是保护投资人利益的。“诋毁其他基金管理人、基金托管人或者基金份额发售机构”则是维护市场秩序的。

在现实中，还存在这样一个问题：基金投资组合公告后，其实际投资组合已经发生变化，如果投资者仍然认为其实际投资组合与公告的投资组合一样，据此决策，就会吃亏。

### （六）侵占、挪用基金财产或者玩忽职守

主要表现是直接把基金转入自己账户予以贪污，或者肆意挥霍基金，或者随意决策，不负责任，导致基金亏损。

## 二、来自证券投资基金代销者的道德风险

证券投资基金代销机构是指除了基金管理人以外的证券投资基金销售机构，包括商业银行（含在华外资法人银行，下同）、证券公司、期货公司、保险机构、证券投资咨询机构、独立基金销售机构及中国证监会认定的其他从事基金销售业务的机构，这些机构都应向工商注册登记所在地的中国证监会派出机构进行注册并取得相应资格。

证券投资基金代销机构的道德风险主要是挪用基金销售结算资金，基金宣传推介材料与基金合同、基金招募说明书不相符，有虚假记载、误导性陈述或者重大遗漏，夸大或者片面宣传基金，违规使用安全、保证、承诺、保险、避险、有保障、高收益、无风险等可能使投资人认为没有风险的或者片面强调集中营销时间限制的表述，登载单位或者个人的推荐性文字。

## 三、来自证券投资基金托管人的道德风险

来自证券投资基金托管人的道德风险主要是托管人未能尽职尽责，从而给基金份额持有人造成损失。证券投资基金托管人的以下行为都是未尽责的表现：基金托管人发现基金份额净值计价出现重大错误或者估值出现重大偏离但没有提示基金管理人依法履行披露和报告义务；发现基金管理人发出但未执行的投资指令或者已经生效的投资指令违反法律、行政法规和其他有关规定，没有及时报告证监会；发现基金收益分配有违规失信行为未及时通知

基金管理人，也没有报告中国证监会；对发生严重影响基金份额持有人利益、可能引发系统性风险或者严重影响社会稳定的突发事件未按照预案妥善处理。

### 四、来自证券投资基金投资对象的道德风险

证券投资基金的投资对象包括股票、债券、可转换公司债券、货币工具、黄金等。以股票为例，股票发行人的不道德行为如披露虚假信息、管理层不认真经营、管理层挥霍募集资金等，会给购买该公司股票的证券投资基金带来损失，最终给基金份额持有人带来损失。

## 第三节　证券投资基金道德风险形成原因分析

### 一、基金的投资具有多层性特点

证券投资基金投资具有多层性特点。第一层是投资者购买基金，成为基金份额持有人。第二层是证券投资基金管理人购买股票、债券、可转换公司债券、货币工具、黄金、期货等。私募基金又增加一层：购买公募基金。凡是结构性产品都有多层性特点。证券投资基金本质上是属于结构性产品，因为它等于投资者把资金交给基金管理人理财。银行出售的理财产品属于结构性产品。资产支持证券、信托产品也是属于结构性产品。

证券投资基金投资的多层性大大提高了基金运作过程中信息不对称的严重程度，基金份额持有人对基金的投资对象很难了解，这就为基金管理人利用投资运作为自己谋利益、损害基金份额持有人利益同时隐瞒基金份额持有人提供了便利条件，从而强化了基金管理人违规的侥幸心理，诱发了基金管理人谋取私利的欲望，增加了证券投资基金的道德风险。

### 二、费用提取不合理

基金管理人的责任心比较欠缺，这与管理费的提取办法有关。按照通行的做法，基金管理费按照基金估值的一定比例提取，而不是按照基金效益提取。

基金日常估值由基金管理人进行。基金管理人完成估值后，将估值结果加盖业务公章以书面形式加密传真至基金托管人，基金托管人按法律法规、

《基金合同》规定的估值方法、时间、程序进行复核，复核无误后在基金管理人传真的书面估值结果上加盖业务公章返回给基金管理人；月末、年中和年末估值复核与基金会计账目的核对同时进行。

基金按以下方式进行估值：交易所上市的有价证券（包括股票、权证等），以其估值日在证券交易所挂牌的市价（收盘价）估值；估值日无交易的，且最近交易日后经济环境未发生重大变化，以最近交易日的市价（收盘价）估值；如最近交易日后经济环境发生了重大变化的，可参考类似投资品种的现行市价及重大变化因素，调整最近交易市价，确定公允价格。交易所上市实行净价交易的债券按估值日收盘价估值，估值日没有交易的，且最近交易日后经济环境未发生重大变化，按最近交易日的收盘价估值。如最近交易日后经济环境发生了重大变化的，可参考类似投资品种的现行市价及重大变化因素，调整最近交易市价，确定公允价格；交易所上市未实行净价交易的债券按估值日收盘价减去债券收盘价中所含的债券应收利息得到的净价进行估值；估值日没有交易的，且最近交易日后经济环境未发生重大变化，按最近交易日债券收盘价减去债券收盘价中所含的债券应收利息得到的净价进行估值。如最近交易日后经济环境发生了重大变化的，可参考类似投资品种的现行市价及重大变化因素，调整最近交易市价，确定公允价格。交易所上市不存在活跃市场的有价证券，采用估值技术确定公允价值。交易所上市的资产支持证券，采用估值技术确定公允价值，在估值技术难以可靠计量公允价值的情况下，按成本估值。处于未上市期间的有价证券应区分如下情况处理：送股、转增股、配股和公开增发的新股，按估值日在证券交易所挂牌的同一股票的市价（收盘价）估值；该日无交易的，以最近一日的市价（收盘价）估值；首次公开发行未上市的股票、债券和权证，采用估值技术确定公允价值，在估值技术难以可靠计量公允价值的情况下，按成本估值；首次公开发行有明确锁定期的股票，同一股票在交易所上市后，按交易所上市的同一股票的市价（收盘价）估值；非公开发行有明确锁定期的股票，按监管机构或行业协会有关规定确定公允价值。因持有股票而享有的配股权，从配股除权日起到配股确认日止，如果收盘价高于配股价，按收盘价高于配股价的差额估值。收盘价等于或低于配股价，则估值为零。全国银行间债券市场交易的债券、资产支持证券等固定收益品种，采用估值技术确定公允价值。同一债券同时在两个或两个以上市场交易的，按债券所处的市场分别估值。如有确凿证据表明按上述方法进行估值不能客观反映其公允价值的，基金管理人可根据具体情况与基金托管人商定后，按最能反映公允价值的价格估值。相关法律法规以及监管部门有强制规定的，从其规定。如有新增事项，按国家最新规定估值。

根据《基金法》规定，基金管理人计算并公告基金资产净值，基金托管人复核、审查基金管理人计算的基金资产净值。因此，就与基金有关的会计问题，如经相关各方在平等基础上充分讨论后，仍无法达成一致的意见，按照基金管理人对基金资产净值的计算结果对外予以公布。

基金份额净值的计算保留到小数点后 3 位，小数点后第 4 位四舍五入。

基金管理人的管理费按前一日基金资产净值的 1.5% 年费率计提。管理费的计算方法如下：

$$H = E \times 1.5\% \div \text{当年天数}$$

式中，$H$ 为每日应计提的基金管理费；

$E$ 为前 1 日的基金资产净值。

基金管理费每日计算，逐日累计至每月月末，按月支付，由基金管理人向基金托管人发送基金管理费划款指令，基金托管人复核后于次月前 2 个工作日内从基金财产中一次性支付给基金管理人。若遇法定节假日、公休假等，支付日期顺延。

基金托管人的托管费按前一日基金资产净值的 2.5‰的年费率计提。托管费的计算方法如下：

$$H = E \times 2.5‰ \div \text{当年天数}$$

式中，$H$ 为每日应计提的基金托管费；

$E$ 为前 1 日的基金资产净值。

基金托管费每日计算，逐日累计至每月月末，按月支付，由基金管理人向基金托管人发送基金托管费划款指令，基金托管人复核后于次月前 2 个工作日内从基金财产中一次性支取。若遇法定节假日、公休日等，支付日期顺延。

《基金合同》生效后与基金相关的信息披露费用、《基金合同》生效后与基金相关的会计师费和律师费、基金份额持有人大会费用、基金的证券交易费用和基金的银行汇划费用，根据有关法规及相应协议规定，按费用实际支出金额列入当期费用，由基金托管人从基金财产中支付。

下列费用不列入基金费用：①基金管理人和基金托管人因未履行或未完全履行义务导致的费用支出或基金财产的损失；②基金管理人和基金托管人处理与基金运作无关的事项发生的费用；③基金合同生效前的相关费用，包括但不限于验资费、会计师和律师费、信息披露费用等费用；④其他根据相关法律法规及中国证监会的有关规定不得列入基金费用的项目。

如果基金管理费和基金托管费均按照基金收益额提取，就会把基金管理人和基金托管人的利益与基金份额持有人的利益紧密联系起来，做到一荣俱荣、一损俱损。而按照基金估值提取管理费和托管费，就使得基金管理人和基金托管人的利益与基金份额持有人的利益互相脱钩，并且只要基金净值不是零，即使基金亏损，基金管理人和基金托管人就有利可得，这就会诱导基金管理人和基金托管人不尽职尽责地为基金份额持有人谋利益。

## 三、市场体系有漏洞

市场体系漏洞主要表现在两个方面。一是相关法规存在漏洞。《中华人民共和国证券投资基金法》规定："公开募集基金的基金管理人的董事、监事、高级管理人员和其他从业人员，其本人、配偶、利害关系人进行证券投资，应当事先向基金管理人申报，并不得与基金份额持有人发生利益冲突。""公开募集基金的基金管理人应当建立前款规定人员进行证券投资的申报、登记、审查、处置等管理制度，并报国务院证券监督管理机构备案。"如果基金法规定禁止公开募集基金的基金管理人的董事、监事、高级管理人员和其他从业人员其本人进行与其管理基金投资对象相同的证券投资，或者允许其投资但是其本人、配偶、利害关系人进行证券投资必须向证监会申报，这些人员的账户置于监管部门严密监管之下，就能在很大程度上阻止建"老鼠仓"的行为。然而，证券业特别是基金业强烈反对这种规定，认为这种禁止性规定侵犯了相关人员的投资权。所以法律还是持宽容态度，对相关人员开了绿灯，同时要求他们事先向基金管理人申报，并将相关的管理制度报国务院证券监督管理机构备案。然而这种投资信息向基金管理人申报制度和基金管理人将相关管理制度向监管机构备案的制度并不能阻止建"老鼠仓"的行为。可以说，基金法的宽容规定使得建老鼠仓行为者有空可钻。二是监管存在漏洞。监管部门对市场违规案件的处理是严肃的，自基金品种推出以来，监管部门已经处理了多起基金违规案件。但由于技术原因、人手原因及出于对监管与市场化关系的认识，监管部门远未实现将证券交易信息全部置于严密监视之下，这就使得监管部门获得交易者违规信息的时机滞后，并且也不全面。

### 四、拜金主义思潮的熏陶

长期以来社会上流行拜金主义思潮，很多人笑贫不笑娼，为了钱，不计手段，不计后果。可以说，拜金主义思潮渗透到了各个行业，使得腐败现象在一定程度上蔓延，基金业当然也不例外。党的十八大以来之所以加大了反腐败的力度，并提出“老虎苍蝇一起打”的思路，正是出于对这种腐败程度的判断。反腐败并非一日之功，彻底消除拜金主义思潮也并非短期内能够实现。所以，基金业的道德风险也不会短期内消除。

### 五、基金销售体制增加了投资者风险

现实中，商业银行员工为了完成基金销售任务，往往向储蓄存款人夸大基金业绩，不遗余力地向储蓄存款人推销基金。商业银行为了完成销售任务，往往向本行员工摊销基金，要求员工最少购买某某份额的基金。在这种情况下，投资者不能根据对基金风险的判断来进行投资决策，而是被动地持有基金，承担证券投资基金的道德风险。

## 第四节　化解证券投资基金道德风险的对策

### 一、提高基金信息透明度

应该让基金投资者能够随机查询到基金的投资组合信息。这里强调 3 个规则：一是基金投资组合信息随机查询权利仅限于单纯的基金投资者享有，不对股票投资者开放，目的是为了维护证券投资基金的商业秘密保护权，以及公平对待所有的股票投资者，因为股票投资者并不公布自己的投资组合，基金也不例外。二是基金份额交易规模必须累计达到一定数量，例如 10 万份，以防止有人仅仅为了探清基金持有股票情况而不投资基金。三是基金份额平均持有时间必须达到一定天数，例如满 5 个交易日，以杜绝过度投机。

要使基金投资者随机查询到基金的投资组合信息，一是需要从法律上对基金管理人提出要求，二是需要证券交易所在技术上做到随时将基金持有的

已经办理交割手续的投资对象组合信息传递给基金投资者客户末端。

基金信息透明度提高，能够增加基金道德风险实现的难度，也有利于基金投资者加强基金投资道德风险识别和防范。

## 二、改进基金管理费提取方法

为了强化基金管理者的责任意识，维护基金持有人的合法利益，应该改进基金管理费提取办法，由中国证监会发文，明确规定：基金管理费一律按照基金的税后净收益提取基金管理费，将基金管理费与基金运行效益直接挂钩。基金管理费率定为多少较为合理，可以进行测算。原则上，基金税后净收益越多，基金管理费率越高。

## 三、通过完善市场体系堵塞“老鼠仓”

首先，修订《中华人民共和国证券投资基金法》，从法律上堵塞漏洞，应该明确规定：基金管理人员个人不得炒股票和股指期货，其配偶和父母子女炒股票与期货应该实行向证券监管部门报账备案。其次，证券交易所、金融期货交易所、证券监管部门、证券公司应该合作，建立基金管理人员及其配偶、亲属及利害关系人证券交易跟踪监测分析网，以便及时发现基金管理人建“老鼠仓”的行为。

## 四、加强社会主义核心价值观培育

社会主义核心价值观由“富强、民主、文明、和谐、自由、平等、公正、法治、爱国、敬业、诚信、友善”这 24 个字构成。但仅仅宣传这 24 个字是远远不够的，还应该将社会主义核心价值观渗透于各行各业的体制机制及人文学科理论体系之中。例如“敬业”，要想让证券投资基金管理公司的员工真正爱护公司的声誉，而不是只想着自己如何赚大钱，甚至不惜以牺牲公司声誉为代价，就要改革用工制度，实行合同制与终身制相结合的制度、社会基础养老金与公司职业年金相结合的制度，让那些遵纪守法、勤勤恳恳为公司工作的人首先有职业安全感。在纯粹的合同制和社会养老金制度下，公司员工缺乏安全感，却有着强烈的被雇用感，对公司“想说爱你不容易”，在此体制机制下，员工就会千方百计利用工作机会为自己捞钱，过度重视短期利益而不顾长期利益。

## 五、进一步完善基金销售体制

进一步完善基金销售体制，首先监管部门要进一步规范基金销售行为，规定销售机构必须把基金销售人员的基本信息和照片张贴在营业大厅显著位置，供顾客识别；其次是要求销售机构把基金的信息完整地张贴在营业厅显著位置，供顾客决策之用；最后是规定基金销售机构不得向本单位员工摊销证券投资基金。

## 六、投资者增强风险意识

前述5项措施对于基金投资者而言都是被动的，是依靠监管部门来降低基金投资者的基金投资风险。基金投资者本人还要主动地采取有效措施来防范证券投资基金道德风险。首先，基金投资人要消除“天上掉馅饼”“免费吃午餐”的思想，以免被基金推销者夸大宣传所迷惑。其次，基金投资者在认购、申购证券投资基金之前，一定要收集与该基金相关的各种信息，对该基金的风险进行比较充分的评估。需要了解的信息至少包括：基金发行人的高级管理人员信息（专业知识、专业经历、道德水平、以往管理基金的业绩等）、基金的期限和总规模、基金的投资对象、投资组合、投资风格（风险型还是稳健型）、基金净值、基金管理费率和计提办法、申购与赎回规则（含费率、时机、规模限制等）、基金分红策略等。最后，要把基金市场与股票市场联系起来进行决策。或许有人会说“如果我懂股票就不会买基金了，而是直接炒股票了”。不能苛求基金投资者是股市专家，但也不能对股市一窍不通，因为股票型基金收益水平与股票市场价格波动紧密相关。所以，基金投资者要加强股票市场知识学习，尝试对股市走势进行预测。当股市进入熊市通道后，购买基金就要十分慎重，否则会被套牢。基金投资者不能把自己的命运完全押在基金管理人身上，而是要有自己的独立性。

# 第十章　信托投融资的道德风险

[开章语] 我国信托业历经波折，已经发展成为金融业中的一个重要分支。但是，在看到发展成就的同时，也要高度重视风险的防范，目的是使信托业更加健康的发展，也为了减少信托当事人的经济损失。由于信托中包含了投资和融资的行为，所以本章研究信托投融资中的道德风险。所称的风险主要是针对委托人（投资人）和受托人而言的。但是在论述风险控制措施时，是站在全局角度进行研究的。

## 第一节　我国信托投融资的现状

### 一、基本概念的界定

#### （一）信托的含义

信托（Trust）的含义非常丰富，其内容非常复杂。最广义的信托泛指委托人将自己不能办或不想办的事务委托他人代办的一切行为。简单的信托如委托他人代买车票、机票、衣服，委托他人代为受孕，委托他人代看护病人、孩子等；复杂的信托如甲以某资产为支持委托信托公司筹集资金用于某营利性项目，信托公司发行信托产品，该产品的收益率为年收益率10%，期限5年，投资者交款购买此信托产品，等于把资金委托给信托公司运营，这种信托包含互相联系的融资行为和投资行为。信托的前提是信任，认为你讲信用、靠得住，答应的事情一定能办到，然后请求受托人代为完成任务（这个任务可能是某种责任，也可能是某种权利或权力），这个任务本来是应该由委托人完成的，但是由于种种原因，委托人自己不能直接完成。如果不信任你就不敢委托你代办事。

列入《中华人民共和国信托法》规范范围的信托是指财产信托，简称信托，其包含的范围小于最广义的信托。按照该法的表述："信托是指委托人基于对受托人的信任，将其财产权委托给受托人，由受托人按委托人的意愿以自己的名义，为受益人的利益或者特定目的，进行管理或者处分的行为。"以此定义，老人将家产分配遗嘱委托律师执行的行为，公民将金条存入商业银行保管箱委托银行代为保管的行为，均属于此种含义信托的范围。

同样是财产信托，按照信托性质又分为民事性财产信托、商务性财产信托、公益性财产信托、综合财产信托。民事性财产信托是指委托人对融资和财产增值无要求，为了财产安全或实现自己心愿，委托他人代为保管或处置财产的行为。商务性财产信托是指委托人要求融资或财产增值，为了筹集资金或增加自己的收入而将财产委托给受托人管理或代为运营的行为。民间有"受人之托，代人理财"之说，指的就是这种信托。公益性财产信托是指委托人以公共利益为目的而将财产委托给受托人代为处分和运营的行为。根据《中华人民共和国信托法》的界定，为了下列公共利益目的之一而设立的信托，属于公益信托：①救济贫困；②救助灾民；③扶助残疾人；④发展教育、科技、文化、艺术、体育事业；⑤发展医疗卫生事业；⑥发展环境保护事业，维护生态环境；⑦发展其他社会公益事业。综合财产信托包含以上两种或3种信托。例如"家族企业信托"兼有民事信托与商务信托的双重属性，是指家族企业创始人把企业估值后建立家族信托基金，把企业委托给他人经营，指定子女或孙子女为受益人的行为。家族企业信托可以回避子女或孙子女无力经营家族企业的难题。本章重点研究商务性财产信托。

同样是商务性财产信托，按照受托人来分，可以分为信托公司信托业务、银行信托业务、基金管理公司信托业务、私募基金信托业务、保险机构信托业务、证券公司信托业务、资产管理公司信托业务、非金融机构信托业务、个人信托业务、政府信托业务、其他机构信托业务等。本章重点研究信托公司信托业务。信托公司，是指依照《中华人民共和国公司法》和《信托公司管理办法》设立的主要经营信托业务的金融机构。信托公司信托业务，是指信托公司以营业和收取报酬为目的，以受托人身份承诺信托和处理信托事务的经营行为。

信托公司的信托业务有多种，包括：①资金信托；②动产信托；③不动产信托；④有价证券信托；⑤其他财产或财产权信托；⑥作为投资基金或者基金管理公司的发起人从事投资基金业务；⑦经营企业资产的重组、购并及项目融资、公司理财、财务顾问等业务；⑧受托经营国务院有关部门批准的证券承销业务；⑨办理居间、咨询、资信调查等业务；⑩代保管及保管箱业务；⑪法律法规规定或中国银行业监督管理委员会批准的其他业务。本章主要研究资金信托。

另外，信托按照信托资产来源有集合资金信托和单一资金信托以及财产管理信托之分。集合资金信托的资金来源于两个以上（含两个）委托人；单一资金信托的资金来源于一个委托人；财产管理信托又称代管财产，是指信托机构受托替委托人管理财产的信托业务。信托按照信托资产功能分为融资类、投资类和事务管理类。

### （二）信托投融资的含义

信托投融资是指信托业务中包含的投资行为和融资行为的合称。此处所说的信托融资，仅限于通过信托公司向资金需求方提供资金的行为。此处所说的信托投资，仅限于投资者购买信托公司发行的信托产品的行为。

本章所称的信托投资与互联网上对信托投资的解释不一致。例如，百度百科对信托投资的解释是“信托投资（Trust Investment）是金融信托投资机构用自有资金及组织的资金进行的投资。”但本章认为，这样给信托投资下定义实际就是按照投资主体划分投资类别，而没有涉及信托投资的本质，难以把信托投资与其他投资区别开。信托公司如果把资金投向股票，就是股票投资，如果投向固定资产，就是固定资产投资，如果把信托投资理解为信托公司进行的投资，那么又如何将信托投资作为有别于其他投资的一种投资类型呢？所以本章没有采纳互联网上对信托投资下的定义，而是将信托投资定义为投资者购买信托公司发行的信托产品的行为。至于信托公司用自有资金及组织的资金进行的投资，那就只需看股票投资、债券投资、固定资产投资、证券投资基金投资等知识即可，没有必要专门研究信托投资。

### （三）信托投融资道德风险的含义

信托投融资道德风险是指在信托投融资过程中由于相关主体的不道德行为而给投资者及其他主体造成损失的可能性。

这里有一个观察事物的立场或者视角问题，即风险对谁而言。本章主要站在信托投资者的视角观察信托投资者面临的信托投融资道德风险，也兼顾信托公司面临的道德风险。

## 二、我国信托投融资及道德风险防范现状

### （一）信托投融资发展及现状

1897 年成立于重庆的聚兴诚银行，其设立在上海的分行于 1919 年成立了信托部，成为我国银行历史上第一个信托部。1921 年 8 月 21 日，中国通商信托公司成立，成为我国第一家专业信托公司。由朱葆三、严信厚等人创办的中易信托公司则于 1921 年 9 月 1 日开张营业。1935 年 10 月 1 日，中央信托局成立。1949 年 11 月 1 日，中国人民银行上海市分行信托部成立。1951 年 9 月之后，我国信托业逐渐收缩，直至消亡。1979 年 10 月 4 日，荣毅仁先生创办的中国国际信托投资公司成立（2011 年 12 月改制为中国中信集团有限公司），成为我国恢复信托制度的标志性事件。1980 年 7 月 8 日，国务院颁布了《关于推动经济联合的暂行规定》，提出“银行要试办各种信托业务”。1980 年 9 月 9 日，中国人民银行根据国务院精神下发了《关于积极开办信托业务的通知》。之后，各家银行乃至行业主管部门、地方政府纷纷成立信托机构办理信托业务。

1982 年，我国信托业进行了第一次整顿。针对银行体系之外的信托机构与银行抢资金、将信托资金用于基本建设贷款的情况，1982 年 4 月，国务院下达了《关于整顿国内信托投资业务和加强更新改造资金管理的通知》，规定除国务院批准和国务院授权单位批准的信托投资公司以外，各地区、部门均不得办理信托投资业务，已经办理的限期清理，信托投资业务一律由中央银行或中央银行指定的专业银行办理。

1985 年，信托业进行了第二次整顿，国务院针对 1984 年全国信贷失控、货币发行量过多的情况，要求银行停止办理信托贷款和信托投资业务，已办理业务要加以清理收缩。1986 年 4 月 26 日，中国人民银行颁布《金融信托投资机构管理暂行规定》，对信托业的资金来源作出限定。

1988 年，信托业进行了第三次整顿。1988 年 10 月 3 日，《中共中央、国务际关于清理整顿公司的决定》发布。1989 年 8 月 17 日，《中共中央、国务院关于进一步清理整顿公司的决定》发布。1989 年 9 月 22 日，国务院下发了

《国务院关于进一步清理整顿金融性公司的通知》，要求各级政府、计委、财政、人民银行和其他党、政、群部门不得办信托投资公司、投资公司和其他金融机构，已办的，绝大部分应予撤销；信托业与银行业分业管理；信托投资公司由中国人民银行统一审批，统一领导、管理、协调、稽核。本次整顿重点是清理整顿金融信托公司，使信托投资公司从745家锐减为360家。

1993年，信托业进行了第四次整顿。1993年6月，中央决定进行宏观调控，整顿金融秩序。1993年7月9日，中国人民银行发出通知，要求包括信托投资公司在内的金融机构的筹备和设立，均需由中国人民银行批准和核发《经营金融业务许可证》。这次信托业清理整顿的重点是切断银行与信托公司之间资金的联系，要求银行不再经营信托业务，银行与信托分业经营，分业管理。1995年5月25日，国务院批准《中国人民银行关于中国工商银行等四家银行与所属信托投资公司脱钩的意见》，脱钩工作于1996年结束 。1995年10月，中国人民银行对违规操作、资不抵债的中银信托投资公司宣布接管，一年后，由广东发展银行收购 。1996年撤并了168家由商业银行独资或控股的信托投资公司，另有两家被关闭和兼并。但保留了工、农、中、建四行总行所属的四大信托投资公司。1997年1月4日，中国农村发展信托投资公司被中国人民银行依法关闭。

1998年，信托业进行了第五次整顿。1998年6月22日，中国新技术创业投资公司被中国人民银行关闭。1998年10月6日，中国人民银行决定关闭广东国际信托投资公司。1999年4月27日，财政部发布关于《信托投资公司清产核资资产评估和损失冲销的规定》。2000年8月7日，中国人民银行发布公告，宣布撤销中国教育科技信托投资有限公司。2001年1月10日，中国人民银行发布了《信托投资公司管理办法》。2001年10月1日，《中华人民共和国信托法》开始实施。2002年5月9日，中国人民银行印发了《中国人民银行关于清理规范信托投资公司业务问题的通知》。第五次整顿要求信托公司不再经营证券经纪业务和股票承销业务。

2005年5月，中国信托业协会（China Trustee Association）成立。

2007年，信托业进行了第六次整顿。2007年1月22日，中国银监会公布了《信托公司治理指引》，2007年1月23日，中国银监会公布了《信托公司管理办法》和《信托公司集合资金信托计划管理办法》，分别取代了《信托投资公司管理办法》和《信托投资公司资金信托管理暂行办法》，2007年4

月12日，中国银监会公布了《信托公司受托境外理财业务管理暂行办法》。以上文件的公布，标志着信托业第六次整顿的开始。根据文件规定，监管层对信托业实施分类监管，信托公司或立即更换金融牌照，或进入过渡期。《信托公司管理办法》规定信托公司可以受托经营国务院有关部门批准的证券承销业务，而2001年公布的《信托投资公司管理办法》规定是“受托经营国务院有关部门批准的国债、政策性银行债券、企业债券等债券的承销业务”。

截至2014年年末，我国成为信托业协会会员单位的信托公司有68家；信托行业管理的信托资产规模为139799.1亿元（平均每家信托公司2055.88亿元），较2013年年末的109071.11亿元，同比增长28.14%；信托业实现经营收入954.95亿元（平均每家信托公司14.04亿元），相比2013年年末的832.60亿元，同比增长14.69%；信托业实现利润总额642.30亿元（平均每家信托公司9.45亿元），相比2013年年末的568.61亿元，同比增长12.96%；信托业实收资本为1386.52亿元（平均每家信托公司达20.39亿元），相比2013年年末的1116.55亿元，增加269.97亿元，同比增长24.18%；信托业的所有者权益3196.22亿元，较2013年年末的2555.18亿元，同比增长25.09%；信托业的固有资产规模3586.02亿元，相比2013年年末的2871.41亿元，同比增长24.89%。

截至2014年年末，在信托资产139799.1亿元余额中，按来源划分，集合资金信托为429205773.08万元，占30.70%，单一资金信托874844021.49万元，占62.58%，管理财产信托为93941204.47万元，占6.72%；按功能分类，融资类470364060.83万元，占33.65%，投资类471193377.06万元，占33.70%，事务管理类456433561.15万元，占32.65%。在资金信托130404.98万元中，按照运用方式划分，贷款527121166.41万元，占40.42%，交易性金融资产投资165797129.80万元，占12.71%，可供出售及持有至到期投资281172587.94万元，占21.56%，长期股权投资110488956.54万元，占8.47%，租赁610891.32万元，占0.05%，买入返售38004679.24万元，占2.91%，存放同业102016421.37万元，占7.82%，其他78837961.72万元，占6.05%；按投向划分，基础产业276943999.96万元，占21.24%，房地产130949298.40万元，占10.04%，证券市场（股票）55203165.59万元，占4.23%，证券市场（基金）14246310.23万元，占1.09%，证券市场（债券）115475766.22万元，占8.86%，金融机构

226767457.95万元，占17.39%，工商企业313301406.1万元，占24.03%，其他171162389.83万元，占13.13%。

**［名词解释］集合资金信托计划**

集合资金信托计划是指由信托公司担任受托人，按照委托人意愿，为受益人的利益，将两个以上（含两个）委托人交付的资金进行集中管理、运用或处分的资金信托业务活动。

### （二）信托投融资道德风险防范现状

2004年，中国银监会公布了《关于进一步加强信托投资公司内部控制管理有关问题的通知》，2007年中国银监会公布了《信托公司管理办法》，两个文件均要求信托公司按照职责分离的原则设立相应的工作岗位，保证公司对风险能够进行事前防范、事中控制、事后监督和纠正，形成健全的内部约束机制和中台、后台对前台的反映和监督机制。

2005年，中国银监会发布了《信托投资公司信息披露管理暂行办法》，要求信托投资公司依法将反映其经营状况的主要信息，如财务会计报告、公司治理、业务经营、风险管理、关联交易及其他重大事项等真实、准确、及时、完整地向客户及相关利益人予以公开。其中，信托投资公司应在经营概况中披露信用风险、市场风险、操作风险、其他风险的管理情况。

2014年4月8日，中国银监会办公厅发布了《关于信托公司风险监管的指导意见》，要求坚持防范化解风险和推动转型发展并重的原则，全面掌握风险底数，积极研究应对预案，综合运用市场、法律等手段妥善化解风险，维护金融稳定大局。明确信托公司“受人之托、代人理财”的功能定位，培育“卖者尽责、买者自负”的信托文化，推动信托公司业务转型发展，回归本业，将信托公司打造成服务投资者、服务实体经济、服务民生的专业资产管理机构。该文件要求严防道德风险和案件风险，强化依法合规经营，严防员工违法、违规事件发生，组织案件风险排查，严格实施违规问责和案件问责，保持对案件风险防控的高压态势。该文件提出要建立资本约束机制，恢复与处置机制，行业稳定机制，社会责任机制，监管评价机制，信托产品登记机制，分类经营机制，运行有效、制衡有效、激励有效、约束有效的公司治理良性机制。

2014 年 12 月 10 日，中国银监会和财政部联合公布了《信托业保障基金管理办法》，规定“保障基金是指按照本办法规定，主要由信托业市场参与者共同筹集，用于化解和处置信托业风险的非政府性行业互助资金。”保障基金的来源是：①认购缴款，信托公司按净资产余额的 1% 认购，每年 4 月底前以上年度末的净资产余额为基数动态调整；资金信托按新发行金额的 1% 认购，其中：属于购买标准化产品的投资性资金信托的，由信托公司认购；属于融资性资金信托的，由融资者认购。在每个资金信托产品发行结束时，缴入信托公司基金专户，由信托公司按季向保障基金公司集中划缴；新设立的财产信托按信托公司收取报酬的 5% 计算，由信托公司认购。②使用保障基金获得的净收益。③国内外其他机构、组织和个人的捐赠。④国务院银行业监督管理机构和财政部批准的其他来源。2014 年 12 月 19 日，根据《信托业保障基金管理办法》要求，由中国信托业协会联合 13 家信托公司共同出资设立了中国信托业保障基金有限责任公司（以下简称保障基金公司）作为保障基金管理人，依法负责保障基金的筹集、管理和使用。

截至 2014 年年末，信托公司有 369 笔项目存在风险隐患，涉及资金 781 亿元，占比 0.56%，低于银行业不良水平，相比 2014 年二季度末风险项目金额 917 亿元，占比 0.73%，余额和比例均有所下降。信托业系统风险可控，得益于 3 道风险防线的不断构筑：一是固有资本实力增厚；二是风险处置能力增强；三是行业稳定机制建立。

## 第二节　信托投融资道德风险的来源

### 一、来自受托人的道德风险

此处所说的道德风险是指由于受托人的不道德行为给委托人或者受托人自己造成损失的可能性。来自受托人的道德风险主要有 10 种情形。

第一种是受托人为了承揽业务，对委托财产的合法性不进行辨别，或者明知财产不合法却装作不知情，导致信托无效，遭受损失。

第二种是不公平对待不同的委托人。例如将委托人甲的财产收益转给委托人乙，作为委托人乙的财产收益，给委托人甲造成损失。

第三种是利用委托人的财产为自己谋取不当利益。例如挪用委托人财产，用来给自己炒股票、买债券、买基金、炒期货、用于自办公司的流动资金、给自己置房产、放高利贷、借给亲朋好友等，或者用于偿还自己的债务。

第四种是不尽职尽责管理信托财产，使委托人遭受损失。例如对用资人资信不调查，对投资项目不了解，盲目运作信托财产；低价出售信托财产；以低收益率运作信托财产等。

**[风险案例] 松花江78号南山建材项目收益权集合资金信托计划风险**

吉林省C市J信托公司推出的信托产品“松花江78号南山建材项目收益权集合资金信托计划”规模1.5亿元、期限为18个月，投资项目为N公司经营项目收益权，N公司法定代表人D某提供无限连带责任保证。2012年2月，C市公安局以“涉嫌伙同他人编造项目，利用伪造财务资料，从J信托公司骗取贷款1.5亿元”等理由对该项目立案侦查，并在3月将嫌疑人D某等8名犯罪嫌疑人抓获。该信托计划最终于2012年3月7日清算完毕，委托人（投资人）获得预期收益率，但是J信托公司遭受损失，并且其推出的其他信托产品无人问津，其社会声誉受到一定影响。这个案例属于信托公司由于不尽责调查了解用资人信息而使自己遭受损失的情形。

第五种是信托公司决策人收受用资人贿赂，为用资人提供资金，结果用资人不能按期足额归还信托资金，给信托公司造成损失，也可能给委托人（投资人）造成损失。

第六种是用信托财产为他人提供担保，给委托人造成损失。

第七种是受托人将信托财产转托他人保管或运作、处置，由于选人不当，给原始委托人造成损失。

第八种是受托人直接贪污或挥霍或者转移信托财产。

第九种是受托人转移自己的财产以造成自己无力赔偿委托人损失的假象。

第十种是信托公司因违规经营导致破产，给委托人造成损失。

**[风险案例] 中国首例非银行金融机构破产案**

2003年2月28日12时15分，历时4年之久的广东国际信托投资公司（以下简称广东国投）破产案宣告正式结案。

广东国投成立于1980年7月，注册资本12亿元人民币，1983年被中国人民银行批准为非银行金融机构，并享有外汇经营权。该公司曾经辉煌一时。

然而，1998 年 10 月 6 日，中国人民银行依法发布公告，宣布广东国投因不能清偿到期巨额内外债务予以关闭。1999 年 1 月 16 日，广东省高级人民法院宣告广东国投破产。

经查，广东国投机构管理混乱，层层乱设公司，但放任不管；业务经营管理混乱，80% 以上借款人营业执照、财务报表、还款记录不全；账务管理混乱，会计计账簿许多无凭证附件，业务台账不完整；资金管理混乱，违反金融管理法规，超业务范围吸收居民存款，高息吸存，高息放贷，贷款审批制度形同虚设；境外企业管理失控；证券业务管理混乱，证券业务管理制度不规范，缺乏监督制度，普遍存在违规运作；存在受贿、违法发放贷款等犯罪行为等。广东国投等 4 家企业 1999 年年初进入破产程序时，共有 494 家境内外、国内外债权申报人申报债权，申报债权总额为人民币 467 亿多元。仅广东国投本部总负债就高达 361. 45 亿元人民币，资不抵债达 146. 94 亿元人民币。广东国投在没有破产前违规吸收个人储蓄存款 5. 9 亿，涉及个人储户 2 万多人，其 9 个证券营业部违规挪用股民保证金 1. 32 亿元，涉及 8 万多人。在最高法院的指导下，广东省高级人民法院和广州、深圳两家中级法院共同配合，顺利完成了广东国投破产程序。

## 二、来自资金使用人的道德风险

资金使用人的道德风险是指由于资金使用人的不道德行为给委托人（信托公司）和受托人（投资者）造成损失的可能性。

来自资金使用人的道德风险主要有 9 种情形。

第一种是资金使用人“跑路”，人去楼空，导致信托资金无人偿还。

第二种是资金使用人为了筹集资金而高估项目收益率，结果不能兑现承诺的收益率，导致受托人（信托公司）不能兑现给委托人（投资者）的收益。

第三种是资金使用人贪污或挥霍信托资金，给委托人（信托公司）和受托人（投资者）造成损失。

第四种是资金使用人不按约定用途使用资金，给委托人（信托公司）和受托人（投资者）造成损失。

第五种是资金使用人不尽职尽责，管理混乱，导致破产或虽未破产但无力偿还信托资金。

第六种是资金使用人故意低估项目造价，结果导致资金用完，项目却没有完工，因缺资金而停工，不产生收益，无力按期还款。

第七种是资金使用人过度举债，不堪重负，无力偿还信托债务。

第八种是资金使用人用作抵押的房产等抵押物存在第一顺位的债权人，资金使用人隐瞒实情，导致受托人变现抵押物遇阻。

第九种是资金使用人高级管理者违法犯罪被逮捕，导致信托产品出现兑付危机。

**[风险案例] 资金使用人董事长出事连累信托产品**

D市H信托公司为S公司发行了三款信托产品，分别募资2.83亿元购买S公司塑胶应收账款、21.7亿元购买S公司A子公司股权并向其增资、6.45亿元向S公司B子公司发放贷款。2012年3月31日媒体报道S公司董事长C某被中纪委调查，S公司全面遇困，使得H信托公司这三款信托产品陷入兑付危机。H信托公司采取紧急措施，提前清算两款产品，查封1款产品相关抵押资产并提起诉讼，最终化解了风险。

## 三、来自委托人自己的道德风险

委托人自己的道德风险是指委托人（投资人）贪图高收益率，盲目购买信托产品，从而使自己遭受损失的可能性。从实践经验看，收益率越高，欺诈的可能性越大，庞氏骗局的可能性越大。很多投资者赚钱了偷着乐，而一旦赔钱了，就告状，找债务人，或者在政府门前请愿，却从来不从自身找原因。很多人吃亏就吃在“贪”字上了。贪图高收益率本身是一种不道德行为，因为正是有了这种贪欲，才使得很多骗子得逞，毒化了社会风气，破坏了市场经济秩序。

## 四、来自其他主体的道德风险

其他主体的不道德行为也可给信托主体造成损失。例如，监管人员不作为或者监管不到位或者收受贿赂而放弃监管；当信托产品需要信用评级时，评级机构夸大信用等级误导投资者；当信托产品有保证人时，保证人不讲信用，拒绝承担保证责任；金融掮客（中间人）欺诈并贿赂信托经理等。

## 第三节　信托投融资道德风险存在的原因

### 一、信托结构多层性特点为道德风险提供了条件

结构性信托产品具有多层次特点，内部关系比较复杂，各主体之间信息不对称，投资者（出资人）处于最外层，往往不了解深层的信息，这使得信托产品深层的道德风险具有较强的隐蔽性，在风险事故爆发以前，风险隐患很难被投资者察觉。这种情况为信托关系中的有关主体暗中实施不道德行为提供了方便条件，强化了其侥幸心理，诱发了其通过实施不道德行为谋取私利的欲望。总有一种人，当其行为被置于阳光之下时，受威慑于众目睽睽，不敢轻举妄动，而当身处某一角落不被人发现时，就会萌生不轨的念头，胆子就变大。所以有一种观点认为“公开透明是抑制腐败的良药，信息封闭是腐败的催生剂”。然而，信托业务中的信息要全部公开透明绝非易事，已经公开的信息也有真假之分。

### 二、资金使用人欠巨额债务押赌信托铤而走险

有的人因各种原因欠下巨额债务，每天被逼债，焦头烂额，苦于无计可施。去银行贷款，不符合贷款条件；找亲戚朋友借，遭拒绝；发行股票、债券，不符合条件，行不通。于是，就想到了信托这条相对容易达到筹资目的的途径。利用信托可以在短期内筹集巨额资金，只要资金使用人与他人合作选定一个项目，再承诺高收益率，就会吸引投资人购买信托产品。资金使用人心里清楚，筹集的资金很难归还，高收益率也难以实现，但是只要能够成功地筹集到资金，自己的目的就实现了，眼前的债务关就可通过了，至于以后会承担什么后果，就不顾忌了。这是一种短期投机的心理。在现实中，欠巨额债务的人不在少数，其欠债的原因有多种。有的因赌博欠债，有的因使用巨额的民间借贷开发房地产或者炒房子欠债，有的因借钱炒股票、期货炒赔了欠债，有的因经营企业不善欠巨额债务。这些欠巨额债务的人，有的玩“失踪”，个别人自杀，而有的人就会利用信托筹集资金。

### 三、金融玩家钻信托漏洞意图空手套白狼

有些喜欢玩金融游戏的人，既无资金实力，又不想通过勤劳致富，而是

专门喜欢寻找制度漏洞、管理漏洞、政策漏洞、业务漏洞，投机取巧，妄想空手套白狼，其口号是“用别人的钱发自己的财”。常见的游戏设计可以模拟如下：金融掮客张某与×公司王某合作，以×公司应收账款为支持向A信托公司提出合作意向，期望从信托公司筹资1亿元。张某通过朋友关系找到A信托公司马某，承诺如果事情办成了就付给马某1000万元作为报酬，先付给马某200万元。信托公司内部的决策程序由马某负责。最终，信托公司设计了一款信托产品，期限12个月，预期年化收益率根据认购金额大小从8.8%到9.8%不等。该款信托产品发行成功，×公司拿到了1亿元，其中付给马某1000万元，付给金融掮客张某1000万元。由于×公司的应收账款质量很差，而信托公司又未进行调查，而且×公司付出20%的额外成本，所以×公司违约是必然的。

还有一种金融游戏是：利用筹借的资金自己注册一家小额贷款公司，然后将从信托公司筹集来的资金挪用给自己的小额贷款公司，以小额贷款公司的名义发放高利贷。在放高利贷这个环节，风险管理比较细心，包括慎重选择借款人、要求借款人提供优质抵押物等。如果小额贷款不出问题，则信托资金到期兑付无忧。如果小额贷款出了问题，则信托资金的风险就暴露出来了。

## 四、政府业绩考核不当引发道德风险

当把GDP增长率作为下级政府政绩考核重要指标时，就会迫使下级政府搞建设、上大项目。但是下级政府财政困难，建设资金不足。这时，信托就会成为下级政府筹集资金的一条重要渠道。当建设项目决策缺乏科学性时，信托资金就面临兑付危机。

党的十八大要求各级政府淡化GDP意识，不要唯GDP是从，这是十分正确的。但是有些官员还是固守旧观念。有的学者也固执己见，患上了GDP依赖症，似乎离开GDP就不知道该研究什么。有的学者为了显示自己与众不同，在主流理论淡化GDP时，提出什么“取消GDP考核指标损害老百姓的利益”。有的官员和学者将GDP目标追求与实际经济增长混为一谈，认为“离开GDP，吃什么，穿什么”。其实，没有人会反对实际经济活动，只是反对人为地追求GDP目标。GDP应该是自然形成的数据，而不是刻意立个数字目标去追求。政府的第一位的目标应该是居民的福利增长。居民福利增长目标实现了，则 GDP 是多少就是多少，不必要求 GDP 必须达到一个既定目标。当在政府政绩考核指标中取消 GDP 后，政府对资金的需求压力就会减轻很多，对信托的需求也会减少。

### 五、其他金融市场的挤出效应促成了信托道德风险

从资金供应方来看，当民间存在大量的资金寻求投资方向，而银行存款利率低，证券市场低迷，炒房也困难时，如果信托计划给出较高的收益率，就会出现大量的民间资金被挤出银行货币市场、证券市场、炒房市场而流入信托市场，造成信托市场泡沫，激发图谋不轨者（属于资金需求方）到信托市场淘金，促成信托道德风险。

从资金需求方看，当从银行贷款困难，从股市筹资困难时，会把这些资金需求者从货币市场、证券市场挤到信托市场，造成信托市场需求火爆，一片繁荣景象，信托规模急剧扩张。特别典型的是房地产开发商，会不惜高成本、不顾忌房产能否售出，不考虑到期能否兑付，毅然进入信托领域筹集资金，认为只要拿到钱就赢了。一旦房产卖不出去，有的开发商就会开溜，让信托公司自己想办法化解兑付危机。

## 第四节　信托投融资道德风险的控制

### 一、委托人的控制

首先，委托人要树立风险意识，不能让贪欲掩盖了自己的智慧。委托人要对受托人的承诺进行可行性评估。例如，受托人给出很高的收益率，委托人要分析收益率的可靠性，这种收益率是由“击鼓传花”游戏即后投资人付给前投资人形成的还是投资项目创造的。有没有风险意识或者风险意识强弱，结果是不一样的。

其次，要尽最大可能收集相关信息，包括受托人信息（例如有没有营业执照，又没有超范围经营）、用资人信息（例如信用能力）、信托产品信息（例如资金投向、项目状况）、国家法律法规和政策等。对于受托人宣传材料中的赞美之词，不能盲目相信，要多打几个问号。

再次，要选择注册资本金多、经营规模大、成立时间长、员工人数多、

服务态度好并且质量高、历年经营业绩优良、服务设施完善、信用良好、没有不良记录、内部管理制度完善、业务流程规范严密的受托人。

最后，注意保留证据，例如交款回单、合同原件等。

## 二、受托人的控制

这里主要论述信托公司的控制。信托公司应该采取以下措施之一或者多种措施控制道德风险。

第一，合理设定抵押权。一是选择合适的抵押物。优质抵押物应该是变现容易、不易贬值的实物。北京、上海、广州、深圳的无瑕疵房产是较好的抵押物。现房比期房好。用资人没有竣工的营业用工程项目存在较大风险。二是了解清楚抵押物有无其他债权人，如有，其顺位如何？应该选择无其他债权人或者本受托人排位第一的抵押物。三是对抵押物准确估值，例如选择信誉良好、实力强的评估机构来估值，加上受托人自己的判断。四是确定合理的抵押率，如抵押率低于60%，具体抵押率要根据抵押物的价值变动趋势决定。五是设定补充线和强制变现线。例如房产抵押，应该规定：如房价跌到多少的时候要求用资人补充担保，跌到多少的时候强制出售变现。

第二，合理设定质押物。一是选择合适的质押物。优质质押物也应该具有变现容易、不易贬值的特点。可流通的并且无退市之忧的股票、好地段的土地使用权、国债等都是较好的质押物。非上市公司股权，要具体问题具体分析。如果公司经营正常，也可以作为质押物，但是受托人必须全权控制公司经营。工程项目收益权的风险较大。二是了解清楚质押物有无其他债权人，如有，其顺位如何？应该选择无其他债权人或者本受托人排位第一的质押物。三是对质押物准确估值，例如股票，应该根据股市行情来判断股票价值。四是确定合理的质押率。如股票的质押率应该低于等于40%。五是设定补充保证金价格线和强制平仓价格线。例如股票质押，应该规定：如果股价跌到多少的时候就要求资金使用人补充保证金，跌到多少的时候强制平仓。

第三，合理设定保证人。首先是保证人的实力雄厚，以及信誉优良的担保公司。其次是资金使用人的母公司。最后才可以考虑其他企业。对个人保证人要慎重，因为个人很容易失踪并逃避责任。连带责任保证要比一般保证更好一些。

第四，结构化设计收益权。对收益权分级。比如A级优先受偿，但是收益率低。B级受偿顺序排在第二位，收益率高一些。如果发生风险事故，A级投资者优先受偿，这对于A级投资者来说风险大大降低。

第五，将销售回款作为最后防火墙。例如，当以上措施不能完全保障投资人利益和信托公司利益时，用房产销售回款或者其他产品销售回款偿还信托债务。

第六，其他措施。包括：严密设计信托产品；全面了解和评估用资人信用能力和投资项目收益能力；选用员工和管理人员时将道德品质放在第一位；建立责任追究制度，使责任者受到的惩罚超过其不当得利；严格落实监管部门的内部控制要求等。

## 三、资金使用人的控制

资金使用人对信托资产的风险控制一般缺乏积极性，因为信托资产损失是受托人和投资人的事情，资金使用人是占便宜的一方。能够驱动资金使用人的控制风险的动力主要有两个：一是受托人，如果资金使用人没有风险控制措施，受托人就不与其建立债权债务关系；二是用资人的事业心，如果用资人没有风险控制措施，最后违约，其社会信誉被毁，其事业就可能中断，资金使用人在社会特别是在商界无法立足。

用资人的风险控制措施主要是建立严密的信托资金使用审批和跟踪监督制度，慎重选择投资项目，科学进行工程设计和准确估算工程造价，设立可靠的还款保障机制。

## 四、监管部门的控制

监管部门的风险控制主要是对信托公司内部的风险控制提出要求，对信托产品的设计提出要求（例如制定产品规范），设立举报电话或者举报电子邮箱，通过受理举报及时发现违规线索，及早进行干预和调查处理，使风险损失降到最低程度。

## 五、其他控制措施

例如，加强媒体监督，建立信托资产和担保品估值责任追究制度等。另外，应该从立法上进一步明确信托业务中哪些信息应该公开，哪些信息不应该公开，信息应该在何时公开，公开到什么程度，在什么范围内公开，如果该公开的不公开，或者公开的时间、质量、深度、范围不符合要求，应该如何追究责任，均应有明晰的规定。

## 第五节　信托新观点

### 一、信托属性差异论

信托业务全部属于金融业务吗？回答是否定的。在信托业务中，有些业务与金融无关，属于纯粹事务管理，既没有融资活动，也没有投资活动，这类信托业务，不属于金融业务。例如，立遗嘱者委托律师执行遗嘱，遗嘱的内容完全是家产如何分配，则这种遗嘱执行信托就是属于纯粹的事务管理信托，与金融无关。有些财产管理信托是有增值收益的，是否属于金融活动呢？例如，甲委托乙代为办理房产出租业务，租金收入属于房产增值，能否将这种信托归于金融呢？也不能，因为这种信托没有投融资活动，也不属于投融资相关活动。如果委托人委托受托人以房产作抵押筹集资金或者折价入股进行股权投资，就是属于金融业务。有些信托明显属于金融业务。例如，企业甲将投资项目 A 的收益权作抵押，委托信托公司发行集合资金信托计划，投资人购买该信托计划，获得投资收益，信托公司将出售信托计划筹集的资金给企业甲，企业甲将资金投入项目 A，这种信托含有融资活动，也含有投资活动，就是属于金融业务。

信托属性差异论的核心思想是：有的信托业务属于金融业务，有的信托业务属于非金融业务；凡是具有投资功能或者融资功能的信托业务均属于金融业务，凡是不具有投资功能或者融资功能的信托业务均不属于金融业务；为了便于管理和利于管理，稳定金融秩序，加强金融监管，按照“整体管理原则”，应将信托公司列入金融机构管理范围，将其全部信托业务划入金融监管范围，同时将银行、证券公司等金融机构开展的信托业务整体划归金融监管范围。

### 二、信托条件论

自 1982 年以来，我国对信托业进行了 6 次整顿，信托业呈现大起大落的发展业态，说明信托业存在问题较多。现在信托业的规范程度大大提高，但也不能说高枕无忧。于是问题就来了：信托业有存在的必要吗？

信托条件论的核心思想是：信托存在与否，关键看条件。若同时具备4个条件，则信托可以存在：①企业和个人有自己不能办或不想亲自办但必须要办的事情；②除了信托方式以外，没有其他方式能够替代，或者替代以后效果不如信托方式；③信托风险可控；④不冲击合理金融秩序和国家政策。信托业应该根据以上4个条件来设计信托产品，开展信托业务，政府监管部门也应该根据以上4个条件来制定信托业管理政策，并开展监管业务。

## 三、信托功能论

信托究竟有哪些功能？研究这个问题有两点假设：一是假设信托均为财产信托（含货币财产、实物动产、实物不动产、权利性资产）；二是假设功能是信托所独有的，如果不是信托所独有的就不列入研究范围。

信托具有5项功能。

一是规模化投资功能。对于多数公民而言，其拥有的可用于投资的货币金额是不多的，信托公司可以通过发行集合资金信托计划的方式将这些分散的货币归集起来，投入某项目。商业银行可以归集存款然后通过贷款行为将资金投入某项目，但是对存款人而言，并不知道资金投向何处，所以对他们来说存款不是正宗投资行为。信托的这种功能对于期望进行实业投资的中小投资者而言，更具有意义，所以今后应该鼓励信托公司多开展实业投资信托业务。通过信托进行实业投资可以解决中小投资者直接进行实业投资所面临的投资回收期长的问题，因为信托计划是有期限的，不属于股权投资。

二是便利化融资功能。《中华人民共和国信托法》将信托定义为“信托，是指委托人基于对受托人的信任，将其财产权委托给受托人，由受托人按委托人的意愿以自己的名义，为受益人的利益或者特定目的，进行管理或者处分的行为。”从信托的定义中，看不出信托有融资的功能，因而学术界容易忽视信托的融资功能。可以说，信托的融资功能是从信托投资功能派生出来的一个功能。有投资，就可能有筹资。对于出资人而言是投资，对于资金使用人而言是筹资。投资人是资金供应者，资金使用人是资金需求者。资金从供应者手里转移到资金需求者手里的过程就是融资过程。信托融资与银行融资、证券融资有不同的特点。银行融资最典型的特点是“借款人不知钱从哪里来，存款人不知钱到哪里去，资金供求双方只知道交易对手是银行”。证券融资最典型的特点是“资金需求者知道钱从哪里来，资金供应者知道钱到哪里去，他们是交易对手，融资工具是证券，证券承销商提供代理发行服务”。信托融资的最典型特征是“资金需求者知道钱从哪里来，资金供应者知道钱到哪里去，但他们的交易对手都是信托机构，融资工具是信托计划”。信托融资的这一特点决定了信托融资是银行融资和证券融资所不可替代的。以上理论分析论证了信托具有融资功能。信托的融资具有便利化的优点，其手续、程序与银行融资和证券融资比起来有很大的便利化空间。所以，信托公司应该将信托融资便利化优点发挥到极致，将此作为竞争优势，而银行融资和证券融资不能期望把手续、程序简化到信托那样的程度，因为业务性质不同，风险管理难度不同。根据便利化融资功能理论，今后信托公司可以大力开展“融资信托”业务，不但开展由投资派生的融资，而且开展单一的融资信托业务。法律上也可以考虑修改信托的定义，使之涵盖融资信托的内容。

三是多样化理财功能。这里所说的理财，是指委托人以“求人理财”为明确目的把货币资金交给受托人，或者投资者购买的信托产品名称带有“理财”两个字。“代人理财”是信托的一大功能。目前银行业、证券业（含基金业）、信托业都有理财业务，但应该有所区别，不能混乱。银行业理财应该与银行业务紧密结合，比如各种存款之间的转换、用于银行亲自操作的投资、安排结算支付等。证券业理财应该与证券业务紧密结合，例如买卖股票、买卖证券投资基金、买卖股指期货等。信托业的理财应该具有多样化的特点，灵活多变，投资范围广泛，并且以实业投资为主。信托业不应该有自营的投资业务、贷款业务，其主业就是“受人之托，代人办事”，所以应该允许其理财安排多样化。

四是合法化避险功能。这里所说的“险”主要是指法律风险。首先是规避“非法集资”犯罪风险。通过信托公司投资与融资，使自己的投资活动和融资活动合法化，可以避免触犯法律，以免受到责任追究。其次是规避“逃税”犯罪风险。当然此功能的前提是“税法宽容”。例如，某甲去世之前，委托信托公司经营其家族企业，其收入按照某甲意愿分配给某甲的一子一女，可以规避遗产税。但是前提是法律规定这种信托财产免征遗产税。

五是专业化管理功能。这里所说的管理是一个广义的概念，包含“办事”的意思。事务信托、财产管理信托（包括代保管、代运营、代处置）可以回避委托人能力不足的缺陷，利用受托人的聪明智慧、社会活动能力、专业知识为受托人服务，既充分发挥了受托人的优势，提高了受托人的价值利用率，又提高了全社会的运转效率。

## 四、信托交易论

有些信托产品不可流通，有些信托产品是可流通的。可以流通的信托产品应该同时具备7个条件。第一个条件是有明确的信托产品形式。因为只有这样才能进行流通交易。第二个条件是期限超过3年，因为期限超过3年的信托产品如果不流通，其流动性太弱，对于需要流动性的投资者缺乏吸引力；如果期限短，低于3年，则无流通必要，若流通，其流通成本相对较高，不能通过时间分摊。第三个条件是份额化，即把信托产品拆成等量份额，以便于买卖。第四个条件是总量达到一定规模。例如规定总量达到20亿元。因为总量小，不利于摊低流通成本。第五个条件是具有标准化条款，因为标准化条款利于投资者识别，有利于市场组织者管理，有利于统一规定和计算流通费用标准，有利于结算过户。第六个条件是信托产品要素齐全，包括有收入来源，有收益保证，有归还本金保障，有明确期限，有明确责任人，有明确抵押或质押或保证人等。第七个条件是管理规范，包括有各环节的风险管理措施，有各环节健全的财务会计制度，有各环节合格的管理团队等。凡是不同时具备这7个条件的信托产品均不能上市流通。信托产品流通可以借助证券交易所交易系统，也可以实行柜台交易办法。无论采用何种办法，流通费用必须尽可能压低。

## 五、信托产品结构论

信托产品结构有简单与复杂之分，既有单一结构也有多层结构。例如，投资者购买信托产品，投资者与信托公司之间的关系是第一层次关系。信托公司将所筹资金转给企业甲，信托公司与企业甲之间的关系是第二层次关系。企业甲将资金转给子公司企业A，企业甲与企业A之间的关系是第三层次的关系。如果该信托再将保证人加进来，就又多了一重关系。有的信托产品中的关系错综复杂，难以厘清，用民间俗语说就是“水很深”。于是问题来了：应否对信托产品的结构、关系层次提出监管要求？应该。为了保护投资者利益，为了便于监管，为了防止欺诈，为了减少风险，法律或者监管部门应该制定信托产品结构规范，对信托中的层次进行限定，对信托产品的清晰度提出明确要求。

## 六、信托信息平衡论

由于信托产品结构存在复杂现象，信托层次存在多重现象，因此，会出现信托信息不对称问题。“信息合理平衡”应该是信托监管的目标之一。信息平衡不等于信托的所有信息被信托的所有关系人全部掌握，这是办不到的。如何做到信息平衡？有两个办法。一是凡应该并且能实现的信息披露，必须要求相关主体依照规定时间、数量、质量要求披露信息，例如资金投向这个信息应该披露，也能够披露。二是作为补充或者是缺陷弥补，要求相关主体承担一定的责任，以弥补信息不能充分披露的不足。例如，如果投资者不能获得承诺的收益或者不能收回本金，则信托公司必须对投资者承担刚性兑付的责任，或者采取投资者认可的挽救措施。每一层的主体都应该承担相应的责任。不能以“风险自负”为借口让投资者承担全部责任。每一层次应承担的责任都应该事先公开。可以事先规定投资者承担的风险大小，例如承担10%的最大损失。两个办法结合使用，能够基本做到信息平衡。

# 第十一章　风险投资与私募股权投资中的道德风险

［开章语］中华人民共和国境内的风险投资与私募股权投资业务正处于初级发展阶段。风险投资的道德风险可以从风险投资者、目标企业、监管者、股市二级市场投资者4个角度去考察。私募股权投资中的道德风险主要从投资者角度考察。

## 第一节　风险投资中的道德风险

### 一、风险投资的概念界定

从广义上说，风险投资是一种高风险高收益的投资。但这种定义在经济学上意义不大。具有使用意义的是一种专门的投资类别。作为专门术语的风险投资，可以从资金和行为两个角度来下定义。从资金的角度定义，可以取美国全美风险投资协会的定义，即风险投资（Venture Capital，VC）是由职业金融家投入到新兴的、发展迅速的、具有巨大竞争潜力的企业中的一种权益资本。从行为的角度定义，风险投资是这样一种投资行为方式：专职风险投资者将资金投入高风险但可能高收益的目标企业，期待未来目标企业成功，投入的资本增值，择机退出该目标企业，完成一个投资周期。如果目标企业失败，则投入的资金会血本无归。从原本意义上说，风险投资是对创业期的企业进行的投资，所以又被称为创业投资。2005 年 11 月 15 日，国家发展改革委员会、科技部、财政部、商务部、中国人民银行、国家税务总局、国家工商行政管理总局、中国银监会、中国证监会、国家外汇管理局联合发布了经国务院批准并于 2006 年 3 月 1 日起实施的《创业投资企业管理暂行办法》称“创业投资，系指向创业企业进行股权投资，以期所投资的创业企业发育成熟或相对成熟后主要通过股权转让获得资本增值收益的投资方式。”“创业企业，系指在中华人民共和国境内注册设立的处于创建或重建过程中的成长性企业，但不含已经在公开市场上市的企业。”这里所说的创业投资实际就是指风险投资。

需要指出的是，股权投资应该是风险投资的典型投资方式，但是在以股权投资为主要投资方式的风险投资领域，也夹杂有其他非典型投资方式，例如贷款方式。

## 二、风险投资的类型

按照风险投资对目标企业的投资时机，亦即目标企业的发展阶段，可以将风险投资分为4种类型。

第一种是种子资本（Seed Capital），风险投资者（Venture Capitalist）在目标企业初创期或者某一产品研发期投入资本，投资期限显然最长，投资的时间成本最大，投资风险也最大，因为此时目标企业成功与否最难确定。但种子资本发挥的作用也最大，因为初创期最需要资金支持。

第二种是导入资本（Start - up Funds），风险投资者在目标企业研发任务基本完成，需要资金对新产品进行中试、试销、开发市场阶段投入资金。导入资本的投资期限也比较长，仅少于种子期，且面临技术失败和市场失败的风险。

第三种是发展资本（Development Capital），风险投资者对目标企业技术已成熟、初步打开市场、需要资金进一步拓展市场的阶段投入资金，面临的技术风险、市场风险非常低，投资成功的可能性较高。

第四种是风险并购资本（Venture M&A Capital），风险投资者对收购者提供资金，收购者对成熟的目标企业进行产权收购。

## 三、风险投资六要素

风险资本、投资人、投资目的、投资期限、投资对象和投资方式构成了风险投资的六要素。

### （一）风险资本

风险资本是指由专业投资人提供给成长快速、升值潜力大的新兴企业的一种资本。风险资本进入目标企业的方式主要是购买股权、提供贷款、既购买股权又提供贷款。政府提供的风险资本一般用于为被支持的企业提供担保。

### （二）投资人

风险投资的投资人包括风险资本家、风险投资企业、产业附属投资公司、天使投资人。

风险资本家是风险资本的所有者，是向其他企业家投资的企业家，所投出的资本全部归其自身所有。风险资本家可以与风险投资企业合作。

风险投资企业是经依法注册设立的主要从事风险投资的企业。《创业投资企业管理暂行办法》称“创业投资企业，系指在中华人民共和国境内注册设立的主要从事创业投资的企业组织。”创业投资企业其实就是风险投资企业。风险投资企业负责人可以称为风险投资家。

产业附属投资公司一般是一些非金融性实业公司下属的独立风险投资机构，它们代表母公司的利益进行投资。

天使投资（Angel Capital）是对初创企业或者企业原创项目早期进行的权益性投资。进行天使投资的人被称为投资天使、天使、天使投资人、天使投资者（Business Angel）、商业天使、非正式投资者。很多天使投资人是个人。政府也可以充当天使投资人。国外根据投资额从小到大及根据企业经验从缺乏到丰富，把投资天使分为支票天使、增值天使和超级天使。1978 年，新罕布什尔大学教授、该校创业研究中心的创始人威廉·韦策尔（William Wetzel）探讨在美国如何增加企业的原始资本时第一次使用了“天使”这个词。

从学术上来说，天使投资也属于风险投资。但是由于一些天使投资是由个人进行的，而在我国纳入国家管理范围的风险投资是由企业进行的，从这个意义上（政府管理上）说，二者又有不同。本章将天使投资纳入风险投资范畴，但是在研究风险投资业务时，以风险投资企业的业务为重点研究对象。

### （三）投资目的

风险投资的最终目的是获得投资回报。之所以进行风险投资，是基于对投资日至投资回收日之间投资目标企业价值巨大差额的预判。风险投资追求的就是这个差额。

（四）投资期限

风险投资的投资期限是指从风险资本投入目标企业起到风险资本退出目标企业止间隔的时间长度。风险投资者期望这个期限越短越好。

（五）投资对象

风险投资的投资对象就是风险资本投入的企业，称为被投资企业或者目标企业。风险投资的目标企业主要是高新技术企业。目标企业的负责人一般被称为风险企业家。

（六）投资方式

风险投资方式按照投入目标企业的途经（或称业务性质）分为直接投资（股权投资）、提供贷款或者提供贷款担保、股权投资加贷款或担保。

风险投资方式按照投资频率可以分为分次投资、一次性投资。

## 四、风险投资运作过程与运作方式

风险投资运作过程大体包括融资、投资、管理、退出 4 个阶段。在投资之前，要经过搜寻投资机会、初步筛选、调查评估、寻求共同出资者、协商谈判投资条件、签署最终交易文件 6 个环节。

风险投资运作方式以风险投资基金为典型。风险投资基金采用有限合伙形式。有限合伙由普通合伙人和有限合伙人组成，普通合伙人对风险投资基金债务承担无限连带责任，有限合伙人以其认缴的出资额为限对风险投资基金债务承担责任。风险投资公司以普通合伙人身份对基金进行投资运作。

## 五、我国风险投资的发展现状

美国哈佛大学教授乔治·多威特和一批新英格兰地区的企业家于 1946 年成立的美国研究发展公司（AR&D）成为第一家具有现代意义的风险投资公司。1973 年，全美风险投资协会宣告成立。

1945 年，英国工商金融公司成立，成为全欧洲第一家风险投资公司。

1985 年 1 月 11 日，中国新技术企业投资公司在北京成立，成为我国第一家专营新技术风险投资的全国性金融企业。

1998 年 3 月两会期间，民建中央提交了一份“关于加快发展我国风险投资事业”的提案。

1999 年 7 月 14 日，中华网在纳斯达克成功上市，风险投资商成功套现，刺激了外国风险投资商向中国互联网创业者投资的积极性。之后纳斯达克网络股价格的暴跌，给这些投资商泼了一瓢冷水。2004 年，携程、盛大网络、Tom、e 龙、第九城市、掌上灵通、空中网、前程无忧和金融界 9 家中国互联网公司在纳斯达克成功上市，又激起外国风险投资商对中国投资的兴趣。

2000 年由民建中央发起、民建会员参股设立了中国风险投资有限公司，创始股东包括：中华思源工程扶贫基金会、中国宝安集团、通威集团、林达集团、天正集团等。中国风投在北京、上海、深圳、杭州、宁波、青岛、沈阳、扬州、武汉、长沙分别设立有人民币基金，其中包括与科技部引导基金合作设立的节能环保领域专业基金，以及与国家发改委、财政部合作设立的新材料领域专业基金。2003 年 7 月，中国风险投资有限公司设立了中国风险投资研究院。

中国风险投资企业共有多少家，尚无统计数据。根据 2014 年年末中国风险投资网显示，北京有 47 家，上海 40 家，天津 7 家，广东 44 家，浙江 3 家，江苏 7 家，山东、四川、重庆各 1 家，陕西 4 家，湖南 1 家，湖北 2 家，河南、河北、安徽各 1 家，福建 2 家，江西、广西、吉林各 1 家，辽宁 2 家，黑龙江 2 家，山西、云南各 1 家，贵州 2 家，甘肃、宁夏、新疆、内蒙古各 1 家，以上共计 178 家。另外有 41 家海外企业、5 家港澳台企业在中国大陆开展业务。例如 IDG 资本自 1992 年开始，已投资携程、如家、百度、搜房、腾讯、金蝶、金融界、搜狐、物美、伊芙心悦、九安、凡客诚品、汉庭等 200 家企业，有 50 家企业在美国、中国香港、中国证券资本市场 IPO，或通过 M&A（Mergers and Acquisitions，即企业并购，包括兼并和收购两层含义、两种方式）成功退出。

2013 年，中国创投市场新成立人民币基金共计 149 只，占新成立基金总数的 89.76%，美元基金 17 只，占全部基金数量的 10.24%。

今后风险投资业有两个发展趋势，一是“投＋创”模式，也就是同一风险投资人，既从事风险投资，又从事实业创业，自己把钱投到自己企业；二是“附加值创造”，包括创造被投资企业附加值和自己的生态系统附加值。创造被投资企业附加值最终也提高了风险投资公司附加值。风险投资公司建立生态系统的途径是开发一款互联网软件，无偿提供给自己投资支持的创业者，甚至提供给其他创业者（需要密码才能进入），风险投资公司可以从该系统获得大量有用信息。

## 六、风险投资道德风险的含义

风险投资道德风险是指风险投资领域所有主体的不道德行为给相关人造成损失的可能性。这里之所以强调所有主体，是因为有些诈骗人并非风险投资从业人员，但是进入风险投资领域诈骗钱财，他们的危害更大，更需要人们警觉。

## 七、风险投资道德风险的来源

### （一）来自诈骗人的道德风险

此处所说的诈骗人不属于风险投资从业者，而是混迹于社会以诈骗为生的人。其诈骗对象通常是资金需求者（如风险投资目标企业）和资金提供者（如风险资本所有者）及风险投资运作者（如风险投资公司）。

以诈骗资金需求者为例。当其将诈骗对象锁定为资金需求者时，便会把自己装扮成为风险投资公司。为了让被诈骗者摸不清其底细，有些诈骗者会打着海外风险投资企业的名号。当然也有在内地工商局注册的空壳公司。为了让被诈骗者对其实力深信不疑，诈骗者会租用高档写字楼，办公室经过精心布置，但是电脑没有主机，只有显示器。诈骗者雇用十几个或几十个人坐在办公室（一般是团伙作案）。其操作手法是：诈骗者与律师事务所或会计师事务所或评估事务所合谋，诈骗者对资金需求者承诺投资多少元资金，但需要资金需求者与指定的律师事务所或会计师事务所或评估事务所签订合同，由资金需求者向事务所缴纳数万元甚至十几万元服务费或评估费，让律师事务所出具法律意见书，或者让会计师事务所出具项目报告，或者让评估事务所出具评估报告，诈骗者一方面与律师事务所或者会计师事务所或者评估事务所进行收入分成，另一方面让资金需求者耐心等待“总部审批消息”。若干天后，诈骗者对资金需求者谎称总部没有批准，资金需求者不符合投资支持条件。结果资金需求者不但没有得到投资资金，而且还赔了数万元费用。在诈骗者与资金需求者洽谈期间，诈骗者还以项目考察为名骗吃骗喝。有的诈骗者直接向资金需求者收取考察费、评估费、担保费、保证金，有的还收“商业计划书”编制费。最高可从一家资金需求者那里诈骗数百万元。有的诈骗者在一地骗完后就跑路，到别的地方与当地人合谋再新注册一家企业继续行骗。

### （二）来自风险投资企业的道德风险

风险投资企业损害资金需求方或风险资本所有者或同行或自己本身利益的不道德行为主要有以下5种。

第一种是套取前期费用后拒绝投资。所谓前期费用就是那些所谓商业计划书制作费、评估费、考察费、律师费、尽职调查费、担保费、保证金之类。套取前期费用的手法与前面谈到的诈骗如出一辙，只不过这里的投资公司是正规企业。当风险投资公司对资金需求企业项目不感兴趣时，有些风险投资公司不马上拒绝，而是图谋“充分利用”这些资金需求企业赚点小利，声称“不浪费资源”“把油水榨干”。风险投资公司一开始对资金需求项目会表现出极大兴趣，甚至与资金需求企业签订合作意向书，目的是让资金需求者上钩。有此不道德行为的风险投资公司一般是实力不强、水平不高、没有远大抱负的劣质风险投资公司。

第二种是风险投资企业雇员收受资金需求者贿赂后与资金需求者合谋骗取风险投资。

第三种是风险投资企业雇员不尽职尽责，盲目决策，没有选择成功率高的项目，而是选择了容易失败的项目，导致风险投资资金有去无回。

第四种是同一人同时注册两家以上风险投资公司，或者同时成立两个以上基金，在不同公司、不同基金之间挪用资金，给被挪用的风险资本所有者造成损失。

第五种是贬损其他风险投资公司的商业声誉，搞不正当竞争。

### （三）来自被投资企业的道德风险

被投资企业损害风险投资公司的不道德行为主要有以下5种。

第一种是挪用投资资金。被投资企业不是将资金用于约定的项目，而是用于还债，或者发放高利贷，或者投入自己开办的另一家企业，或者炒股票等。

第二种是不用心、不勤奋，导致投资项目失败，认为失败了自己也没有损失，损失的是风险投资公司。

第三种是肆意挥霍资金，花天酒地，购豪车，买豪宅，旅游等。

第四种是不作为，令风险投资无回报。

第五种是夸大项目质量，瞒报真实信息，导致风险投资公司决策失误。

### （四）来自中介机构的道德风险

与风险投资相关的中介机构包括投资银行、律师事务所、会计师事务所、资产评估事务所、项目评估公司、财务顾问公司、投融资管理公司、投资咨询公司等。另外有一些公益性中介机构如风险投资协会、创业服务中心等，一般不会发生道德风险。

中介机构的不道德行为主要是为了一己私利而与某一主体合谋出具虚假文件，或者为了赚取服务费用而甘心被人利用（如前面所述）。

## 八、风险投资道德风险产生的原因

### （一）欺诈与正常市场行为之间存在模糊边界

在风险投资中，有些不道德行为是利用了法律的缺陷，这个缺陷就是有些欺诈行为与正常市场行为之间存在模糊边界，难以分清是非，因而使得欺诈者无所顾忌，不担心受处罚。以风险投资前期工作与费用为例。风险投资公司要求被投资企业出具中介机构提供的某些文件如评估报告、法律意见书及商业计划书，这是正当要求，风险投资公司要考察项目也是正常行为，之后风险投资公司拒绝投资也未必不对，法律并没有要求风险投资公司在经过论证环节后必须给被投资企业投资，法律也不可能做这样的规定。换句话说，从表面上看，从程序上看，风险投资前期的欺诈行为与正常行为难以区分。即使受害人报了警，只要风险投资公司注册真实，没有向资金需求者提供虚假信息，警察也无可奈何。

### （二）监管机制不健全

2013 年 6 月，中央编办发布通知，明确将包括创业投资基金在内的私募股权基金的管理职责赋予中国证监会。查阅中国证监会的职责，没有看到风险投资监管的内容。从风险投资的业务来看，将风险投资业列入金融业范围是完全能够说得通的。除了金融监管部门，任何其他部门来监管都不可能有什么好的效果。另外从法律来看，也缺少权威的、系统的、具体的法律规范，自然也就缺少明确的执法安排。目前见到的监管文件主要有中国证监会2014年8月21日公布的《私募投资基金监督管理暂行办法》中第八章“关于创业投资基金的特别规定”，2005年11月15日国家发改委、科技部、财政部、商务部、中国人民银行、国家税务总局、国家工商行政管理总局、中国银监会、中国证监会、国家外汇管理局联合发布的《创业投资企业管理暂行办法》，2007年7月6日财政部、科技部公布的《科技型中小企业创业投资引导基金管理暂行办法》，2003年1月30日对外贸易经济合作部、科学技术部、国家工商行政管理总局、国家税务总局和外汇管理局联合发布的《外商投资创业投资企业管理规定》。有的地方公布了地方性管理办法。

### （三）风险投资业发展历史短

我国风险投资业发展历史较短，无论是风险资本所有者，还是风险投资公司，或是被投资企业和个人，均缺乏风险投资知识和经验，业务流程均处于不断探索、不断创新之中，这就难免会出现一些漏洞被不道德行为者利用。由于这个行业不成熟，所以政府缺乏监管经验，立法者缺乏立法经验。

### （四）多重委托代理关系本身容易滋生道德风险

在风险投资链条上，存在多重委托代理关系：风险资本所有者与风险投资企业之间的委托代理关系；风险投资企业与被投资企业之间的委托代理关系；被投资企业与中介机构之间的委托代理关系等。在委托代理关系中，一方面存在信息不对称问题，为道德风险提供了条件，另一方面存在投资资金所有权、运作权、使用权分离问题，使得责任心最强的资金所有者控制力最差，责任心最弱的资金使用者控制力最强，权责利不平衡，因而诱发道德风险。

## 九、风险投资道德风险控制对策

### （一）资金需求者的控制对策

首先，要选择成立时间3年以上、有认真经营的网站、有风险投资成功案例（别人的不算）、比较知名的风险投资公司。

其次，当风险投资公司要求资金需求者找特定的中介机构制作文书时，要高度警觉。如果要求提供正规中介机构提供的文书，或者列出 10 家以上同类中介机构建议资金需求者自己选择，则可以接受这个建议。有实力的风险投资公司，如果对资金需求者的项目感兴趣，一般会自己出资聘请中介机构的。

再次，如果风险投资公司要求资金需求者缴纳各种前期费用，也要提高警惕。有实力的正规风险投资公司是不会提这个要求的。

最后，如果资金需求者是一家由多名股东或者合伙人组建的企业，那么企业主要负责人应该建立一整套风险管理制度和严密的业务流程，防止内部员工发生不道德行为。

### （二）风险投资企业的控制对策

首先，招聘员工时要把道德修养放在第一位。这个要通过笔试面试来观察。凡是把钱看得过重的人、把自己利益看得过重的人不能录用，因为这种人一旦有机会就会做出损人利己的行为。

其次，要对资金需求者的为人进行观察。这个需要风险投资家的洞察力。要选择事业心强、创业意识强、重视信用的资金需求者。

再次，对被投资项目的可行性进行充分论证。不能依赖于中介机构，要培养自己的人才，主要靠自己的判断，第三方意见仅作为参考。

最后，要尽可能分次投资，对一次性投资要格外慎重。要根据项目进度安排投资。

除上述对策外，还要跟踪项目，做到风险可控。

### （三）风险资本所有者的控制对策

风险资本所有者的控制对策主要是选好风险投资公司。要选择那些熟悉的、了解的、为人善良的、有丰富投资经验和风险投资能力的人作为合作对象。同时要尽可能了解投资对象，了解被投资项目的动态。

### （四）政府应采取的对策

政府应采取的对策包括：把风险投资纳入金融监管范围；在广泛调研和

征求意见基础上制定、公布《风险投资条例》，对风险投资进行进一步规范。

## 第二节　私募股权投资的道德风险

### 一、私募股权投资的界定

界定私募股权投资，应该体现“私募”和“股权”两个词的含义。私募股权投资（Private Equity，PE）可以界定为：以非公开方式募集的资金投资于较成熟企业非公开发行股权的行为。这个定义包含两个“非公开”。这里需要分析 7 个问题。

一是非公开方式与公开方式的区别。我国规定的界限是“不特定的对象不超过 200 人”为非公开方式，也称私募，如果不特定的对象超过 200 人就属于公开方式，不特定对象当然是公开方式。

二是私募股权投资与风险投资有何不同。广义的私募股权投资涵盖风险投资。在欧洲，私募股权投资与风险投资没有区别。狭义的私募股权投资是向风险较低的成熟企业的投资。本章论述狭义的私募股权投资。两种投资的区别是学术上的概括，便于研究，但是实践是丰富多彩而复杂的，风险投资与私募股权投资互相交叉是客观现象，没有必要在理论上把这两种投资截然分开。实践中两种投资有交叉也不是坏事。更何况，我国风险投资其实并不是真正的风险投资，特别是很多风险投资公司专门找那些已有明确上市迹象的企业，在首次公开发行（IPO）之前突击入股，风险极小。

三是私募股权投资基金与私募投资基金的区别。根据中国证监会 2014 年 6 月 30 日发布的《私募投资基金监督管理暂行办法》的规定，“私募投资基金（以下简称私募基金），是指在中华人民共和国境内，以非公开方式向投资者募集资金设立的投资基金”，“私募基金财产的投资包括买卖股票、股权、债券、期货、期权、基金份额及投资合同约定的其他投资标的”；“非公开募集资金，以进行投资活动为目的设立的公司或者合伙企业，资产由基金管理人或者普通合伙人管理的，其登记备案、资金募集和投资运作适用本办法。”“证券公司、基金管理公司、期货公司及其子公司从事私募基金业务适用本办法，其他法律法规和中国证券监督管理委员会（以下简称中国证监会）有关规定对上述机构从事私募基金业务另有规定的，适用其规定。”“中国证券投资基金业协会（以下简称基金业协会）依照《证券投资基金法》、本办法、中国证监会其他有关规定和基金业协会自律规则，对私募基金业开展行业自律，协调行业关系，提供行业服务，促进行业发展。”“各类私募基金管理人应当根据基金业协会的规定，向基金业协会申请登记”，“各类私募基金募集完毕，私募基金管理人应当根据基金业协会的规定，办理基金备案手续”。该办法还对创业投资基金做了特别规定，称“创业投资基金，是指主要投资于未上市创业企业普通股或者依法可转换为普通股的优先股、可转换债券等权益的股权投资基金。”“基金业协会在基金管理人登记、基金备案、投资情况报告要求和会员管理等环节，对创业投资基金采取区别于其他私募基金的差异化行业自律，并提供差异化会员服务。”由此可知，私募投资基金涵盖了私募股权投资基金，私募股权投资基金是私募投资基金中的一个类别。

四是股权投资与股票投资有何不同。从广义上说，股票是股权的载体，股票投资属于股权投资，或者说股权投资涵盖了股票投资。但是从管理上说，私募股权投资是指对非公开发行的股权进行的投资，包括对未上市企业的股权投资和对已上市企业未上市的股权（限于非公开发行）的投资。未上市是投资时的状态，可能投资之后过一段时间会上市。股票投资是指对公开发行的股份的投资（含新股申购和二级市场股票交易）及对上市公司配股、增发股份的投资。在对上市公司定向增发股份的投资方面，股权投资与股票投资是重合的。总之，股权投资以对未上市、非公开发行股权投资为代表性特征，股票投资以对拟上市交易股份和已上市交易股份投资为代表性特征。以股票为投资对象的基金归类于证券投资基金，以股权为投资对象的基金归类于私募股权投资基金或者风险投资基金（或称创业投资基金）。

五是私募股权投资企业与私募股权投资管理企业有何不同。私募股权投资企业是以私募方式向具有风险识别和承受能力的特定对象募集资本成立的，对非公开发行的企业股权进行投资的企业。私募股权投资企业组织形式包括有限责任公司、股份有限公司、合伙企业。以有限责任公司、股份有限公司形式设立的股权投资企业，可以通过组建内部管理团队实行自我管理，也可采取委托管理方式将资产委托其他股权投资企业或股权投资管理企业管理。私募股权投资管理企业是接受他人委托对私募股权投资资金进行投资运作和管理的企业。私募股权投资管理企业按照委托管理协议，履行下列职责：①制定和实施投资方案，并对所投资企业进行投资后管理；②积极参与制定所投资企业发展战略，为所投资企业提供增值服务；③定期或者不定期向股权投资企业披露投资运作等方面的信息，定期编制会计报表，经外部审计机构审核后，向股权投资企业报告；④委托管理协议约定的其他职责。

六是私募股权投资基金与私募股权投资基金管理企业有何不同。私募股权投资基金是针对投资所用的“资金”而言的。私募股权投资基金一般有6种模式。一是公司制模式。基金来自公司股东出资，基金就是公司资本，股东就是基金持有人，也是最终投资决策者。二是信托制模式。基金来自信托公司发行信托计划筹集的资金。三是有限合伙制模式。有限合伙制是指由普通合伙人（GP）和有限合伙人（LP）组成一家合伙企业的制度。普通合伙人对合伙企业债务承担无限连带责任，而有限合伙人不执行合伙事务，也不对外代表有限合伙企业，只以其认缴的出资额为限对合伙企业债务承担责任，合伙人在2个以上50个以下。有限合伙制基金，不委托管理公司进行管理，直接由普通合伙人进行管理和运作。在有限合伙制基金中，有限合伙人出资占得比例最大。四是“公司+有限合伙”模式。管理团队成立投资管理公司，作为普通合伙人，与有限合伙人共同出资设立有限合伙制基金，由投资管理公司负责基金的管理运营。此种模式比较普遍。五是“公司+信托”模式。由信托公司发行信托计划设立基金，投资于未上市企业股权、上市公司限售流通股或中国银监会批准可以投资的其他股权，委托投资管理类公司担任投资顾问，但是由信托公司进行投资决策。六是母基金（Fund of Funds，FOF）模式。又称“基金的基金”，是以其他私募股权投资基金作为投资对象的私募股权投资基金。私募股权投资基金管理企业是针对“主体”而言的，是专门从事私募股权投资基金管理的机构。同一家私募股权投资基金管理企业可以管理多只私募股权投资基金。私募股权投资基金管理企业可以受委托管理他人的私募股权投资基金，也可以作为普通合伙人与其他人（有限合伙人）共同设立私募股权投资基金，负责该基金的投资运作。

七是私募股权投资对象是否只有股权一种。应该说以股权投资为代表性特征，但是实践中要灵活得多。比如说投资于目标企业的可转换公司债券。可转换公司债券可以在规定期限内转为股份，没有转股之前是债券。可转换公司债券处在股权与纯债券之间，受偿权排序位于股份之前、纯债券之后，所以可转换公司债券投资被称为“夹层投资”。

## 二、私募股权投资的发展现状

1976 年，华尔街著名投资银行贝尔斯登的三名投资银行家合伙成立了一家专门从事并购业务、名称为“科尔伯格 - 克拉维斯”（（Kohlberg Kravis Roberts & Co. L. P.，KKR）的私募股权投资公司，其总部设在纽约，并在旧金山、伦敦、巴黎、中国香港、东京、北京等地设有多个办事处。全球已有数万家私募股权投资公司，比较著名的有黑石、KKR、凯雷、贝恩、阿波罗、德州太平洋、高盛、美林等机构。

中国的私募股权投资是在风险投资发展中产生和发展起来的。发生在中国的较早的私募股权投资案例为，2004 年 6 月美国的新桥资本投资 12.53 亿元从深圳市政府手里购得深圳发展银行 17.89% 的控股股权。2005 年股权分置改革使得上市公司非流通股能够转为流通股，加上上市公司可以定向增发股份，以及创业板的开张，刺激了私募股权投资的发展。2006 年，私募股权投资为 73 亿美元，2009 年为 86 亿美元。2011 年，中国私募股权投资总额为 1866 亿元人民币，2012 年下降为 1237 亿元人民币。

2010 年 10 月，中国股权投资基金协会，简称“中国 PE 协会”（China Association of Private Equity，CAPE）成立，这是由股权投资行业人士自愿联合发起成立的非盈利性行业协会。

2011 年，国家发改委以发改办财金〔2011〕253 号文发布了《国家发展改革委办公厅关于进一步规范试点地区股权投资企业发展和备案管理工作的通知》，对股权投资企业进行了进一步的规范。

据清科统计，截至 2014 年第三季度，国内活跃 PE/VC 机构约 9000 家，管理资本量超 4 万亿元人民币。

2014 年 12 月 6 日，在第六届全球 PE 北京论坛上，中国股权投资基金协会副会长何小锋主持发布了 2014 全球和中国 PE 行业评选结果：华平投资集团（Warburg Pincus）、凯雷投资集团（The Carlyle Group）、美国德克萨斯州太平洋投资集团（TPG）、KKR、黑石集团（The Blackstone Group）、英联投资（Actis）、高盛集团、淡马锡、CVC 集团、方源资本荣获 2014 全球 PE 十强；鼎晖投资、复星资本、华平投资集团、厚朴投资、弘毅投资、凯雷投资集团、KKR、新天域资本、中信资本、中信产业基金荣获 2014 年中国 PE 十强。

2015 年 2 月 5 日，普华永道发布《中国私募股权/风险投资基金 2014 年回顾与 2015 年展望》，称 2014 年中国私募股权投资总额 730 亿美元，较 2013 年增长 103%，而同期全球交易总额仅增长 10%。

## 三、私募股权投资道德风险的界定

私募股权投资道德风险是指私募股权投资业务中某一主体的不道德行为给其他主体带来损失的可能性。遭受损失的主体可能是私募投资的当事人，也可能是与私募投资没有直接关系但是有间接关系的主体，比如股票市场投资人。

需要说明的是，私募股权投资中有的行为合法但不合理，从现行制度和法律看，不违规、不违法，但是不公平。这种不公平往往是源于某种制度不公平。下面用一个模拟案例来说明。

**[模拟案例] 上市公司 HS 控股股份有限公司对 YX 投资合伙企业定向增发股份**

2015 年 1 月 22 日，中国证监会核准上市公司 HS 控股股份有限公司对 YX 投资合伙企业（有限合伙）以非公开方式发行 A 股股票 28667.1 万股，发行价格为 22.80 元/股，募集资金总额为 653609.88 万元。YX 投资合伙企业成立于 2014 年 4 月 2 日，是石某和 YH 投资公司为此次投资而设立。石某、YH 投资公司为普通合伙人，占股分别为 0.9943%、0.0002%，黄某为有限合伙人，占股 99.0055%。其中，YH 投资公司的实际控制人是著名企业 A 公司的董事局主席孟某。孟某和黄某在 YH 投资公司的持股比例分别为 99% 和 1%。据此计算，在 653609.88 万元的定向增发股票价款中，石某的出资额仅为 6500 万元，孟某的个人出资额不足 1.3 万元，其余款由黄某出资，黄某按照期限 10 年、复合年利率 8% 的代价从 TM 公司借款。石某和 YH 投资公司是普通合伙人，而 YH 投资公司的控股股东是孟某，所以石某和孟某最终掌握着 YX 投资合伙企业的经营控制权。为了抬升二级市场 HS 股价，孟某的 A 公司与上市公司 HS 的控股股东签订了战略合作协议。2015 年 1 月 22 日，HS 股票收盘价格为 27.17 元，2015 年 2 月 17 日，该股收盘价格为 38.69 元。

在以上模拟案例中，私募股权投资人 YX 投资合伙企业必获暴利。这种暴利，股市中的中小投资者是没有机会得到的，他们只不过是为他人提供财源而已。这种机会不公平源于股票发行的双轨制：公开发行与定向发行并存于同一股市，而两种发行却共用一个二级市场交易系统，因而出现了有人有机会以较低价格购入股票，有人却没有机会，只能在二级市场高价接盘，成全低价购股者的发财梦。公平的制度应该是取消上市公司定向增发制度，全部实行公开发行，所有投资者机会均等。

## 四、私募股权投资道德风险的来源

### （一）来自私募股权投资基金管理人的道德风险

私募股权投资基金管理人的不道德行为一般有：挪用所管理的基金为管理企业自身或某一个人或第三方谋取私利；不公平对待所管理的多家私募股权投资资产，在不同的私募股权投资资产之间进行利益输送；不尽职尽责，私募股权投资带有盲目性。这些不道德行为会给私募股权投资人带来损失。另外就是私募股权投资管理企业的某员工贪污私募股权投资资金或者受贿后为他人谋取利益。

### （二）来自被投资企业的道德风险

被投资企业的不道德行为主要有：被投资企业隐瞒真实信息，夸大经营业绩和发展前景，或者谎称本企业未来进入国外证券交易所上市已成定局，骗取私募股权投资资金；肆意挥霍私募股权投资资金；不认真经营本企业，以致经营亏损，实现不了投资时的承诺，使私募股权投资资金无法退出；挪用私募股权投资资金（如用于为个人放高利贷或用于个人的投资项目），等等。

另外，还可能会出现有些人打着私募股权投资的旗号进行非法集资，设计庞氏骗局，给投资人带来损失。

## 五、私募股权投资道德风险存在的原因

风险投资道德风险的 4 个原因也是私募股权投资道德风险存在的原因，此外，还有 3 个原因在私募股权投资中比较突出。

第一，私募的自由度比较高。政府对公募的管理比较严格，而对私募，市场化程度较高，私募业务的自由度比较高，基本依赖于当事人的自律，这

就要求当事人的素质达到一定的程度，否则，极易发生道德风险。

第二，私募的隐蔽性比较强。有阳光私募，但也有透明度很低的私募。对于私募，没有严格的信息透明制度。私募的投资对象，一般是非上市企业，而非上市企业的信息披露不多，所以容易发生道德风险。

第三，私募股权投资资金管理体制为道德风险提供了便利条件。同一家企业可同时管理多家私募股权投资资金，而同一家管理企业管理者可以同时注册多家企业，这就为管理者挪用私募股权投资资金提供了便利条件。

## 六、私募股权投资道德风险的控制

### （一）政府应采取的措施

政府应该进一步明确私募股权投资的管理体制。从私募股权投资的性质看，将其列入金融范围是正确的，因而将其活动列入金融监管范围也是正确的。应该将股权投资纳入中国证监会的监管范围。中国证监会应该由事业单位改为行政单位，名正言顺地担负起政府管理的职责。要进一步界定政府监管与市场自律的边界，该放开的放开，该管的管好。例如，私募股权投资基金实行备案制比审批制要好，既不失监管又尊重经济主体自主权。对欺诈等不道德的行为要干预，对不损害他人利益的行为不干预。私募股权投资企业的注册应该自由，对注册资本应该放宽管理，不要设置最低金额界限，但是对于私募股权投资行为要规范。

### （二）立法部门应采取的措施

立法部门应该加强对私募股权投资业务的研究力度，借鉴国外经验，结合我国国情，在广泛地、反复地征求意见的基础上，制定和出台《私募股权投资条例》，也可以制定《风险投资与私募股权投资条例》，或者制定《中华人民共和国投资基金法》代替《中华人民共和国证券投资基金法》，将风险投资基金、私募股权投资基金及其他形式的投资基金全部纳入该法进行规范。

### （三）投资人应采取的措施

私募股权投资人是针对出资人而言。私募股权投资人要对自己的资金负责，不能轻易出手。不能被发起人的宣传所迷惑。要了解资金的投向、投资运作过程，要对投资风险大小进行认真分析。要了解管理人的诚信状况、管理水平、管理业绩、经营历史。

（四）管理企业应采取的措施

私募股权投资管理企业应该重视社会声誉，不要图眼前利益，要将短期利益与长期利益结合起来，同时兼顾。私募股权投资管理企业应该对被投资企业进行尽职调查，掌握其管理人员构成与水平及为人、价值观，了解被投资企业的内部管理制度及其科学性，了解被投资企业的发展规划及其可行性，明确投资资金退出渠道及其可实现性。

（五）被投资企业应采取的措施

被投资企业应该建立严密的内部管理制度并严格实施，从制度上堵塞发生不道德行为的漏洞，特别是投资项目可行性研究制度、投资项目决策制度、投资资金使用审批制度、投资资金跟踪问效制度。

# 第十二章　实业投资道德风险

［**开章语**］实业投资是指投资主体直接将资金投入实体经济中的投资。按照投资后形成资产形态的不同，实业投资分为固定资产投资、流动资产投资和无形资产投资。按照投资后资产的性质，实业投资分为营利性投资和非营利性投资。按照投资主体的属性，实业投资分为政府投资、企业投资和个人投资。按照投资主体的所有制身份，实业投资分为国有投资、民间投资、港澳台商投资、外商投资。按照投资地域分，实业投资分为国内投资与对外投资。本章分国内投资与对外投资来论述。实业投资中的道德风险则是指在实业投资活动中因行为主体违背道德准则而给投资者及受影响的其他人造成经济损失的可能性。

## 第一节　国内实业投资的道德风险

### 一、国内实业投资道德风险的含义

国内实业投资中的道德风险是指所有投资者在中国境内进行实业投资活动时因某行为主体违背道德准则而给其他主体或自己造成经济损失的可能性。

国内实业投资中的道德准则存在于国家法律法规、行政规章、行业规则、投资主体内部制度和社会公众的观念中。体现实业投资道德准则的国家法律法规主要有《中华人民共和国公司法》《中华人民共和国刑法》《中华人民共和国环境保护法》《中华人民共和国建筑法》《中华人民共和国石油天然气管道保护法》《中华人民共和国安全生产法》《中华人民共和国招标投标法》《城镇排水与污水处理条例》等。体现国内实业投资道德准则的行政规章较多体现在政府职能部门的行政规章中。各投资主体内部制定的规章制度所体现的投资道德准则更为具体。社会公众观念比较复杂，其中被多数人认同的主流的投资道德准则构成了国内实业投资道德准则的重要构成部分。例如，投资项目不能污染环境，投资工程质量要合格，不能偷工减料，招标要公平透明，不能贪污投资资金等均可作为国内实业投资道德准则。

按照投资阶段分，国内实业投资道德准则可以分为投资决策阶段的道德准则，投资实施过程的道德准则，投资收尾、结算、决算、验收、总结阶段的道德准则。按照行为主体分，国内实业投资道德准则可以分为出资者道德准则、所有者道德准则、投资实施者（包括经营管理者、投资操作者、固定资产投资中的工程施工者等）道德准则、投资管理者（包括投资审批者、投资监管者、工程质量监管者等）道德准则、其他利益相关者（例如建筑材料供应者、工程设计者、中介机构等）道德准则。违背了这些道德准则而给国内实业投资者或他人造成损失的可能性，就是国内实业投资道德风险。

## 二、国内实业投资道德风险的来源

### （一）来自政府工作人员的道德风险

在国内实业投资中，政府工作人员的不道德行为主要有：对于政府投资项目，决策者对投资项目不经过严密认真的论证，过度自信，轻率决定立项，成了所谓的“拍脑袋定项目”；对于由政府批准或者核准的事项，负责审批或核准的工作人员因受贿而把不应批准或核准的项目予以批准或核准，或应该批准或核准的，政府工作人员索贿，否则故意拖延不办，造成项目单位丧失最佳机会；在企业注册环节，政府办事人员态度恶劣，拖延不办，或者索贿；下级地方政府为了争取上级政府支持而夸大项目价值，为了“钓鱼”而故意少报预算，待项目批准立项后再不断要求追加预算；政府工作人员受贿后插手政府投资项目，使得素质差的单位或亲属朋友承揽政府投资项目的设计、施工、设备和材料供应等业务，给政府造成经济损失；政府工作人员通过各种途径从投资资金中报销个人支出，给国家财产造成损失；在招商引资环节，向出资人索贿，或者要求出资人给自己亲属朋友安排工作，或者要求出资人把工程施工、物资供应等业务交给自己的亲属好友，或者要求出资人给自己报销费用；工程质量监督部门工作人员玩忽职守，或者收受贿赂，没有尽到监督之责。

### （二）来自企业投资决策者和投资管理者的道德风险

由企业自主决策的投资项目，企业投资决策者盲目决策，对投资项目不进行认真论证，以致投资项目建成投产后效益不佳，产品不受市场欢迎；或者决策者只顾自己私利，置环境污染于不顾。

投资管理者包括负责设计招标或直接委托设计、施工招标或直接发包、设备采购招标或直接采购、建筑材料采购招标或直接采购、工程质量现场监督和验收、投资资金管理等人员。不道德行为包括：负责招标的人员收受贿赂，对行贿单位透露标底或者提供拟聘专家名单，或在评标过程中直接对评标专家施加影响，使得不应该中标的单位中标，导致设计质量低，或采购的物资质次价高，施工水平差，投资项目工程质量低劣；发包决策者收受贿赂，选择的承包单位水平低，导致设计质量或物资质量或工程质量差，浪费投资资金；工程质量监督与验收人员收受贿赂，放松监督，胡乱验收，或者虽然没有收受贿赂，但是怕得罪人，对质量低劣问题假装不知；投资资金管理人员贪污或挪用投资资金，或大手大脚，造成资金浪费。

### （三）来自专业招标组织机构人员的道德风险

在委托专业的招标组织机构进行设计招标、设备招标、建筑材料招标、施工招标中，招标组织机构人员接受贿赂，或者不尽职尽责，使得不应该中标的投标者中标，给委托单位造成损失。

### （四）来自工程设计方、工程承包方、物资供应方、工程监理方、工程概预算编审方的道德风险

工程设计方的不道德行为是设计水平低，但是靠不正当手段承揽设计业务，将设计业务转包他人，或者自己来设计，设计质量低劣，造成后患。例如，门应该向外开，却设计成向内开，不符合防火要求，不设计防火通道等。

工程承包方的不道德行为包括私自转包；施工时偷工减料、以次充好、私改设计、不按照规范要求施工。

物资供应方的不道德行为包括预收款后不发货；所供应物资质量低劣，以次充好；变相涨价；向物资采购方某人员行贿，互相勾结，损害采购单位利益等。

工程监理方是指专门的工程监理机构或社会的职业监理人。工程监理方的不道德行为包括收受贿赂，玩忽职守，不尽职尽责，导致工程质量低劣。

工程概预算编审方的不道德行为包括故意多算或者重复计算工程量，抬高工程造价。

## 三、国内实业投资道德风险形成的原因

### （一）制度要求高

实业投资具有涉及面广泛、业务环节多、参与人员众、行为复杂多样、投资期限长的特点，因而制度漏洞就偏多一些，道德风险发生的概率也相对较高，只要有一处疏于防范，就容易出问题，此时无问题，彼时也可能出问题，因此更需要有严密而全面的制度设计。

实业投资是人的一种牟利行为，而人的利益追求是没有止境的，人的欲望一般是无限的，因此，在没有制度约束的条件下，行为主体有可能为了达到自己的目的而不惜违背道德准则，因而形成道德风险。当有制度，但是制度有缺陷时，有缺陷的部分与没有制度相比，其效果是一样的。现实情况是有制度但不完善。例如，长期以来，投资决策个人责任追究制度和责任终身追究制度是不完善的。再如污染环境这个问题，很少追究个人责任。另外，舆论监督制度、举报受理制度也有待完善，需要加强对记者和举报人合法权益的保障力度。

### （二）利益诱惑大

实业投资以固定资产投资为主，而固定资产投资具有金额大的特点，少则数万元，多则数千亿元，用不道德者的话说就是“油水大”，因此，会诱使那些道德素质差者铤而走险，谋取不当利益。党的十八大以来，中央纪委把基建工程作为反腐败的重点，是有客观依据的。基建工程建设属于实业投资的范围。改革开放以前，基建领域就流行一句话：“基本建设浪费是最大浪费”。借用此话，可以说“基本建设中的腐败，可能是金额最大腐败”，行贿受贿金额可能按照亿元来计算。

### （三）信息隐蔽性强

在实业投资活动中，不道德行为的隐蔽性比较强。例如，劣质建筑材料

被漂亮的建筑外表所包裹，“华丽其表，败絮其中”，但是工程倒塌的隐患就此埋下。再例如，通过贪污、贿赂损失的投资资金，有可能以某种支出的名义报账，或者通过加价计入采购成本。改革初期，农村进城的建筑队打败了国有建筑公司，占据了城市建筑市场，就是因为农村建筑队财务不规范，没有透明性，所以可以用“手榴弹”（酒瓶）“手枪”（香烟）甚至直接把现金装入香烟盒，贿赂工程发包方，把工程施工任务拿下，而国有企业财务规范，高度透明，要接受审计，行贿困难，所以在私人建筑队面前接连吃败仗。国有企业亏损并非全是经营不善，而是在社会风气不良的大背景下，被不守规矩但信息隐蔽的私人企业挤垮的。

## 四、国内实业投资道德风险的控制

### （一）完善制度

无论是政府投资主管部门，还是投资企业自己，均应该完善各投资环节的制度，堵塞漏洞，做到不敢腐、不能腐、不想腐。制度的内容包括：明确投资管理各环节参与人的具体职责；实行全面的投资档案管理制度，详细记录投资各环节的工作状态、衔接程序、操作者名单等；制定具体可行的激励约束制度，做到老实人不吃亏，占便宜者吃大亏。

### （二）完善法律法规引导与威慑机制

可以整合实业投资法律法规，把现有的规范实业投资的法律法规编撰为一部《实业投资法律法规手册》。在装订之前，由国家立法部门对实业投资法律法规进行梳理，发现缺失和漏洞，进行弥补工作。也可以统一制定《实业投资法》或称《直接投资法》，将其他法律中有关实业投资的内容全部综合到该法中，再加以补充完善。在执法过程中，要明确执法机构职责，保证法律法规的落实。

### （三）完善投资信息畅通机制

信息透明、全面、真实、及时是减少实业投资道德风险的有效办法。例如，曾经有一段时间，社会上流传“烤鸭获利丰厚”，到处可见新的烤鸭店开张，但是不久大多数烤鸭店关门。原来，这是烤鸭设备商家设的圈套，雇人到处宣传某某烤鸭设备如何先进，烤鸭产品畅销，目的是出售烤鸭设备，但是结果积压的设备全卖出去了，烤鸭滞销，新办烤鸭店亏损倒闭。如果投资者能够重视市场调研分析，掌握烤鸭店热的原因，就不至于盲目投资了。再例如，对于投资项目，如果管理者掌握从项目决策到项目完工的全部信息并建立永久性档案，道德风险就会减少许多。

### （四）建立投资中的政府职能保证机制

政府的重要职能之一是发挥正面的示范效应，抑制负面的示范效应。为此，政府要明确有关机构在企业投资活动中的具体职能。例如，在实业投资项目的环境污染问题上，要对保护环境的业主进行褒奖，对污染环境的业主进行惩罚，这就需要明确由哪一家政府机构担任首席主管，如何进行管理，主管人员和主管机构应该承担何种责任，应该由谁来追究渎职责任等，还要淡化地方政府的 GDP 观念。再如，对于假冒伪劣建筑材料，政府有责任及时发现、及时处理，使生产、销售、购买、使用假冒伪劣建筑材料的经济主体受到严厉惩罚。还有工程质量验收，一般由政府主管部门负责组织，如果工程质量验收结论与事实不相符合，则验收者要承担相应的责任。有的私营企业主利用居民楼地下室办企业，不顾居民安危，肆意深挖和向周边扩张地下室，却没有人管，说明政府职能有缺失。

### （五）建立投资主体内心的自我约束机制

要强化投资活动相关主体的的道德意识，增强各主体道德自律的自觉性。道德自律是依靠自我控制和约束来维持和实现的。自觉约束机制的形成需要外在的压力、教育和引导，其途径主要是媒体的宣传和政府对模范人物的褒奖，促使经济主体选择符合道德准则的价值取向。

### （六）完善社会公众对投资活动的监督机制

由于在实业投资活动中违背道德准则的行为有多种多样，因此，应采取多种方式对业主的投资行为进行监督管理。例如，坚持党内监督、舆论监督、群众监督、法律监督、民主监督等多种方式相结合，形成立体化的监督网络体系。要将直接监督与间接监督、公开监督与秘密监督、重点监督与一般监督、专门监督与社会监督等结合起来。要为社会公众举报实业投资中不道德行为提供便利条件，奖励其提供线索，及时受理和处理举报案件。

## 第二节　对外实业投资道德风险

### 一、对外实业投资的界定

对外实业投资又称为对外直接投资（Foreign Direct Investment，FDI），是指投资者在境外直接建立企业或者不通过股票市场就可完成购并、入股，投资后能够参与企业生产经营活动，拥有企业实际管理权、控制权的投资方式。根据控制方式划分，对外直接投资可以分为股权联系类、非股权联系类和混合类。在股权联系类对外直接投资中，独资经营与合资经营是主要方式。在非股权联系中，许可证交易、特许专营和限制性中长期贷款是主要方式，合作经营和战略联盟则是混合类的主要方式。这里只研究股权联系类的对外直接投资。

实践中，一般把对外实业投资分为绿地投资和并购两大类。绿地投资（Green field Investment）又称创建投资或新建投资，是指我国投资主体在被投资国境内新建企业的投资方式。并购是指我国投资主体在被投资国兼并收购现有企业的投资方式。

对外直接投资与对外间接投资的界限在某些方面比较清晰，例如我国企业在俄罗斯新建工厂，明显属于对外直接投资，而不属于对外间接投资。但是如果中国企业购买俄罗斯企业的股票，并且达到了控股程度，这是属于对外直接投资还是属于对外间接投资，难以分清。国际上通常有两种划分方法，一种是根据是否满足“有效控制”条件，满足者为直接投资，不满足者为间接投资。例如，美国商务部1956年规定：对某外国公司投资后，若导致该公司股权的50%由一群相互无关的美国人掌握，或25%由一个有组织的美国人集团拥有，或10%由一个美国人（法人）拥有，则对该公司的投资即可视为美国的对外直接投资，若达不到以上条件，就视为对外间接投资。另一种方法是根据投资后是否具有长久利益来划分两类投资。例如，国际货币基金组织（International Monetary Fund，IMF）1985年规定：“为在一个国外企业获得持久利益而进行的投资，其目的是为了在该国外企业的管理中拥有实际发言权”，属于对外直接投资。经济合作与发展组织（Organisation for Economic

Co－operation and Development，OECD）则于1996年把对外直接投资定义为“一个国家的居民（直接投资者）在其所在国之外的另一个国家的居民（直接投资企业）进行的以获得持久利益为目的的活动。持久利益的含义是直接投资者和企业之间存在一种长期的关系，直接投资者对企业有重大的影响。”2014年9月6日，我国商务部发布的《境外投资管理办法》所说的境外投资其实就是对外实业投资，商务部对境外投资的界定是：“境外投资，是指在中华人民共和国境内依法设立的企业（以下简称企业）通过新设、并购及其他方式在境外拥有非金融企业或取得既有非金融企业所有权、控制权、经营管理权及其他权益的行为。”

## 二、我国对外实业投资的现状

根据商务部《中国对外投资合作发展报告（2014）》披露，截至2013年年末，我国大陆（以下简称我国）1.53万家投资者在境外设立企业2.54万家，分布在184个国家和地区，年末境外企业资产总额近3万亿美元。2013年年末我国对外直接投资存量6604.8亿美元（全球列入对外直接投资口径即从一国流出到该国境外的直接投资合计26.31万亿美元，我国占2.5%），排全球第十一位，美国63495亿美元排第一位，第二位英国18848亿美元，第三位德国17103亿美元，第四位法国16371亿美元，第五位中国香港13524亿美元，第六位瑞士12594亿美元，第七位荷兰10719亿美元，第八位比利时10090亿美元，第九位日本9924亿美元，第十位加拿大7324亿美元，第十二位西班牙6432亿美元，第十三位意大利5984亿美元，第十四位爱尔兰5029亿美元，第十五位俄罗斯5012亿美元，第十六位新加坡4979亿美元，第十七位澳大利亚4718亿美元，第十八位瑞典4360亿美元，第十九位巴西2939亿美元，第二十位丹麦2561亿美元。

2013年当年，我国对外直接投资（流出量）1078.4亿美元，排全世界第三位；美国3383亿美元，排第一位；日本1357亿美元，排第二位；俄罗斯949亿美元，排第四位；中国香港915亿美元，排第五位；瑞士600亿美元，排第六位；德国575亿美元，排第七位；加拿大426亿美元，排第八位；荷兰374亿美元，排第九位；意大利317亿美元，排第十位；韩国292亿美元，排第十一位；新加坡270亿美元，排十二位；西班牙260亿美元，排第十三位；爱尔兰229亿美元，排第十四位；卢森堡216亿美元，排第十五位；英国194亿美元，排第十六位；挪威179亿美元，排第十七位；中国台湾143亿美元，排第十八位；奥地利139亿美元，排第十九位。

在我国对外直接投资的1078.4亿美元中，非金融类为927.4亿美元，金融类为151亿美元，金融类中银行业为74.8亿美元。

从我国对外直接投资去向看，2013年我国对外直接投资流向发展中经济体的为917.3亿美元，占当年我国对外直接投资额的85.1%，而同期全球对外直接投资流向发展中经济体的有7780亿美元，占当年全球对外直接投资的53.6%；我国对外直接投资流向发达经济体的为138.3亿美元，占当年我国对外直接投资额的12.8%，而同期全球对外直接投资流向发达经济体的有5660亿美元，占当年全球对外直接投资的39%；我国对外直接投资流向转轨经济体的为22.8亿美元，占当年我国对外直接投资额的2.1%，而同期全球对外直接投资流向转轨经济体的有1080亿美元，占当年全球对外直接投资的7.4%。

如果按照具体的国家和地区来考察，我国对外直接投资流向中国香港的有628.24亿美元，占我国对外直接投资的58.3%，位列后边的依次是：流向美国38.73亿美元，流向澳大利亚34.58亿美元，流向新加坡20.33亿美元，流向印度尼西亚15.63亿美元，流向英国14.2亿美元，流向卢森堡12.75亿美元，流向俄罗斯联邦10.22亿美元，流向加拿大10.09亿美元，流向德国9.11亿美元，流向哈萨克斯坦8.11亿美元，流向老挝7.81亿美元，流向泰国7.55亿美元，流向伊朗7.45亿美元，流向马来西亚6.16亿美元，流向津巴布韦5.18亿美元，流向柬埔寨4.99亿美元，流向越南4.81亿美元，流向厄瓜多尔4.71亿美元，流向委内瑞拉4.26亿美元。

按照投资行业考察，2013年我国对外直接投资流量主要集中在商务服务业、采矿业、金融业、批发和零售业，共占我国当年对外直接投资1078.4亿美元的75.7%。其中，商务服务业270.6亿美元，占25.1%；采矿业248.1亿美元，占23%；金融业151亿美元，占14%；批发和零售业146.5亿美元，占13.6%；制造业72亿美元，占6.7%；建筑业44亿美元，占4.1%；房地产业40亿美元，占3.75%。从2013年年末的存量来看，也比较集中：商务服务业1957亿美元，金融业1170亿美元，采矿业1062亿美元，批发和零售业877亿美元，制造业420亿美元。

在我国对外直接投资存量6604.8亿美元中，股本投资2059.9亿美元，占

31.2%；利润再投资2633.5亿美元，占39.9%；其他投资1911.4亿美元，占28.9%。

对外直接投资有绿地方式与并购方式。2013年我国对外并购投资中，第一产业（以农业和采矿业为主）348.2亿美元，占我国对外并购投资的66%（全球19.5%）；制造业73.2亿美元，占14%（全球36.1%）；服务业107.6亿美元，占20%（全球44.4%）。

从投资者成分看，2013年年末，在非金融类对外直接投资5434亿美元存量中，国有企业占55.2%，非国有企业占44.8%。在非国有企业中，有限责任公司30.8%，股份有限公司7.5%，股份合作企业2%，私营企业2.2%，外商投资企业1.2%，港澳台投资企业0.4%，集体企业0.1%，其他0.6%。

2014年，全球最大100位非金融类跨国公司境外资产合计8.1万亿美元，平均值为810亿美元，其中有我国内地企业3家公司入选：中信集团境外资产786.02亿美元，排第三十六位；中国远洋运输（集团）总公司境外资产434.52亿美元，排第七十三位；中国海洋石油总公司境外资产342.76亿美元，排第九十八位。

2014年全球发展中和转轨国家排名前100位的非金融类跨国公司境外资产合计1.5万亿美元，我国内地企业入选12家，除了中信集团排第二位、中国远洋运输（集团）总公司排第六位、中国海洋石油总公司排第七位以外，还有中国石油天然气集团公司以192.84亿美元排第二十四位，中国石化集团公司以147.04亿美元排第三十五位，联想集团有限公司以119.62亿美元排第四十四位，中国移动有限公司以83.49亿美元排第六十一位，中国电子信息产业集团公司以77.84亿美元排第六十八位，中粮集团有限公司以59.52亿美元排第七十七位，中国石油化工集团公司以50.3亿美元排第八十五位，中国五矿集团公司以48.85亿美元排第八十九位，中国铁道建筑总公司以37.61亿美元排第一百位。

从发展速度看，自2002年我国建立对外直接投资统计制度以来，从2002—2013年，我国对外直接投资年均增长39.8%。2000—2013年各年投资额为：2000年6.2亿美元，2001年7.8亿美元，2002年27亿美元，2003年28.5亿美元，2004年55亿美元，2005年122.6亿美元，2006年176.3亿美元，2007年265.1亿美元，2008年559.1亿美元，2009年565.3亿美元，2010年688.1亿美元，2011年746.5亿美元，2012年878亿美元，2013年

1078.4 亿美元。

## 三、我国对外实业投资的道德风险来源

### （一）来自被投资国政府的道德风险

来自被投资国政府的道德风险主要包括：被投资国政府与投资国政府之间出现政治分歧后，被投资国政府出于报复目的，对投资国企业进行刁难；被投资国政府政策有变，公然违约，宣布停止投资国正在建设的项目，甚至将投资国企业收归国有；被投资国政府促使当地货币对外大幅贬值，阻碍投资者把资金调回国内。

**［风险案例 12－1］被投资国政府宣布停建国际投资项目**

2011 年 9 月 30 日，某国联邦议会宣布本国总统在其任期内搁置中国与该国电站合作项目。根据两国签订的合同，该电站由中国 D 集团以 BOT 方式投资兴建，2009 年开工，建成后，由中方经营 50 年，收回投资后则将工程和全部资产无偿转交给被投资国企业继续经营。

### （二）来自被投资国合作企业及其他利益相关企业的道德风险

来自被投资国合作企业的道德风险主要是被投资国企业隐瞒真实信息，误导中方投资企业与其签约，之后单方撕毁合同，独吞中方投资成果。

**［风险案例 12－2］被投资国企业违约**

2007 年 3 月，我国 XY 集团与 C 国 LF 企业合资设立了 XL 合营企业，双方约定：企业注册资本为 128 万美元，新建矿业项目投资总额为 3805 万美元，其中中方以设备、技术出资 2854 万美元，占投资总额 75%；C 方以土地、矿权出资 951 万美元，占投资总额 25%；经营期限为 50 年。签约时，C 国 LF 企业隐瞒了 C 国政府对资源类合营企业的真实政策，例如政策规定 C 方企业在合作企业中所占股份不得低于 30%，但是 LF 企业为了使中方企业积极投资，与中方签订的合同中约定 C 方股份为 25%，中方为 75%。2011 年 4 月 25 日，年产 50 万吨铁精粉选矿厂开始投入生产，中方派了 150 名技术工人去 C 国。3 个月后，在中方培训下，C 方 300 名员工掌握了铁精粉生产技术。

2011 年 9 月 6 日，C 方突然单方面撕毁合同，导致中方投资损失。

被投资国其他利益相关企业的不道德行为主要是与投资企业有竞争关系的企业迫使被投资国政府驱逐投资国企业。

（三）来自第三国政府和企业的道德风险

我国对某些资源丰富小国的投资，有时会在第三国（大国）的干预下“打水漂”。第三国破坏我国对外投资的主要手段有两种：第一种是策动被投资国发生政变，推翻现政权，新政权禁止我国在其境内投资，造成我国已在该国的投资有去无回。第二种是直接发动对被投资国的战争，使我国的投资在战争硝烟中化为乌有。

第三国企业的不道德行为主要是迫使其国家的政府采取对投资国企业不利的措施。

（四）来自当地反政府力量的道德风险

当地反政府力量有时采取武力手段与现政府进行军事较量，有时采取在政府门前游行示威的方式逼迫政府现领导人退位或改变政策。无论采取何种方式均使我国对该国投资的项目无法续建，建成的项目无法正常运转。更有甚者，反政府力量会直接冻结我国在该国投资形成的资产，阻挠已经投产的项目的正常运转，甚至抓捕我国在投资企业工作的员工。

（五）来自当地部分民众的道德风险

来自被投资国一些居民的道德风险主要有：被投资国一些居民冲进我国在该国投资兴办的企业，打砸设备和物品，殴打企业员工，导致我方财产损失和人员伤亡；当地一些居民放火烧毁我方店铺，毁掉我方建筑工程等。

（六）来自投资国政府工作人员的道德风险

国家发展改革委 2014 年 4 月 8 日发布了《境外投资项目核准和备案管理办法》。按照该办法规定，中方投资额 10 亿美元及以上的境外投资项目，由国家发展改革委核准。涉及敏感国家和地区（包括未建交和受国际制裁的国家，发生战争、内乱等国家和地区）、敏感行业（包括基础电信运营，跨境水资源开发利用，大规模土地开发，输电干线、电网，新闻传媒等行业）的境外投资项目，由国家发展改革委核准，其中，中方投资额20亿美元及以上的由国家发展改革委提出审核意见报国务院核准；其他境外投资项目实行备案管理，其中，中央管理企业实施的境外投资项目、地方企业实施的中方投资额3亿美元及以上境外投资项目，由国家发展改革委备案，地方企业实施的中方投资额3亿美元以下境外投资项目，由各省、自治区、直辖市及计划单列市和新疆生产建设兵团等省级政府投资主管部门备案。该办法还规定，国家发展改革委工作人员有下列行为之一的，责令其限期整改，并依据《行政机关公务员处分条例》等有关规定追究有关责任人的行政责任，构成犯罪的，由司法机关依法追究刑事责任：①滥用职权、玩忽职守、徇私舞弊、索贿受贿的；②违反本办法规定的程序和条件办理项目核准、备案的；③其他违反本办法规定的行为。这里列出的3种行为均属于不道德行为。投资国政府工作人员的不道德行为，可能会给我国造成名誉损失和经济损失，也可能会对投资者本身以及被投资国造成损失。

### （七）来自投资者自身的道德风险

我方投资者自身的不道德行为主要是投资者不顾投资项目对当地环境带来的严重污染，包括空气污染、水源污染、噪声污染、垃圾污染等，引起当地居民不满，最终引发冲突，我方投资的厂房和设备被当地居民捣毁，人员被驱逐回国，或者企业被罚款。在《境外投资项目核准和备案管理办法》中所列的几种行为也属于不道德行为：投资主体在境外投资项目申报过程中违反法律法规，隐瞒有关情况或提供虚假材料；投资主体应申请办理核准或备案但未依法取得核准文件或备案通知书而擅自实施项目，以及未按照核准文件或备案通知书内容实施项目；投资主体应报送项目信息报告但未获得信息报告确认函而对外开展实质性工作。

## 四、对外实业投资道德风险产生的原因

### （一）政治竞争原因

该原因是针对被投资国政府和第三国政府以及反政府力量的不道德行为

而言的。当被投资国政府和第三国政府怀疑投资国政府在被投资国进行投资的目的是为了搞地缘政治、扩大政治影响范围，或者意欲控制被投资国经济命脉，或者对被投资国和第三国构成政治威胁、经济威胁甚至军事威胁时，就会采取行动，千方百计把投资国企业赶出被投资国。当反政府力量认为投资国政府是被投资国政府的支持者时，就会对投资国企业进行袭扰。

（二）经济竞争原因

该原因是针对被投资国政府和第三国政府以及被投资国合作企业、利益相关的其他企业、第三国企业的不道德行为而言的。当以上主体认为投资国企业的投资行为可能对这些主体的利益产生不利影响时，便会对投资国企业进行排挤。

（三）民族和文化原因

这是针对福利化程度较高的投资国当地一部分民众而言的。有一些国家的福利化程度比较高、自然环境优美，这些国家的部分民众，具有很强的排外情绪，不喜欢外国人到其国家，认为外国人来后与当地人分享资源，打破当地人的宁静，另外对外国人的生活习惯也看不惯，因此会做出一些过激行为，要求本国政府驱逐华人，或直接对华人实施暴力行为。

（四）仇富心理

这是针对经济比较落后的投资国当地一部分民众而言的。越是经济不发达的国家，一部分民众的仇富心理越是比较严重，看到华人生意兴隆，生活比较富裕，心生嫉妒、怨恨和不平衡，认为这些华人是奸商，是剥削者，因而会采取打砸抢烧华人企业财产、驱赶华人的举动。

（五）信息闭塞

对于我国对外投资者而言，对投资国的法律、政策、民俗习惯、文化观念等不了解，仅凭被投资国合作方的一面之词来判断投资的可行性，盲目做出投资决策，结果容易受骗上当，造成投资损失。

（六）急功近利思想

我国一些投资者之所以向我国政府主管部门提供虚假信息资料，以及不进行充分的可行性论证就匆忙决策，最后导致投资损失，原因是这类投资者具有急功近利的思想，梦想一夜发财，为了达到出国赚钱的目的，不惜采用各种违规手段，但是欲速则不达，赔钱后才知道后悔。还有的投资者缺乏社会责任心，舍不得环境保护措施投入，或者支付给当地雇员的劳动报酬太低，不为雇员购买保险，对当地雇员近于冷酷，惹怒当地民众。

## 五、对外实业投资道德风险的控制

### （一）投资者的措施

首先，选择投资环境好、道德风险较小的国家。中华人民共和国商务部网站提供了《对外投资合作国别（地区）指南》，投资者可以下载浏览。

其次，尽力收集拟投资国信息，包括该国与投资相关的法律、程序、政策、风俗习惯、文化观念、工资水平、市场需求、合作方真实实力和信誉等。

再次，要遵守我国对外投资法律法规和部门规章，特别是国家发改委文件和商务部文件，守规不吃亏，自作聪明必定是贪小便宜吃大亏。

最后，在被投资国遵守当地法律法规，与政府官员、媒体、社会公众、同行、当地雇员等建立友好关系，树立社会责任意识，不要使当地自然环境恶化，积极为雇员购买保险（例如在美国投资必须在法定私人保险公司等为职工购买雇员赔偿保险以及伤残保险），不偷税漏税，雇员工资达到当地平均水平以上。要使自己的投资在给自己带来利益的同时，也给当地居民增加福利，这样就不至于成为孤家寡人，人见人恨。

### （二）投资国政府的措施

投资国政府采取的主要措施应至少包括 3 个方面。

一是信息服务。目前我国商务部网站设有“对外合作”栏目，里面有“投资美国指南”“境外风险防范”“国别指南”等子栏目，能够向投资者提供一些信息。另外有“中国对外投资和经济合作网”，设有“国别环境”“政策法规”等子栏目，还有“对外投资合作信息服务系统”。只是这些信息还应更丰富，例如，如果能够登载外国与投资相关的法律原文、具体民俗习惯、工资收入水平、投资风险案例等信息就更好了。政府具有社会资源优势，有条件收集更多信息为投资者服务。

二是提醒服务。政府可以利用核准或者备案的程序发现投资者可能面临的风险，对企业进行投资指导。换言之，核准与备案不应该只有管理一个功能，还有帮助投资企业完善投资方案、提高投资效益、防范投资风险的功能。

三是解困服务。当投资企业在境外发生道德风险事故时，政府能够帮助企业走出困境，尽最大可能减少损失。例如，帮助企业取得当地政府救助，或者帮助投资企业员工返回国内等。

#### （三）其他主体的措施

例如对外投资咨询机构、对外投资顾问等主体，在投资企业同意的前提下，为投资企业提供相关有偿服务。另外，保险公司可以推出相关保险品种，减少投资企业损失。

## 第三节　有关实业投资道德风险的几个争议

### 一、政府在企业的实业投资道德风险防范中应该扮演什么角色

政府在企业的实业投资中扮演什么角色的问题，其实就是政府与市场之间的关系应该如何处理的问题。市场被看成是“看不见的手”，而政府的干预被看成是“看得见的手”。

站在企业的角度看，希望政府对企业的实业投资决策不加干预，让企业自主决策。同时，企业期望政府能够拨付资金，解决一部分投资资金来源问题。

站在学者角度看，主张投资领域实行市场化，让企业对自己的实业投资项目自主决策。有的学者打趣说：“政府不管就是管。”

站在政府角度看，长期以来形成的惯性思维，养成了审批企业投资项目的习惯。政府审批企业的投资项目，未必是为了寻租，主要是担心“一放就乱”。政府担心的问题主要有5个。一是担心企业投资项目不符合环境保护要求。二是担心企业投资项目属于重复建设，项目竣工投产后生产的产品供过于求，造成产能严重过剩，加剧宏观经济结构失调。三是担心企业投资项目成为助推投资规模膨胀的力量。四是担心企业投资项目经济效益差。五是担心企业投资项目技术含量低。在以上担心事项中，第一种担心是有道理的，也是政府责任所在。第二种担心和第三种担心有道理，但是政府直接干预未

必会收到好的效果。第四种担心则有“越俎代庖”之嫌，因为那是企业自己应该考虑的问题。第五种担心也可以理解，但是政府的能力有限。如果出于以上担心就一律实行政府审批制（或核准制，以下同）就会产生以下问题：审批人员寻租，收受贿赂，败坏风气；审批人员外行，审批结果不合理；效率低，周期长，错过了最佳投资期。

对于企业投资项目管理体制，无论是实行完全的市场化，由企业完全掌握自主投资决策权，还是政府完全大包大揽管理、审批，都是不科学的。市场化有利于提高投资效率，有利于充分启迪企业的智慧，充分发挥企业的市场主体作用。但是市场是把双刃剑，也存在缺陷。如果实行完全的市场化，企业的投资行为不受任何约束，就会出现以下状况：企业的社会责任感先天弱于政府的社会责任感，因而在利益驱使之下，会做出损害他人利益的行为，例如污染环境、生产有害产品、打乱城市规划等；企业对于营利项目会一哄而上，造成产能严重过剩，资源严重浪费。

基于以上分析，政府在企业投融资道德风险控制中应该扮演顾问专家、服务员和监督员的角色。具体而言，政府对企业的实业投资项目应该坚持“严格八管、适度八放、优质八服务、严密八监督”的原则。

“严格八管”包括：一管环境保护；二管消防设计；三管土地占用；四管对周边影响（例如是否挡住邻家光线，是否危及他人建筑安全）；五管产品安全（是否是被禁产品，如毒品；是否危害消费者健康等）；六管是否欠薪；七管是否存在过度加班；八管人身安全（例如施工安全）。

“适度八放”包括：一是适度放开项目投资规模，即提高企业自主决策的投资规模上限（例如10亿元人民币），在该限度内由企业自主决定投资规模；二是适度放开投资领域，即只要投资于放开的投资领域，就有企业自主决策立项。可以规定企业不能自由进入的领域和可以自由进入的领域，例如自来水供应领域，企业不能自主决策进入该领域；三是适度放开企业投资项目竣工后的经营范围和产品种类，只要不是国家禁止的经营范围和产品，企业即可自主决定；四是适度放开企业投资项目造价，即企业投资项目总造价是多少，由企业自己决定，但是国家提供统一的工程量计算规范；五是适度放开企业投资项目经济可行性论证，政府不审批企业的实业项目可行性论证报告，但是要求企业向投资者提供可行性论证报告；六是适度放开企业的投资项目开工日期和建设期限，政府不审批企业的实业投资项目开工报告和建设工期计划，但是要规定土地使用期限；七是适度放开企业的实业投资项目物资采购，由企业自主决定供货商和供货价格，但是对于以次充好、吃回扣、违反设计者，如有举报，一经查实，依法惩处；八是适度放开企业的实业投资项目工程监理，包括工程承包方，由企业自主决定聘用工程监理和选择工程承包方，但是政府要组织有关机构制定施工规范和工程质量标准。

“优质八服务”包括：一是提供全面的投资信息服务；二是提供及时的政策信息服务；三是提供可靠的信用管理平台服务；四是提供安全的交易登记和资金代管平台服务（一般由中介机构提供服务，但是由政府提供服务更值得信赖）；五是提供科学的检验服务（企业送检材料）；六是提供必要的融资搭桥服务；七是提供备案文件编写辅导服务；八是提供快捷有效的审批服务。有些事项需要审批，如环境评估报告，政府既要认真审查又要提高工作效率。

“严密八监督”包括：一是严密监督项目有无造成环境污染；二是严密监督施工过程有无对居民生活的干扰；三是严密监督有无违章建筑；四是严密监督施工过程有无安全隐患（如破坏相邻建筑、私挖地下室威胁本楼居民安全、施工人员安全防护不到位等）；五是严密监督建筑工程质量；六是严密监督竣工后所产产品有无威胁消费者生命健康的情况；七是严密监督采用并购方式进行实业投资的企业有无导致国有资产流失问题；八是严密监督有无非法集资问题。

## 二、如何界定“非法集资”与“合法筹资”

这个问题不仅仅是道德问题，还涉及犯罪问题。

“吴英非法集资案”引起学术界有关非法集资与合法筹资的界限的讨论。

2009 年 12 月 18 日，浙江省金华市中级人民法院作出一审判决，以非法集资罪判处吴英（1981 年生）死刑，剥夺政治权利终身，没收其个人全部财产。判处吴英死刑的理由是：吴英从 2005 年 5 月至 2007 年 2 月，以高额利息为诱饵，以投资、借款、资金周转等为名，非法集资 7.7 亿元人民币，用于偿还本金，支付高额利息，购买房产、汽车及个人挥霍等，实际集资诈骗人民币 3.9 亿元。

吴英在被捕前拥有注册 1 亿元人民币的本色集团，下辖多家企业，业务涉及商贸、洗业、广告、酒店、电脑网络、装饰材料、婚庆服务、物流等，还投资房地产、珠宝等。吴英的资金来自民间集资。

吴英案引起世人高度关注，学术界和律师界很多人为吴英喊冤。网络上对吴英是否犯罪，讨论极为热烈。一种观点认为吴某所筹资金大部分用于办企业和投资，解决了很多人的就业，其筹资应属于正常的民间借贷。另一种观点认为，吴某高息集资，一部分钱用于个人消费，应该算非法集资。

在争议声中，2012 年 1 月 18 日，浙江省高级人民法院二审驳回上诉，维持原判并报最高人民法院核准。最高法院未予核准，发回重审。2012 年 5 月 21 日，经浙江省高级人民法院重新审理，以集资诈骗罪判处吴某死刑，缓期 2 年执行，剥夺政治权利终身，没收其个人全部财产。2014 年 7 月 11 日，浙江省高级人民法院判决吴某由死缓减刑为无期徒刑。

自 2011 年 1 月 4 日起实施的《最高人民法院关于审理非法集资刑事案件具体应用法律若干问题的解释》（以下简称《解释》）在第四条中规定：以非法占有为目的，使用诈骗方法实施本解释第二条规定所列行为的，应当依照刑法第一百九十二条的规定，以集资诈骗罪定罪处罚。使用诈骗方法非法集资，具有下列情形之一的，可以认定为“以非法占有为目的”：

（一）集资后不用于生产经营活动或者用于生产经营活动与筹集资金规模明显不成比例，致使集资款不能返还的；

（二）肆意挥霍集资款，致使集资款不能返还的；

（三）携带集资款逃匿的；

（四）将集资款用于违法犯罪活动的；

（五）抽逃、转移资金、隐匿财产，逃避返还资金的；

（六）隐匿、销毁账目，或者搞假破产、假倒闭，逃避返还资金的；

（七）拒不交代资金去向，逃避返还资金的；

（八）其他可以认定非法占有目的的情形。

集资诈骗罪中的非法占有目的，应当区分情形进行具体认定。行为人部分非法集资行为具有非法占有目的的，对该部分非法集资行为所涉及资款以集资诈骗罪定罪处罚；非法集资共同犯罪中部分行为人具有非法占有目的，其他行为人没有非法占有集资款的共同故意和行为的，对具有非法占有目的的行为人以集资诈骗罪定罪处罚。

该《解释》第五条规定：个人进行集资诈骗，数额在 10 万元以上的，应当认定为“数额较大”；数额在 30 万元以上的，应当认定为“数额巨大”；数额在 100 万元以上的，应当认定为“数额特别巨大”。

单位进行集资诈骗，数额在50万元以上的，应当认定为“数额较大”；数额在150万元以上的，应当认定为“数额巨大”；数额在500万元以上的，应当认定为“数额特别巨大”。

集资诈骗的数额以行为人实际骗取的数额计算，案发前已归还的数额应予扣除。行为人为实施集资诈骗活动而支付的广告费、中介费、手续费、回扣，或者用于行贿、赠予等费用，不予扣除。行为人为实施集资诈骗活动而支付的利息，除本金未归还可予折抵本金以外，应当计入诈骗数额。

《解释》第二条规定：实施下列行为之一，符合本解释第一条第一款规定的条件的，应当依照刑法第一百七十六条的规定，以非法吸收公众存款罪定罪处罚：

（一）不具有房产销售的真实内容或者不以房产销售为主要目的，以返本销售、售后包租、约定回购、销售房产份额等方式非法吸收资金的；

（二）以转让林权并代为管护等方式非法吸收资金的；

（三）以代种植（养殖）、租种植（养殖）、联合种植（养殖）等方式非法吸收资金的；

（四）不具有销售商品、提供服务的真实内容或者不以销售商品、提供服务为主要目的，以商品回购、寄存代售等方式非法吸收资金的；

（五）不具有发行股票、债券的真实内容，以虚假转让股权、发售虚构债券等方式非法吸收资金的；

（六）不具有募集基金的真实内容，以假借境外基金、发售虚构基金等方式非法吸收资金的；

（七）不具有销售保险的真实内容，以假冒保险公司、伪造保险单据等方式非法吸收资金的；

（八）以投资入股的方式非法吸收资金的；

（九）以委托理财的方式非法吸收资金的；

（十）利用民间“会”“社”等组织非法吸收资金的；

（十一）其他非法吸收资金的行为。

由于非法集资行为与合法筹资行为的界定属于司法解释范围，所以只能以最高法院的解释为准。从学术上说，如果筹资人通过民间借贷途径筹措资金，所筹资金全部用于企业创办与经营，则应属于正常民间借贷，不应认定为非法集资。

# 参考文献

[1] 安东尼·B. 阿特金森，约瑟夫·E. 斯蒂格里茨. 公共经济学[M]. 蔡江南，等，译，上海：上海人民出版社，1994.

[2] MANCUR OLSON. The Logic of Collective Action Public Goods and the Theory of Groups [M]. Cambridge : Harvard University Press, 1965.

[3] 肯尼斯·J. 阿罗. 社会选择与个人价值 [M]. 丁剑锋，译，上海：上海人民出版社，2010.

[4] L E DAVIS, DOUGLASS C NORTH. Institutional Change and American Economic Growth [M]. Cambridge: Cambridge University Press, 2008.

[5] 奥利弗·伊顿·威廉姆森. 资本主义的经济制度 [M]. 北京：商务印书馆，2002.

[6] 安东尼. 桑德斯. 信用风险度量：风险估值的新方法与其他范式[M]. 刘宇飞，译，北京：机械工业出版社，2001.

[7] CORMAC BUTLER. 风险值概论 [M]. 于研，刘丹丹，陈勇，译，上海：上海财经大学出版社，2002.

[8] 简·菲利普·鲍查德，马克·伯特. 金融风险理论——从统计物理到风险管理 [M]. 周为群，译，北京：经济科学出版社，2002.

[9] RICHARD DALE. 金融市场风险及监管：欧美日的经验和规定[M]. 王建梅，等，译，北京：宇航出版社，1999.

[10] 英国皇家学会（CIB），布莱恩·科伊尔. 信用风险管理 [M]. 周道许，关伟主，译，北京：中信出版社，2003.

[11] 布莱恩·科伊尔. 利率风险管理 [M]. 谭志琪，王庆，译，北京：中信出版社，2003.

[12] HAROLD SKIPPER JR. 国际风险与保险：环境—管理分析 [M]. 荆涛，高蒙，季艳梅，等，译，北京：机械工业出版社，1999.

［13］罗伯特·J. 希勒．金融新秩序［M］．郭艳，胡波，译，北京：中国人民大学出版社，2004.

［14］弗兰克·帕特诺伊．诚信的背后：摩根士丹利圈钱游戏黑幕［M］．邵琰，译，北京：当代中国出版社，2005.

［15］罗伯特·布伦纳．繁荣与泡沫［M］．王生升，译，北京：经济科学出版社，2002.

［16］野口悠纪雄．泡沫经济学［M］．曾寅初，译，北京：生活·读书·新知三联书店，2005.

［17］曹元芳，王若平．国外对金融道德风险研究的前沿理论及防范经验［J］．国际金融研究，2006（6）：70－74.

［18］张雪莹．世界十大投资经典败局［M］．北京：清华大学出版社，2005.

［19］董小君．金融风险预警机制研究［M］．北京：经济管理出版社，2004.

［20］王春峰．金融市场风险管理［M］．天津：天津大学出版社，2001.

［21］俞栋．道德风险：国有商业银行转型的困扰与挑战［J］．金融论坛，2005（12）：10－17.

［22］范方志，毛晋生．国有独资商业银行注资股改与道德风险评价［J］．社会科学辑刊，2004（6）：82－86.

［23］章泽武．国有商业银行的道德风险［J］．经营管理者，2002（5）：20－21.

［24］张强，乔煜峰，张宝．中国货币政策的银行风险承担渠道存在吗［J］．金融研究，2013（8）：84－97.

［25］周亚玲，佘斌．中小企业应收账款融资道德风险研究［J］．财会通讯，2010（2）：19－20.

［26］李延喜，迟国泰．贷款风险管理中道德风险的防范模型［J］．中国管理科学，1999（1）：21－24.

［27］陈华．基于制度视角的国有银行道德风险问题研究［J］．济南金融，2007（2）：9－12.

［28］曹元芳，吴超．基于道德风险防范的金融企业治理结构研究［J］．南方金融，2007（11）：56－58.

［29］穆争社．道德风险引起的信贷配给及其治理［J］．财贸研究，2002（6）：65－68.

［30］吴美华，朱应皋．金融道德风险博弈定价模型及其分析［J］．当代经济研究，2001（9）：67－70.

［31］慕刘伟，曾志耕，张勤．金融监管中的道德风险问题［J］．金融研究，2001（1）：121－124.

［32］王华庆．银行业金融创新审慎监管问题［J］．中国金融，2010（9）：12－15.

［33］欧阳润平．关于金融道德风险的一般分析［J］．求索，1998（6）：37－40.

［34］张雄，万迪昉，谢刚，等．金融契约选择对双边道德风险及社会福利的影响实验研究［J］．管理评论，2010（2）：30－38.

［35］孙从海，李慧．互联网金融下网络借贷中的逆向选择与道德风险分析［J］．西部经济管理论坛，2014（4）：5－8.

［36］古小刚．最终贷款人制度所潜含的道德风险原因及治理［J］．商业时代，2014（30）：104－105.

［37］盛光华，庞英，张志远．农户小额信用贷款道德风险的随机监管博弈分析［J］．中国农村观察，2014（6）：49－58.

［38］郑国军，孙友．诚信是降低或化解助学贷款道德风险的有效手段［J］．赤峰学院学报，2011（7）：207－208.

［39］焦守伟．国家助学贷款道德风险规避探究［J］．当代教育理论与实践，2010（1）：27－29.

［40］魏玮．反抵押贷款中的道德风险问题研究［J］．江西社会科学，2007（7）：152－156.

［41］郭志达，姚尧．政府投资代建制项目双边道德风险的博弈研究［J］．工程管理学报，2014（6）：43－47.

［42］李元华．风险投资中“双重道德风险”及其控制［J］．特区经济，2015（1）：94－96.

［43］汪波，谢萍萍，陈梓彤，等．私募股权投资道德风险防范机制设计［J］．审计月刊，2013（7）：50－51.

［44］李雪松，刘毅杰．试论风险投资道德风险及其控制［J］．理论与改

革，2009（4）：102－104.

［45］钱水土．风险投资运行中道德风险的防范与控制［J］．数量经济技术研究，2002（10）：4－48.

［46］张新立，郑亚丽，杨玲．知识产权保护条件下风险投资分段投资道德风险模型［J］．大连海事大学学报，2012（5）：6－8.

［47］熊一坚，郭四代．基于退出博弈矩阵的创业投资道德风险分析［J］．企业经济，2010（11）：37－40.

［48］盛学军，杨贵桥．道德维度与法律思维的错位——对金融法学中“金融道德风险论”的批判［J］．天津师范大学学报，2015（1）：59－64.

［49］龙科宇．农村民间金融道德风险的法律治理研究［J］．云南大学学报，2013（4）：47－53.

［50］卓武扬．以金融道德风险责任机制为契点的法律规制机理研究［J］．江西财经大学学报，2011（5）：116－122.

［51］江山．证券投资基金道德风险防范之我见［J］．现代财经，2008（9）：61－65.

［52］王君勇．信息不对称引发的证券市场道德风险透视［J］．黑龙江对外经贸，2007（4）：104－106.

［53］曾欣．中国证券市场道德风险研究［M］．成都：西南财经大学出版社，2003.